Ansgar Nünning

Der englische Roman des 20. Jahrhunderts

W0171590

Ernst Klett Verlag
Stuttgart · Düsseldorf · Leipzig

Die Deutsche Bibliothek – CIP-Titelaufnahme

Nünning, Ansgar:
Der englische Roman des 20. Jahrhunderts / Ansgar Nünning. -
1. Aufl., 1. [Dr.]. - Stuttgart; Düsseldorf; Leipzig: Klett, 1998
(Uni-Wissen Anglistik, Amerikanistik)
ISBN 3-12-939561-X

1. Auflage A 1 5 4 3 2 1 | 2001 2000 1999 98

© Ernst Klett Verlag GmbH, Stuttgart 1998. Alle Rechte vorbehalten.
Internetadresse | http://www.klett.de
Bildnachweis | © The British Library, London

Gedruckt auf Papier,
das aus chlorfrei
gebleichtem Zellstoff
hergestellt wurde.

Redaktion | Manfred Ott
Umschlaggestaltung und Layout | Christine Schneyer
Druck | Gutmann+Co., Talheim. Printed in Germany.
ISBN 3-12-939561-X

Inhalt

Kapitel 1

Der englische Roman des 20. Jahrhunderts
zwischen Realismus und experimentellem Erzählen 7

1 Totgesagte leben länger 7

2 Epochen und Genres 8

3 Realistisches und experimentelles Erzählen als
Hauptentwicklungslinien 10

4 Sechs Phasen in der Entwicklung des englischen Romans
im 20. Jahrhundert 13

5 Zur Konzeption und zum Aufbau des Buchs 18

Kapitel 2

Der realistische Roman vor dem Ersten Weltkrieg 21

1 Das Erbe der viktorianischen Erzähltradition
in Romanen der *Edwardian period* 21

2 Materialistischer und soziologischer Realismus:
H.G. Wells, Arnold Bennett und John Galsworthy 24

3 Varianten des Bildungs- und Gesellschaftsromans 27

4 Psychologischer und poetischer Realismus:
Henry James, Joseph Conrad, Ford Madox Ford und
E.M. Forster als Vorläufer des modernistischen Romans . . 30

Kapitel 3

Bewusstseinsdarstellung und neue Erzählformen
im Roman des Modernismus 40

1 Die Abkehr von der viktorianischen Erzählkunst
im *modernism* 40

2 *Modern Fiction*: Virginia Woolfs Programm eines
‚Neuen Romans' 41

3 Bloomsbury und der geistesgeschichtliche Kontext 44

4 Die Erschließung neuer Themen: D.H. Lawrence,
Radclyffe Hall und Aldous Huxley 47

5 Formale Innovationen: Die Erprobung
experimenteller Erzähltechniken 52

6 *Female modernism*: Der psychologische Realismus
Dorothy Richardsons und May Sinclairs 57

7 Virginia Woolfs Experimente mit der Romanform 59

8 Probleme sprachlicher Wirklichkeitserfassung:
James Joyces experimentelle Romane 63

Kapitel 4

Die Politisierung des englischen Romans
in den 30er und 40er Jahren 69

1 Literatur im länger werdenden Schatten der Politik 69

2 "Writers of the Thirties": Graham Greene, Christopher
Isherwood, George Orwell, Rex Warner und Evelyn Waugh . . 70

3 Die desillusionierte Generation der Zwischenkriegszeit:
Thematische Tendenzen 71

4 Die Abwendung vom modernistischen Erbe:
Dokumentarische und allegorische Darstellungsverfahren . 78

5 Die Kontinuität des *female modernism*:
Elizabeth Bowen, Rosamond Lehmann, Jean Rhys,
Ivy Compton-Burnett und Stevie Smith 83

6 Die Kontinuität modernistischer Experimente:
Samuel Beckett, Joyce Cary, Henry Green,
Malcolm Lowry und Richard Hughes 87

Kapitel 5 **Die Abkehr vom experimentellen Erzählen
im realistischen Roman der 50er Jahre** 91

1 "The Reaction against Experiment":
Die Rückkehr zum Realismus 91

2 Der Mythos der *Angry Young Men*:
Familienähnlichkeiten ihrer neopikaresken Romane 92

3 Kingsley Amis, John Braine, Alan Sillitoe,
Andrew Sinclair, John Wain und Keith Waterhouse 96

4 Englische Geschichte vom Ersten Weltkrieg bis zur
Nachkriegszeit im Spiegel realistischer Romanzyklen:
C.P. Snow und Anthony Powell 100

5 Gemäßigt experimentelle Tendenzen:
Angus Wilson, Iris Murdoch, William Golding,
Muriel Spark und Lawrence Durrell 104

6 Ausblick: Die Kontinuität realistischen
und experimentellen Erzählens 110

Kapitel 6 **Formexperimente und Geschichtsrevision
im Roman der 60er und 70er Jahre** 113

1 Thematische und formale Tendenzen 113

2 "The Novelist at the Crossroads" 114

3 Erscheinungsformen des Romans zwischen
Illusionsbildung und Illusionsverweigerung 116

4 Realistische Auseinandersetzung mit der Stellung
der Frau in der Gesellschaft: Margaret Drabble,
Elizabeth Taylor und Fay Weldon 119

5 Revisionistische Auseinandersetzung mit
dem Niedergang des Britischen Empire:
Paul Scott, J.G. Farrell und Ruth Prawer Jhabvala 123

6 Experimentelle Realisten und Metafiktion: Doris Lessing,
Anthony Burgess, John Fowles und John Berger 126

7 Radikale Formen experimentellen Erzählens:
Andrew Sinclair, B.S. Johnson, Gabriel Josipovici
und Christine Brooke-Rose 134

Kapitel 7

Der Anschluss an die Postmoderne im Roman der 80er und 90er Jahre 139

1 Geschichte im Zeitalter der Postmoderne 139
2 Literarische Zeitkritik: Ian McEwan und Martin Amis . . . 141
3 Feministische Gesellschaftskritik im historischen
Frauenroman: Zoë Fairbairns, Pat Barker,
Maureen Duffy, Eva Figes und Jeanette Winterson 145
4 Dokumentarischer, realistischer, revisionistischer und
metahistorischer Roman sowie historiographische
Metafiktion 150
5 Intertextualität und Metafiktion: Peter Ackroyd 154
6 Historiographische Metafiktion:
Nigel Williams, Penelope Lively und Salman Rushdie . . . 156
7 Die Synthese aus Tradition und Innovation:
Die Rückkehr zum Erzählen bei Barry Unsworth,
Graham Swift und Kazuo Ishiguro 160

Kapitel 8

Überschreitung von Gattungs- und Mediengrenzen in Romanen der Gegenwart 167

1 Hybride Genres: Tendenzen im zeitgenössischen
englischen Roman 167
2 Überschreitung von Gattungsgrenzen:
Angela Carter, Julian Barnes und Antonia S. Byatt 168
3 Die Entstehung neuer Romangenres:
fiktionale Biographie und Metabiographie,
travelogue und historischer Kriminalroman 174
4 Literarische Intermedialität: Überschreitung
von Mediengrenzen 177
5 „Alive and kicking": Der englische Roman
am Ende des 20. Jahrhunderts 180

Anhang

Literatur 183

Vorwort

Einen Überblick über die Entwicklung des englischen Romans im 20. Jh. gibt es bisher im Deutschen nicht. Diese kurze Geschichte des englischen Romans des 20. Jh.s versucht, diese Lücke zu schließen. Die beiden Hauptziele dieser Einführung bestehen darin, Leserinnen und Lesern einen kompakten Überblick über die typischen Erscheinungsformen und Romangenres zu geben und die wichtigsten Entwicklungstendenzen im englischen Roman seit der Jahrhundertwende zu rekonstruieren. Der Band möchte vor allem Studierenden bei der selbständigen Erarbeitung dieses faszinierenden, aber schwer überschaubaren Themas fachliche Orientierungshilfe leisten.

Der Aufbau des Bandes orientiert sich an der Gattungsentwicklung, die sich in sechs Phasen unterteilen lässt. Innerhalb der einzelnen Kapitel werden zunächst einige grundlegende Tendenzen herausgearbeitet, die für die jeweilige Phase typisch sind. Im Anschluss daran werden die wichtigsten Autoren und Werke anhand exemplarisch ausgewählter Romane vorgestellt und gegenläufige Tendenzen skizziert.

Der Konzeption der Reihe entsprechend liegt der Schwerpunkt auf der komprimierten Darstellung von Überblickswissen und grundlegenden Informationen, insbesondere über Gattungsmerkmale, typische Erzählformen, charakteristische Strömungen und Entwicklungstendenzen im modernen englischen Roman. Besonderer Wert wird auf die Vermittlung von Orientierungswissen, zentralen Fachbegriffen und transferierbaren Kenntnissen gelegt, weil diese es überhaupt erst ermöglichen, Romane in größere literaturgeschichtliche Zusammenhänge einzuordnen und ihre Besonderheiten zu erfassen.

Der Band ist vor allem an den Bedürfnissen von Studierenden der Anglistik orientiert, die sich einen Überblick über den englischen Roman des 20. Jh.s verschaffen und sich dieses Thema für eine Lehrveranstaltung oder als Prüfungsteilgebiet erarbeiten möchten. Dass eine so kurze Einführung in ein so breites Gebiet die Lektüre der Romane nicht ersetzen kann (oder will), liegt auf der Hand. Sie hätte ihren Hauptzweck vielmehr dann erfüllt, wenn sie Leserinnen und Leser zur Lektüre möglichst vieler Romane anregen und ihnen einen verläßlichen Leitfaden für die bessere Orientierung geben würde.

Herzlich danken möchte ich meinen MitarbeiterInnen Nora Lauck, Bruno Zerweck und vor allem Sandra Heinen, die bei der Vorbereitung dieses Bandes in vielfältiger Weise behilflich waren, das Manuskript mit Akribie durchgesehen und die Zitate und Bibliographie überprüft haben. Wertvolle Anregungen verdanke ich außerdem meiner Assistentin Klaudia Seibel, die auch die Formatierung und das Layout perfekt und zuverlässig gestaltet hat, und meiner ehemaligen Kollegin Marion Gymnich. Beide haben das Manuskript mit kritischem Blick gelesen und ebenso hilfreich wie konstruktiv kommentiert. Am meisten verdanke ich wie immer meiner Frau Vera, ohne deren fachliche Kompetenz und redaktionelle Routine mir das Kürzen des Manuskripts um über fünfzig Seiten noch schwerer gefallen wäre und der dieses Buch auch gewidmet sei.

Ansgar Nünning
im Oktober 1998

Der englische Roman des 20. Jahrhunderts zwischen Realismus und experimentellem Erzählen

KAPITEL 1

Perhaps we should all agree that the novel – the British variety in particular, but also the novel in general – is dead, but that somehow a great many remarkable and talented people are writing something peculiarly like it, and discovering themselves and new forms in the process.

MALCOLM BRADBURY, *The Modern British Novel*[1]

1 Totgesagte leben länger

Popularität des Romans

Obgleich Kritiker seit der Jahrhundertwende immer wieder den Tod des Romans prophezeit haben, erfreut sich keine Gattung der englischen Literatur im 20. Jh. so großer und ungebrochener Popularität wie der Roman. Die thematische Vielfalt, formale Variationsbreite und die Vielzahl an innovativen Genres, die der englische Roman hervorgebracht hat, strafen solche unheilkündenden Prophezeiungen der Literaturkritik Lügen. Blickt man am Ende dieses Jh.s auf die an Höhepunkten äußerst reiche Erfolgsgeschichte der Entwicklung des englischen Romans seit 1900 zurück, zeigt sich, dass Totgesagte offenbar länger leben als manche Unkenrufer meinen.

Autoren des 20. Jh.s

Bereits die bloße Nennung der Namen einiger Autorinnen und Autoren mag verdeutlichen,[2] wie reichhaltig der Kanon der Meisterwerke ist, den die englische Erzählkunst seit der Jahrhundertwende hervorgebracht hat. Die Reihe der illustren Namen aus der ersten Hälfte des Jh.s reicht von den einstmals vielgelesenen Erfolgsautoren ARNOLD BENNETT, JOHN GALSWORTHY und H. G. WELLS bis zu so bedeutenden Erneuerern des Romans wie JOSEPH CONRAD, D. H. LAWRENCE, JAMES JOYCE und VIRGINIA WOOLF, deren Werke längst als Klassiker der Moderne gelten. Zu den zeit-

---

1 Bradbury, *The Modern...*, S. xiv; zu den toposartigen Klagen über den Tod des englischen Romans vgl. ebd., S. xii–xiv.
2 Aus Gründen der besseren Lesbarkeit werden Begriffe wie ‚Autoren‘, ‚Schriftsteller‘, ‚Leser‘, ‚Literaturhistoriker‘ usw. im Folgenden in ihrer generischen Bedeutung ohne geschlechtsspezifischen Zusatz verwendet.

genössischen englischen Schriftstellern, deren Romane auch hierzulande viel gelesen werden, zählen etwa PETER ACKROYD, MARTIN AMIS, JULIAN BARNES, A. S. BYATT, JOHN FOWLES, IAN MCEWAN, GRAHAM SWIFT und JEANETTE WINTERSON.

Gründe für die Popularität

Für die große Popularität dieser und vieler anderer englischer Romanautoren des 20. Jh.s gibt es gute Gründe. Die meisten von ihnen verstehen es, in Fortführung bester britischer Erzähltradition Leser mit spannenden Geschichten zu unterhalten, ohne deshalb auf literarisches Niveau zu verzichten. Dass viele ihrer Romane zu Bestsellern geworden, in verschiedene Sprachen übersetzt und mit oft großem Erfolg verfilmt worden sind, sind weitere Indikatoren für deren große Popularität.

Booker Prize

Ein weiteres Anzeichen für die Popularität des zeitgenössischen englischen Romans und für literarische Strömungen ist die Verleihung des renommiertesten englischen Literaturpreises, des seit 1969 jährlich vergebenen *Booker Prize*. MALCOLM BRADBURY, einer der besten Kenner des modernen englischen Romans, bezeichnet diesen Preis zu Recht als *„a useful, illuminating chart of good fiction published from Britain from the turn of the Seventies onward“*.[3] Zu den Preisträgern zählen etwa V. S. NAIPAUL, IRIS MURDOCH, SALMAN RUSHDIE, THOMAS KENEALLY, ANITA BROOKNER, KINGSLEY AMIS, PENELOPE LIVELY, KAZUO ISHIGURO, BARRY UNSWORTH und MICHAEL ONDAATJE sowie die Literatur-Nobelpreisträger der Jahre 1983 und 1991, WILLIAM GOLDING und NADINE GORDIMER. Die Entwicklung des englischen Romans seit 1900 zeugt von der großen Wandlungsfähigkeit einer Gattung, die im 20. Jh. eine Vielfalt neuer Erfahrungsgehalte verarbeitet, innovative Erzählformen hervorgebracht und sich dabei immer wieder selbst erneuert hat.

2 Epochen und Genres

Literaturgeschichte als Modell

Den Literaturhistoriker stellt diese bloß angedeutete Vielfalt der englischen Romanproduktion des 20. Jh.s vor die Aufgabe, mit Hilfe literaturwissenschaftlicher Kategorien Ordnung in eine ebenso reichhaltige wie unübersichtliche Textlandschaft zu bringen.[4] Es hängt nämlich von den gewählten Kriterien und Perspektiven ab, welche Romane, Genres und Entwicklungstendenzen in das Modell aufgenommen und welche Geschichten vom englischen Roman des 20. Jh.s erzählt werden. Allein schon angesichts des Missverhältnisses zwischen der immensen Stoffmenge und dem begrenzten Umfang liegt es auf der Hand, dass eine Geschichte des englischen Romans des 20. Jh.s, die bei einer Länge von 190 Seiten zwangsläufig eine ‚Kurzgeschichte' sein muss, die Vielfalt der Romanproduktion nicht objektiv oder gar vollständig abbilden kann. Vielmehr erzeugt diese kurze Gattungsgeschichte – ebenso wie jede andere Literaturgeschichte – mit Hilfe von literaturwissenschaftlichen Ordnungsprinzipien ein *Modell* von der Entwicklung des englischen Romans in diesem Jh. Wie alle Modelle beruhen auch Literaturgeschichten auf Komplexitätsreduktion, erfassen nur eine begrenzte Anzahl relevanter Aspekte und versuchen, komplexe Sachverhalte schematisch und vereinfachend darzustellen. Ihr Nutzen besteht vor allem in einer besseren Orientierung in der ansonsten unüberschaubaren Vielfalt der Werke und Tendenzen.[5]

Epochen | Im Hinblick auf die Strukturierung von Literaturgeschichten gibt es vor allem zwei grundlegende Ordnungskategorien, die mit den Begriffen ‚Epoche' und ‚Gattung' bezeichnet werden. Der Epochenbegriff bezeichnet (mehr oder weniger große) Zeiträume oder Phasen einer Literatur- oder Gattungsgeschichte, innerhalb derer viele Werke bestimmte geistesgeschichtliche, thematische, formale oder stilistische (‚Epochenstil') Ähnlichkeiten aufweisen. Epochen sind nicht einfach von der Wirklichkeit vorgegeben, sondern es handelt sich um literaturwissenschaftliche Konstrukte, die von Literaturhistorikern durch Periodisierung gebildet werden. Durch die Unterscheidung von Epochen wird die diachrone Dimension der Literatur- und Gattungsgeschichte strukturiert. Bei einer diachronen Analyse geht es um die historische Entwicklung einer literarischen Gattung und um Veränderungen literarischer Konventionen.

Gattungen | Hingegen bezieht sich der Gattungsbegriff auf Gruppen von literarischen Werken, zwischen denen signifikante inhaltliche, formale und/oder funktionale Gemeinsamkeiten bestehen. Diese werden als ‚Gattungsmerkmale' bzw. ‚Gattungskonventionen' bezeichnet. Eine Unterscheidung von Gattungen bzw. Genres ist das wichtigste Gliederungsprinzip, um literarische Texte in synchroner Hinsicht einzuteilen. Die Betrachtung von Phänomenen, die innerhalb eines bestimmten Zeitraumes gleichzeitig anzutreffen

---

3 Bradbury, *The Modern*..., S. 381. Eine stets aktuelle Liste der *Booker*-Preisträger gibt es im Internet; vgl. http://www.amazon.com/exec/obidos/subst/lists/awards/booker.html.

4 Als kompakte und zuverlässige Führer durch den englischen Roman des 20. Jahrhunderts sind Stevenson, *A Reader's* ... sowie Bradbury, *The Modern*... zu empfehlen; für die Nachkriegszeit vgl. die lesenswerte Studie von Broich sowie den von Maack/Imhof herausgegebenen Band *Radikalität*...

5 Zum Nutzen literaturwissenschaftlicher Modelle, die einer geistigen Landkarte ähneln, und zu den Grundbegriffen der Literaturgeschichtsschreibung vgl. Nünning, „Kanonisierung...".

sind, bezeichnet man als die ‚synchrone' Dimension der Literaturgeschichte. Sie beschränkt sich auf die Untersuchung der literarischen Produktion innerhalb eines bestimmten Zeitabschnitts (z. B. einer Dekade).

❸ Realistisches und experimentelles Erzählen als Hauptentwicklungslinien

Weitere Kategorien zur Erfassung der Vielfalt

Darüber hinaus sind weitere literaturwissenschaftliche Kategorien hilfreich, um die synchrone Vielfalt und die diachronen Veränderungen des englischen Romans im 20. Jh. zu erfassen. Von besonderer Bedeutung ist dabei die Unterscheidung zwischen der realistischen Erzähltradition und innovativen bzw. experimentellen Erzählformen.

Hauptentwicklungslinien

Trotz der Vielfalt von Gattungsausprägungen herrscht weitgehend Einigkeit darüber, dass sich in der Geschichte des englischen Romans seit 1900 zwei Hauptentwicklungslinien unterscheiden lassen.[6] Auf der einen Seite wird die in der viktorianischen Epoche vorherrschende realistische Erzähltradition auch im 20. Jh. fortgeführt und modifiziert. Auf der anderen Seite finden sich seit der Jahrhundertwende verschiedene Formen des experimentellen Erzählens, das vor allem seit den 60er Jahren einen deutlichen Aufschwung erlebt. Diese beiden Entwicklungslinien folgen nicht aufeinander, sondern verlaufen nebeneinander. Beide lassen sich auf die realistische Erzähltradition des Gesellschafts- und Bildungsromans zurückführen, die sich im 20. Jh. aufspaltet: zum einen in die Richtung des materialistischen und sozialkritischen Realismus des Gesellschaftsromans, zum anderen in die Richtung des psychologischen Realismus.

Innovative Erzählverfahren

Der Versuch, die Komplexität des Bewusstseinsstroms literarisch darzustellen, führt nicht nur zur Erschließung neuer Inhalte, sondern steht zugleich am Anfang der zweiten Entwicklungslinie, der Erprobung innovativer Erzählformen. Diese Linie des experimentellen Erzählens, die auf Autoren wie HENRY JAMES, JOSEPH CONRAD, JAMES JOYCE und VIRGINIA WOOLF zurückgeht, wurde im Laufe des Jh.s von vielen Autoren fortgeführt.

Verlagerung der Dominanzverhältnisse

Allerdings verlagern sich im Laufe des Jh.s mehrmals die Dominanzverhältnisse zwischen den beiden Entwicklungslinien. In der ersten Dekade des 20. Jh.s sowie in den 30er, 40er und 50er Jahren ist die realistische Erzähltradition eindeutig vorherrschend. Im Gegensatz dazu rücken nach dem Ersten Weltkrieg sowie verstärkt seit Ende der 60er Jahre zunächst der psychologische Realismus und später verschiedene Formen des experimentellen Erzählens in den

Vordergrund. Außerdem gibt es zahlreiche Mischformen zwischen realistischen und experimentellen Erzählformen. Dies zeigt sich schon daran, dass zeitgenössische Autoren wie JOHN FOWLES und DAVID LODGE als ‚experimentelle Realisten‘[7] bezeichnet werden.

Realistisches vs. experimentelles Erzählen

Obgleich die Begriffe des realistischen und experimentellen Erzählens notorisch schwer zu definieren sind, lassen sie sich durch einige Merkmalsoppositionen charakterisieren. Experimentelle Erzählverfahren sind als eine Abweichung von bestimmten Normen, den thematischen und formalen Konventionen des realistischen Romans, zu definieren. Das wohl wichtigste Kennzeichen des realistischen Erzählens, das sich aus der zugrundeliegenden mimetischen Auffassung von Literatur ergibt, ist seine vermeintliche Wirklichkeitsnähe bzw. Lebensechtheit. Ein realistischer Roman zeichnet sich demgemäß dadurch aus, dass er die außertextuelle Wirklichkeit möglichst getreu nachahmt bzw. widerspiegelt.

Realistisches Erzählen

Zu den Hauptkennzeichen realistischer Romane zählt erstens der von ihnen evozierte Eindruck von der Existenz einer konkret vorstellbaren Außenwelt jenseits des Textes, in der das erzählte Geschehen wirklich stattgefunden haben könnte.[8] Im Gegensatz zur Metafiktion weisen realistische Romane einen ausgeprägten Wirklichkeitsbezug auf, der als ‚Heteroreferentialität‘ bezeichnet wird. Zweitens zeichnen sich realistische Romane dadurch aus, dass sie den Akzent auf die Ebene der Handlung und Figuren legen. Im Mittelpunkt steht die Darstellung möglichst lebensechter Figuren und die Schilderung eines ereignisreichen, kausal verknüpften Plot. Das dritte Kennzeichen realistischer Erzählkunst ist die weitgehende Transparenz bzw. Unauffälligkeit der Ebene der erzählerischen Vermittlung. Diese ist so angelegt, dass sie wie ein durchsichtiges Medium (etwa eine saubere Fensterscheibe) erscheint, das einen unverfälschten Blick auf einen Ausschnitt der Wirklichkeit freigibt und die Aufmerksamkeit des Betrachters nicht auf das Medium selbst lenkt. Viertens weisen realistische Romane eine Tendenz zur Verschleierung der Fiktionalität auf; sie vermitteln den Eindruck, das erzählte Geschehen habe sich tatsächlich ereignet (bzw. könne sich so zugetragen haben).

Im Gegensatz zu allen inhaltlichen Definitionen realistischen Erzählens hat dieses Merkmalbündel den Vorzug, dass es realistische Romane nicht auf einen bestimmten Wirklichkeitsbegriff

---

6 Vgl. Erzgräber, „Roman...", S. 479.
7 Vgl. Bradbury, *The Modern...*, S. 377; vgl. Kap. 6.6. des vorliegenden Bandes.
8 Zu den Charakteristika des realistischen, illusionsbildenden und des illusionsdurchbrechenden Erzählens vgl. die bahnbrechende Studie von Wolf, *Ästhetische...*, S. 134–207 und 220–476.

oder auf irgendeine historische Norm bzw. ein bestimmtes Objekt (z. B. Darstellung der äußeren Wirklichkeit, des Bewusstseins oder einer bestimmten Gesellschaftsschicht) festlegt. Vielmehr werden lediglich die Verfahren benannt, die jene ästhetische Illusionsbildung bedingen, durch die sich realistische Romane generell auszeichnen.

Experimentelles Erzählen

Vor dem Hintergrund dieser Merkmale des realistischen Erzählens können experimentelle Erzählformen, die auf einer Abweichung von den genannten Konventionen beruhen, als Durchbrechungen einzelner (oder mehrerer) Techniken narrativer Illusionsbildung bestimmt werden. Im Gegensatz zur Heteroreferentialität des realistischen Romans dominiert in experimentellen Romanen erstens ästhetische Rückbezüglichkeit bzw. Autoreferentialität, d. h. der Bezug von Literatur auf sich selbst. Zweitens tritt die Ebene der erzählten Geschichte in den Hintergrund. Damit einher gehen drittens Auffälligkeiten der erzählerischen Vermittlung, die von illusionszerstörenden Erzählerkommentaren über die Verwedung nichtnarrativer Diskursformen bis zur Betonung der Materialität des Textes reichen können. Anstatt ihre Fiktionalität zu verschleiern, zeichnen sich experimentelle Romane viertens dadurch aus, dass sie die Künstlichkeit des Textes durch explizite oder implizite Metafiktion bloßlegen.

Merkmale des realistischen Romans	Merkmale des experimentellen Romans
▪ ausgeprägter Wirklichkeitsbezug/Heteroreferentialität ▪ Lebensechtheit der erzählten Geschichte ▪ Transparenz der erzählerischen Vermittlung ▪ Verschleierung der Fiktionalität	▪ ästhetische Rückbezüglichkeit/Autoreferenzialität ▪ Entwertung der erzählten Geschichte ▪ Auffälligkeit der erzählerischen Vermittlung ▪ Bloßlegung der Fiktionalität

Skalierung nach Erzählverfahren

Die Unterscheidung zwischen der realistischen Erzähltradition und experimentellen Erzählformen ermöglicht es, einzelne Romane auf einer Skala zu situieren, deren Pole durch realistisches und experimentelles Erzählen markiert sind. Eine solche Skala liefert Anhaltspunkte, um sowohl das Nebeneinander unterschiedlicher Erzählformen innerhalb eines Zeitabschnitts als auch die Entwicklungen, die der englische Roman im Laufe des 20. Jh.s durchläuft, beschreiben zu können. In synchroner Hinsicht liegt die große Bandbreite der Ausprägungen des englischen Romans auf einer Skala zwischen den Polen der realistischen Erzähltradi-

 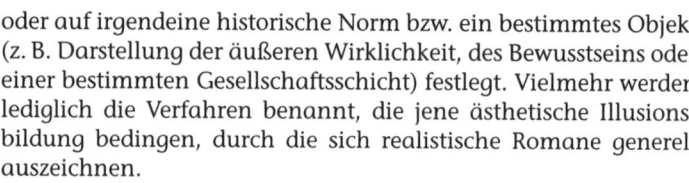

tion und verschiedenen Formen des experimentellen Erzählens. In diachroner Hinsicht lässt sich eine allmähliche Verlagerung der Dominanzverhältnisse vom Pol des realistischen Erzählens hin zu experimentelleren Erzähltechniken feststellen.

4 Sechs Phasen in der Entwicklung des englischen Romans im 20. Jahrhundert

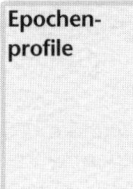

Epochen-
profile

Die diachronen Entwicklungstendenzen lassen sich in Form von Epochenprofilen skizzieren. Trotz der Vielfalt der Romanproduktion werden aus der Rückschau einige thematische und formale Tendenzen erkennbar, die jeweils für verschiedene Entwicklungsphasen charakteristisch sind und ihnen ein bestimmtes Profil verleihen. Wenn man die Entwicklung des englischen Romans im 20. Jh. prägnant zusammenfassen will, so lassen sich sechs Phasen unterscheiden.

1. Phase

Die Transformation des viktorianischen Erbes:
Der realistische Roman vor dem Ersten Weltkrieg (1900–1914)

Materialisti-
scher Roman

Eine erste Phase, die vom ausgehenden 19. Jh. bis zum Ausbruch des Ersten Weltkriegs reicht und als *Edwardian period* bezeichnet wird, steht noch weitgehend in der Tradition des realistischen Gesellschaftsromans. Hauptkennzeichen des englischen Romans vor dem Ersten Weltkrieg ist das Vorherrschen eines materialistischen und sozialkritischen Realismus. Dieser gilt als Markenzeichen der Romane von H. G. Wells, Arnold Bennett und John Galsworthy. Der Einfluss der viktorianischen Romantradition zeigt sich vor allem an der konservativen Erzählweise dieser Autoren. Hingegen zeugen die Abwandlung der Konventionen etablierter Genres – etwa des Bildungs-, Gesellschafts- und Kolonialromans – sowie die Tendenz zu satirischer Gesellschaftsdarstellung von einer gleichzeitigen Transformation des viktorianischen Erbes.

Schritte zum
experimen-
tellen Roman

Parallel zum materialistischen Realismus entwickelte sich in der ersten Phase eine andere Form des Romans, die zum psychologischen Realismus und zum experimentellen Erzählen hinführt. Seit der Jahrhundertwende zeichnet sich eine zunehmende Zahl von Romanen dadurch aus, dass sie den Blick nach innen wenden und die Wirklichkeitserfahrung von Figuren und Erzählern in den Mittelpunkt rücken. Diese Entwicklungslinie, die vor allem mit den Namen Henry James, Joseph Conrad, Ford Madox Ford und E. M. Forster verbunden ist, weist voraus auf die erzählerischen Experimente der zweiten Phase.

2. Phase	**Bewusstseinsdarstellung und neue Erzählformen: Innovationen im Roman des Modernismus (1915–1939)**

Modernistische Revolution

Die zweite Phase der Gattungsentwicklung, deren Höhepunkte in die Zeit zwischen den beiden Weltkriegen fallen, steht im Zeichen der thematischen und formalen Innovationen der als *modernism* bezeichneten ästhetischen Neuorientierung. Kennzeichnend für die modernistische Revolution sind eine Wendung nach innen und die Weiterentwicklung des psychologischen Realismus. In dieser Phase verlagert sich der Akzent von der detailgetreuen Schilderung der äußeren Wirklichkeit auf die nuancierte Darstellung der Wahrnehmungsprozesse, des Bewusstseinsstroms und der subjektiven Wirklichkeitserfahrung der Figuren.

Experimentelle Erzählformen

Die Psychologisierung des Romans geht einher mit weiteren thematischen Innovationen sowie mit der Erprobung experimenteller Erzählformen. Dazu zählen vor allem die Entwicklung neuer Techniken der Bewusstseinsdarstellung, die perspektivisch gebrochene Zeit-, Raum- und Figurendarstellung, die Verwendung innovativer Struktur- und Kohärenzprinzipien sowie der erhöhte Grad an ästhetischer Selbstreflexivität. Das Spektrum der erzählerischen Innovationen des Modernismus reicht vom psychologischen Detailrealismus DOROTHY RICHARDSONS über VIRGINIA WOOLFS Experimente mit der Romanform bis zu JAMES JOYCES parodistischer Inszenierung der Probleme sprachlicher Wirklichkeitserfassung.

Epochenschwelle Zweiter Weltkrieg

Der Zweite Weltkrieg stellt nicht nur in politischer Hinsicht eine Epochenschwelle dar, sondern markiert auch für die Entwicklung der Literatur in den meisten europäischen Ländern eine Zäsur von großer Reichweite. Die radikalen Formexperimente des *modernism* erreichen mit der Veröffentlichung von JAMES JOYCES *Finnegans Wake* (1939) und VIRGINIA WOOLFS postum erschienenem Roman *Between the Acts* (1941) einen vorläufigen Abschluss. Außerdem werden sie bereits in den 30er Jahren von anderen Tendenzen zurückgedrängt.

3. Phase	**Die Politisierung des literarischen Lebens: Der englische Roman in den 30er und 40er Jahren**

Abwendung vom *modernism*

In einer dritten Phase der Gattungsentwicklung, die parallel zum Niedergang des *modernism* in den 30er Jahren einsetzt und bis zum Ende der 40er Jahre anhält, kommt es zu einer Politisierung des englischen Romans. Im Zuge des ökonomischen Niedergangs nach der Weltwirtschaftskrise und den krisenhaften politischen Entwicklungen in Europa in den 30er Jahren wenden sich Autoren der jüngeren Generation von den erzählerischen Formexperimenten der Modernisten ab und setzen sich mit den drängenden Problemen der Gegenwart auseinander. Die Entwicklung des englischen Romans wird in dieser Phase weitgehend von den beiden Weltkriegen überschattet. Beispielhaft zeigen sich diese Tendenzen etwa in GRAHAM GREENES, CHRISTOPHER ISHERWOODS, GEORGE ORWELLS und EVELYN WAUGHS Romanen.

Kontinuität experimenteller Erzählformen

Neben den in dieser Phase vorherrschenden dokumentarischen Tendenzen erscheinen aber weiterhin Romane, die von einer Kontinuität experimenteller Erzählformen zeugen. Das Fortwirken modernistischer Entwicklungen in den 30er und 40er Jahren zeigt sich vor allem in den Romanen jener Autoren, die historische Erfahrungen mit Techniken der Bewusstseinsdarstellung literarisch vermitteln. Dazu zählen neben JOYCE und WOOLF etwa JOYCE CARY, HENRY GREEN und MALCOLM LOWRY.

4. Phase

**„The Reaction against Experiment":
Die Abkehr vom experimentellen Erzählen im realistischen Roman der Nachkriegszeit**

Rückkehr zum Realismus

Die vierte Phase, die vom Ende des Zweiten Weltkriegs bis Anfang der 60er Jahre reicht, zeichnet sich durch die Abkehr einer ganzen Generation von jungen Autoren vom experimentellen Roman des Modernismus und die Hinwendung zu einer konservativeren Erzählweise aus. Der aussagekräftige Titel der Studie von RABINOVITZ – *The Reaction Against Experiment in the English Novel 1950–1960* – fasst diese Umorientierung prägnant zusammen. Besonders deutlich sind diese Tendenzen in den Romanen jener Autoren, die von der Literaturkritik als *Angry Young Men* bezeichnet werden: KINGSLEY AMIS, JOHN BRAINE, ALAN SILLITOE, JOHN WAIN und KEITH WATERHOUSE. Die vorherrschende Strömung im englischen Nachkriegsroman ist die Rückkehr zur realistischen Erzähltradition, die auch die Romanzyklen C. P. SNOWS und ANTHONY POWELLS prägt. Für den dominant konservativen und antimodernistischen Charakter des englischen Romans in den 50er Jahren gibt es eine Reihe von Indizien: die an der zeitgenössischen Realität orientierte Themenwahl, die stilistische Hinwendung zur Alltagssprache, die illusionsbildende Erzählweise sowie die Bevorzugung von Genres wie dem neopikaresken Roman und dem Gesellschaftsroman.

Fortsetzung des *modernism*

Daneben gibt es aber auch einige Autorinnen und Autoren, deren Romane von einer gewissen Kontinuität der Entwicklungslinie des – zumindest gemäßigt – experimentellen Erzählens zeugen. Dazu zählen etwa ANGUS WILSON, IRIS MURDOCH, WILLIAM GOLDING,

MURIEL SPARK und LAWRENCE DURRELL, die bis auf Durrell alle in den 50er Jahren ihre ersten Romane veröffentlichten und die in formaler Hinsicht an die erzählerischen Experimente des Modernismus anknüpfen.

5. Phase — „The Novelist at the Crossroads":
Formexperimente und Geschichtsrevision im Roman der 60er und 70er Jahre

Neue Themen — Eine fünfte Phase in der Gattungsentwicklung beginnt mit den 60er Jahren und erstreckt sich bis zum Ende der 70er Jahre. Eine Tendenz in dieser Phase ist die erhebliche Ausweitung des thematischen Spektrums. Im Zentrum vieler Romane steht die kritische Auseinandersetzung mit der Stellung der Frau in der Gesellschaft und dem Niedergang des Britischen Empire. Zu den erzähltechnischen Neuerungen dieser Phase zählen die Durchbrechung der restriktiven Konventionen des realistischen Erzählens, eine zunehmende formale Experimentierfreudigkeit und ein deutlich höherer Grad an Metafiktion bzw. ästhetischer Selbstreflexivität. Ein weiteres Epochenmerkmal besteht in der Verbindung realistischer und experimenteller bzw. metafiktionaler Schreibweisen, die sich etwa bei DORIS LESSING, ANTHONY BURGESS, JOHN FOWLES und JOHN BERGER zeigt.

Vielfalt der Erscheinungsformen — Das Hauptkennzeichen dieser Phase der Gattungsentwicklung ist die Vielfalt unterschiedlicher Erscheinungsformen des Romans. Neben dem traditionell erzählten realistischen Gesellschaftsroman gibt es sowohl dokumentarische als auch experimentelle Ausprägungen. Darüber hinaus finden sich schon in den 60er Jahren radikale Formen metafiktionaler und experimenteller Romane. Herausragende Beispiele für das Aufkommen dieser Tendenzen sind etwa ANDREW SINCLAIRS, B. S. JOHNSONS, GABRIEL JOSIPOVICIS und CHRISTINE BROOKE-ROSES Romane aus den 60er und 70er Jahren.

6. Phase — Zeitkritik, kulturelle Erinnerung und historiographische Metafiktion: Der Anschluss an die Postmoderne im Roman der 80er und 90er Jahre

Synthese aus Tradition und Innovation — In der jüngsten Phase der Gattungsentwicklung, deren Beginn etwa mit dem Anfang der 80er Jahre anzusetzen ist, hat der englische Roman den Anschluss an die Postmoderne gefunden. Kennzeichnend für diese Phase ist ein erhöhter Stellenwert der kulturellen Erinnerung sowie eine neuartige Synthese aus Tradition und

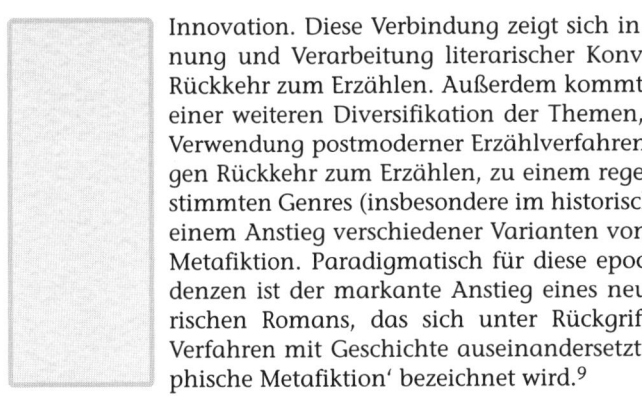

Innovation. Diese Verbindung zeigt sich in der kreativen Aneignung und Verarbeitung literarischer Konventionen und in der Rückkehr zum Erzählen. Außerdem kommt es in dieser Phase zu einer weiteren Diversifikation der Themen, zu einer verstärkten Verwendung postmoderner Erzählverfahren bei einer gleichzeitigen Rückkehr zum Erzählen, zu einem regelrechten Boom in bestimmten Genres (insbesondere im historischen Roman) sowie zu einem Anstieg verschiedener Varianten von Intertextualität und Metafiktion. Paradigmatisch für diese epochenspezifischen Tendenzen ist der markante Anstieg eines neuen Genres des historischen Romans, das sich unter Rückgriff auf metafiktionale Verfahren mit Geschichte auseinandersetzt und als ‚historiographische Metafiktion' bezeichnet wird.[9]

Zäsur zu Beginn der 80er Jahre

Im Gegensatz zu den gleitenden Übergängen zwischen den anderen Phasen ist der Anfang dieser bislang letzten Stufe in der Gattungsentwicklung des englischen Romans durch eine relativ deutliche Zäsur zu Beginn der 80er Jahre markiert. Während die Dominanzverhältnisse zwischen realistischen und experimentellen Erzählformen sowohl vor dem Zweiten Weltkrieg als auch in den 60er und 70er Jahren relativ ausgewogen sind, werden verschiedene Spielarten des postmodernen Erzählens in den 80er Jahren zur dominanten Erscheinungsform des englischen Romans.

Überblicksmodell

Will man sich sowohl die thematische und typologische Vielfalt des englischen Nachkriegsromans als auch dessen Entwicklung seit der Jahrhundertwende auf einen Blick schematisch vergegenwärtigen, so bietet sich dazu ein diachron-synchrones Epochen- und Formmodell an. Wie ein solches Modell des englischen Romans des 20. Jh.s in etwa aussehen könnte, geht aus der folgenden Matrix hervor. Während die vertikale Achse die diachrone Dimension der Gattungsgeschichte verkörpert, stellt die horizontale Achse das synchrone Spektrum der Romanproduktion zwischen den Polen des realistischen und experimentellen Erzählens dar. Ein solches Modell dient der Orientierung im Territorium des englischen Nachkriegsromans. Da es Einzelphänomene in synchrone und diachrone Zusammenhänge einordnet, stellt es Beziehungen zwischen einzelnen Romanen, literarischen Strömungen und übergreifenden Entwicklungstendenzen übersichtlich dar.

---

9 Zu diesem neuen und in der postmodernen Literatur weitverbreiteten Genre vgl. Hutcheon, Nünning, *Von historischer... Bd. 1 und 2* sowie Kap. 7 des vorliegenden Bandes.

| diachrone | synchrones Spektrum der Romanproduktion | |
Dimension	realistisch	experimentell
1900 1910 1914 1920	materialistischer und soziologischer Realismus	 Modernismus

1930
    1939
1940
    1945
1950
	Politisierung
	
	Reaction against
	experiment	

1960 1970		*Novelist at the Crossroads*
1980		
1990		Anschluss an die Postmoderne
2000		

5 Zur Konzeption und zum Aufbau des Buchs

Einteilungs-kriterien

Diese Einführung in den englischen Roman des 20. Jh.s ist in dreifachem Sinne historisch konzipiert. Erstens orientiert sich der dominant chronologische Aufbau des Bandes an den skizzierten sechs Phasen der Gattungsentwicklung, denen jeweils ein eigenes Kapitel gewidmet wird. Die Periodisierung richtet sich nicht einfach nach Jahrzehnten, sondern nach politischen Kriterien (allen voran den Zäsuren der beiden Weltkriege), ästhetischen Strömungen (z. B. dem Modernismus in Kap. 3 oder der Abkehr vom experimentellen Erzählen in Kap. 5) und Gattungen (Kap. 7 und 8). Zweitens geht es darum, thematische und formale Innovationen der Erzählkunst herauszukristallisieren, um anhand der Veränderungen der Erzählkonventionen die Geschichte des englischen Romans in Grundzügen zu rekonstruieren.

Text und Kontext

Drittens wird die Wechselwirkung zwischen Literatur und Geschichte dadurch berücksichtigt, dass Romane als literarische Reaktionen auf politische, soziale, kulturelle und mentalitätsgeschichtliche Entwicklungen verstanden werden. Im Zuge neuerer Theorien hat sich die Einsicht durchgesetzt, dass literarische Texte die außerliterarischen historischen Kontexte nicht abbilden, dass sie nicht bloß Zeugnis *für etwas* sind, sondern ein historischer und kultureller Faktor *sui generis*.[10] Folgerichtig wird das Verhältnis zwischen Romanen und historischer Wirklichkeit nicht als Nachahmung oder Widerspiegelung beschrieben, sondern als eine Form von dynamischer Wechselwirkung: Einerseits werden Romane insofern als Produkte ihres Entstehungskontexts aufgefasst, als sie als Zeugnisse des kollektiven Bewusstseins verschiedener Generationen aufgefasst werden. Andererseits wird hervorgehoben, dass literarische Werke auf die Gesellschaft zurückwirken können, indem sie etwa zur Ausbildung neuer Wahrnehmungs-, Denk- und Empfindungsweisen beitragen. Im Gegensatz zu rein formalistischen Ansätzen und traditionellen *text-and-background*-Studien geht es dabei um die Frage, wie Romane soziale, politische und kulturelle Entwicklungen durch ihre Themenselektion aufgreifen und durch spezifisch literarische Darstellungsverfahren verarbeiten.

Darstellung der Dominanzverhältnisse

Der Versuch, auf sehr begrenztem Raum die wichtigsten thematischen und formalen Veränderungen im englischen Roman des 20. Jh.s darzustellen, ist mit dem Problem konfrontiert, dass sich die Vielfalt der Entwicklungstendenzen jedem Versuch entzieht, sie resümierend in einem einlinigen Entwicklungstrend zu bündeln. Der Hauptgrund dafür besteht darin, dass es in jeder Phase unterschiedliche Erscheinungsformen des Romans gibt und dass daher mehrere Entwicklungstendenzen nebeneinander stehen. Um diesem durch den Begriff ‚Dominanzverhältnisse‘ angedeuteten Umstand Rechnung zu tragen, werden in den folgenden Kapiteln zunächst die für die jeweilige Epoche besonders typischen Innovationen und Tendenzen dargestellt.

Andere Erscheinungsformen

Um auch gegenläufigen Entwicklungen gerecht werden zu können, werden im Anschluss daran stets auch andere Erscheinungsformen des Romans zumindest kurz angesprochen. Außerdem werden die chronologisch angeordneten Darstellungen (Kapitel 2 bis 7) der einzelnen Phasen, Gattungsausprägungen und Traditionslinien im letzten Kapitel durch einen Ausblick auf in der zeitgenössischen englischen Literatur besonders signifikante Tendenzen ergänzt: die Überschreitung von Gattungs- und Mediengrenzen, die die als ‚hybride Genres‘ bezeichneten neuen Gattungsmischungen hervorgebracht hat (Kap. 8).

---

10 Vgl. dazu im einzelnen Nünning, „Narrative...".

Unter- **suchungs-** **gegenstand**	Im Gegensatz zu einigen anderen Überblicksdarstellungen jüngeren Datums wurde als Titel die wohl üblichste, wenngleich keineswegs unproblematische Formulierung ‚Der *englische* Roman des 20. Jh.s' gewählt. Zur Bezeichnung der chronologischen Eingrenzung wurde der neutralen Kennzeichnung ‚20. Jh.' der Vorzug gegeben vor inhaltlich besetzten, unklaren, relativen und umstrittenen Epochenbegriffen wie ‚modern' oder ‚postmodern'. Obgleich einige Romane von Autoren schottischer, walisischer und irischer Herkunft sowie von nicht-englischen Autorinnen und Autoren aus den Ländern des ehemaligen *Commonwealth* punktuell berücksichtigt werden, konzentriert sich die Darstellung auf den englischen Roman im engeren Sinne.[11] Damit sollen weder die große Bedeutung irischer, schottischer und walisischer Autoren, deren Werke von einem geschärften regionalen Selbstbewusstsein zeugen, noch die großen Erfolge ethnischer Minoritäten herabgewürdigt werden.
‚Neue **Literaturen** **in englischer** **Sprache'**	Um der tatsächlichen Bedeutung, die die ‚neuen Literaturen in englischer Sprache' inzwischen – sowohl im Kontext der Anglistik als auch für die Weltliteratur – haben und die sich allein schon durch die Nationalitäten der Literatur-Nobelpreis-Träger und der Gewinner des *Booker Prize* dokumentiert, auch nur annähernd angemessen Rechnung zu tragen, bedürfte es nicht eines angehängten Kapitels,[12] sondern einer eigenständigen Literatur- oder Gattungsgeschichte, besser noch mehrerer. Das gleiche gilt auch für die schottische, walisische und vor allem irische Literatur. Deren berechtigter Anspruch auf Selbständigkeit soll dadurch, dass in den folgenden Kapiteln Romane von Autoren schottischer, walisischer und irischer Herkunft, von denen im 20. Jh. bekanntlich bedeutende erzählerische Innovationen ausgegangen sind, punktuell berücksichtigt werden, in keiner Weise in Zweifel gezogen werden.

---

11 In geographischer Hinsicht wird der Begriff des englischen Romans im Vergleich zu den Kriterien, von denen die Vergabe des *Booker Prize* ausgeht, enger ausgelegt. Ausführlich berücksichtigt werden vor allem Romane, deren Erstauflage von einem britischen Verleger veröffentlicht und die von Autoren verfasst worden sind, die in England geboren und britischer Staatsangehörigkeit sind.

12 Die Hinzufügung eines solchen modischen Feigenblatts wäre zwar sicherlich opportun(istisch) und *politically correct*, käme aber aufgrund der darin implizierten Marginalisierung dieser Literaturen einer Fortsetzung des Kolonialismus und Imperialismus mit literaturwissenschaftlichen Mitteln gleich.

Der realistische Roman
KAPITEL vor dem Ersten Weltkrieg

The modern novel came, but the Victorian novel did not entirely go away;
and that is one of the essential secrets of the modern novel.

MALCOLM BRADBURY, The Modern British Novel[1]

1 Das Erbe der viktorianischen Erzähltradition in Romanen der *Edwardian period*

Transformation der Tradition

Die Mehrzahl englischer Romane in den ersten Jahren des 20. Jh.s zeichnet sich dadurch aus, dass sie die Konventionen des realistischen Erzählens fortführt, das im viktorianischen Roman mit den Werken von CHARLES DICKENS, GEORGE ELIOT und THOMAS HARDY ihren Höhepunkt erreicht hatte. Besonders deutlich ist der Einfluss des literarischen Erbes der viktorianischen Epoche, die ihren Namen und ihre zeitliche Eingrenzung der Regierungszeit von Königin VIKTORIA (1837–1901) verdankt, in den vielen realistischen Gesellschaftsromanen. Die Anknüpfung an die viktorianische Erzähltradition besteht jedoch nicht in einer bloßen Übernahme etablierter Darstellungskonventionen, sondern in einer Transformation der literarischen Tradition.

Edwardian Period

Die Phase von 1900 bis 1914 wird als *Edwardian period* bezeichnet, obwohl König EDUARD VII., dem diese Epoche ihren Namen verdankt, im Jahre 1910 starb, als ihm GEORG V. auf den englischen Thron folgte. Während die Jahrhundertwende und der Tod von Königin VIKTORIA im Jahre 1901 eher von symbolischer Bedeutung waren, markierte der Ausbruch des Ersten Weltkriegs eine tiefgreifende Zäsur, die sich auch auf die literarische Produktion auswirkte. Die Jahre von 1900 bis 1914 werden meist als eine Epoche der Sicherheit, Stabilität, Prosperität und ungebrochenen Kontinuität dargestellt, eine Phase, in der Wohlstand und Frieden herrschten, die aber durch den Kriegsausbruch ein abruptes Ende fand.

Übergang vom Viktorianismus zur Moderne

Obgleich die realistische Erzähltradition in der edwardianischen Periode weiterhin vorherrschte, ist die Entstehung des modernen Romans das Resultat einer längeren Entwicklung, die wiederum auf verschiedene literarische und gesellschaftliche Einflüsse zu-

---

1 Bradbury, *The Modern* . . . , S. 5.

rückzuführen ist. Die auf die revolutionären Attitüden vieler Modernisten zurückgehende Tendenz, die Moderne zu isolieren und in Abgrenzung vom Viktorianismus zu bestimmen, ist inzwischen modifiziert worden. Viktorianismus und Moderne sind weder im Hinblick auf Politik oder Gesellschaft noch auf die literarische Produktion als einfacher Gegensatz zweier Epochen aufzufassen, die durch eine klare Zäsur getrennt sind. Sinnvoll ist es vielmehr, von einer von etwa 1880 bis 1920 dauernden Übergangszeit auszugehen, in der sich ein allmählicher gesellschaftlicher und literarischer Wandel vollzog. Im Zuge dieses Prozesses kam es zu einer Transformation des viktorianischen Erbes, sowohl im Hinblick auf vorherrschende Werte und Normen als auch in bezug auf die bevorzugten Erzähl- und Gattungskonventionen.

Gemeinsamkeiten von Viktorianismus und der *Edwardian Period*

Zwischen der viktorianischen Erzählkunst und den Romanen der edwardianischen Periode bestehen viele Gemeinsamkeiten und erzählerische Gemeinsamkeiten, die von einer Kontinuität in der literarischen Entwicklung zeugen. Dies liegt nicht zuletzt daran, dass es eine Reihe von Autoren gibt, deren Schaffensperioden vom ausgehenden 19. bis in das 20. Jh. reichen und deren Romane an der Schwelle zwischen Viktorianismus und Moderne stehen. Dazu zählen etwa MAX BEERBOHM (1872–1956), SAMUEL BUTLER (1835–1902), JOSEPH CONRAD (1857–1924), ARTHUR CONAN DOYLE (1859–1930), HENRY JAMES (1843–1916), WILLIAM SOMERSET MAUGHAM (1874–1965) und H. G. WELLS (1866–1946).

Fortsetzung des *Fin de siècle*

Die Kontinuität zwischen der spätviktorianischen Literatur und den Romanen der ersten zwei Dekaden des 20. Jh.s zeigt sich auch daran, dass einige Autoren noch deutlich in der Tradition des englischen Ästhetizismus und der von Frankreich ausgegangenen *décadence*-Bewegung stehen, die das viktorianische *Fin de siècle* prägte. So schildert BEERBOHM in seinem einzigen Roman, dem großen Publikumserfolg *Zuleika Dobson, Or An Oxford Love Story* (1911), das dekadente Oxforder Universitätsmilieu der 1890er Jahre in humorvoll-ironischer Weise. Die unkonventionellen Prosawerke RONALD FIRBANKS sind Ausdruck eines subjektivistischen Individualismus und einer ästhetischen Weltsicht, die Kunst als Selbstzweck begreift.

Kontinuität thematischer und formaler Merkmale

Darüber hinaus verdeutlichen die thematischen und formalen Merkmale vieler Romane der edwardianischen Periode,[2] dass der Übergang von der viktorianischen Erzählkunst zur Moderne ein allmählicher Entwicklungsprozess ist. Die Bedeutung des viktorianischen Erbes macht sich schon in der Thematik bemerkbar: Im Zentrum vieler Romane steht die auch für viktorianische Gesellschafts- und Entwicklungsromane zentrale Frage, inwieweit Figuren von ihrer Erziehung, ihrem Geschlecht, ihren ökonomischen Verhältnissen sowie ihrer Klassenzugehörigkeit geprägt werden. Selbst- und Welterkenntnis, Liebesbeziehungen, Generationskonflikte und die Entfremdung des Menschen vor dem Hintergrund historischer Veränderungen zeigen die wechselseitige Bedingtheit zwischen der Sphäre des Öffentlichen und des Privaten.

Einfluss des Viktorianismus

Der Einfluss des viktorianischen Erbes auf die realistischen Romane zu Anfang des Jh.s schlägt sich thematisch in der Anlehnung an bürgerliche Werte, Normen und Einstellungen nieder. Geprägt ist das viktorianische Werte- und Normensystem von bürgerlichen Tugenden wie Ernst- und Gewissenhaftigkeit, Pflichtbewusstsein, Ehrbarkeit und Aufrichtigkeit. Weitere Kennzeichen sind ein ausgeprägter Fortschrittsglaube, ein materialistisches Nützlichkeitsdenken, ein auf Wohlstand und Erfolg basierender patriotischer Stolz sowie ein strenger puritanischer Sittenkodex. Kehrseiten der rigiden bürgerlichen Moralvorstellungen waren Heuchelei, sexuelle Doppelmoral und eine Ungleichbehandlung der Geschlechter. Der Frau wurde die Aufgabe zugewiesen, als *Angel in the House* in der idealisierten häuslichen Gemeinschaft, die als kompensatorischer Gegenpol zur materialistischen Erwerbswelt fungierte, für Harmonie zu sorgen.

Erzählkunst des Viktorianismus

In formaler Hinsicht wird die Kontinuität in der literarischen Entwicklung daran deutlich, dass die realistischen Romane vor dem Ersten Weltkrieg in der Tradition der viktorianischen Erzählkunst stehen. Im Mittelpunkt der meisten realistischen Romane des 19. Jh.s stehen die Darstellung der empirischen Wirklichkeit und die Wiedergabe eines äußeren Handlungsverlaufs; hingegen kommt psychologischen Aspekten eine geringere Bedeutung zu. Durch die Themenwahl und die Sympathielenkung werden meist die Wertvorstellungen des Bürgertums bekräftigt.

Plot

Das Ereignisgefüge der meisten Romane aus der viktorianischen und der edwardianischen Epoche zeichnet sich trotz der typischen mehrsträngigen Handlungsführung durch einen klar strukturierten Plot aus, in dem Liebe, Partnersuche und gesellschaftlicher Aufstieg eine bedeutende Rolle spielen. Die fiktive Handlung ist in der Regel exakt räumlich und zeitlich situiert. Weitere Kennzeichen der realistischen Erzähltradition, die sich in vielen Romanen der edwardianischen Epoche finden, sind das geschlossene Ende, das oft von Heirat oder Tod als typischen Schlusssituationen bestimmt wird, sowie die differenzierte Raum- und Milieudarstel-

---

2 Als Einführung in die Romane der edwardianischen Periode vgl. Stevenson, *A Reader's...*, S. 8–28, und Bradbury, *The Modern...*, S. 67–136. Zur weiterführenden Lektüre zu den *Edwardian novelists* vgl. die Studien von Batchelor, Hunter und Trodd.

lung. Zu den Erzählkonventionen, die im realistischen Roman als Mittel der Strukturierung und Kohärenzbildung fungieren, zählen außerdem die chronologische Anordnung der Ereignisse, die nur selten durch Rückblicke oder Vorausdeutungen unterbrochen wird, und die kausale Verknüpfung der Handlung.

Erzähl-situation

In der für viele viktorianische und edwardianische Romane typischen auktorialen Erzählsituation herrscht die Außenperspektive eines übergeordneten Erzählers vor, der an der Handlung selbst nicht beteiligt ist.[3] Dieser schildert nicht nur den Handlungsverlauf, sondern tritt auch durch persönliche Äußerungen, Kommentare zum Geschehen, moralische Werturteile, Verallgemeinerungen, Leseranreden und die Thematisierung des Erzählvorgangs explizit als personalisierbarer Sprecher in Erscheinung. Charakteristisch für die erzählerische Vermittlung ist die enge Beziehung zwischen dem Erzähler und dem fiktiven Adressaten, die im Gegensatz steht zur relativ großen Distanz dieser beiden Instanzen zu den Figuren. Außerdem fungiert der Erzähler als hierarchisch übergeordnete Orientierungsinstanz, die die Figurenperspektiven koordiniert.

2 Materialistischer und soziologischer Realismus: H. G. Wells, Arnold Bennett und John Galsworthy

Kontinuität der realistischen Erzähltradition

Besonders deutlich ist der prägende Einfluss der viktorianischen Erzähltradition in den Romanen von drei zu ihrer Zeit sehr populären und finanziell erfolgreichen Autoren, die trotz einiger Unterschiede oft in einem Atemzug genannt werden: H. G. WELLS, ARNOLD BENNETT und JOHN GALSWORTHY, die derselben Generation angehörten. Die wichtigsten Gemeinsamkeiten ihrer Werke sind die Konzentration auf die äußere Wirklichkeit, das Vorherrschen der Außenperspektive und eine Tendenz zu scheinbar objektiver Wirklichkeitsdarstellung.

Wells, Bennet, Galsworthy

Was viele ihrer Romane verbindet, ist ein materialistischer, soziologischer und sozialkritischer Realismus, der den Akzent auf die möglichst detailgetreue Abbildung der äußeren Wirklichkeit legt. Beeinflusst vom französischen Realismus und Naturalismus schildern WELLS, BENNETT und GALSWORTHY in ihren Romanen das Leben der englischen Gesellschaft in der Phase des Übergangs vom Spätviktorianismus zur Moderne mit minutiöser Genauigkeit. Im Mittelpunkt ihrer Romane steht die Gesellschaftsschicht, der sie selbst angehörten. Während GALSWORTHY als Sohn eines reichen Rechtsanwalts im wohlhabenden Bürgertum aufwuchs, entstammten BENNETT und WELLS der *lower middle class*.

Erzählweise	Kennzeichnend für die soziologisch orientierte Erzählweise dieser drei Romanciers sind die ausführlichen Raumdarstellungen und Analysen der materiellen Lebensverhältnisse. Im Vordergrund steht die detaillierte Beschreibung der Lebensumstände, Wohnhäuser und Arbeitsbedingungen der Figuren. Die realistische Raum- und Milieudarstellung wird insofern für die Figurencharakterisierung und die Vermittlung des Werte- und Normensystems funktionalisiert, als die Figuren durch ihren Wohnort soziologisch präzise in der fiktionalen Gesellschaft situiert werden.
Elemente des viktorianischen Gesellschaftsromans	Eine weitere Gemeinsamkeit der Romane von WELLS, BENNETT und GALSWORTHY besteht darin, dass sich in ihnen noch viele der typischen Bauelemente des viktorianischen Gesellschaftsromans finden. Dazu zählen die Wiedergabe des Geschehens durch eine übergeordnete Erzählinstanz, die Verwendung von zeitraffendem Erzählerbericht und szenischer Darstellung mit hohem Dialoganteil, die dominant chronologische Zeitstruktur und die realistische Raumkonzeption. Wie in vielen Romanen aus den ersten zwei Dekaden herrscht in den Werken dieser Autoren die auktoriale Erzählsituation oder die Ich-Erzählsituation vor, die beide für die Erzählkunst der viktorianischen Epoche typisch sind.
John Galsworthy	JOHN GALSWORTHYS Romane verbinden die Struktur der Familiensaga und des Generationsromans mit einer Tendenz zu satirischer Gesellschaftsdarstellung. GALSWORTHY, der 1932 den Literatur-Nobelpreis erhielt, entwirft in seinen Werken ein umfassendes Panorama der englischen bürgerlichen Welt in der Phase des Übergangs vom 19. zum 20. Jh. Seine sehr figurenreichen Gesellschaftsromane setzen sich kritisch mit den Sitten und der Mentalität der oberen Mittelklasse auseinander, ohne jedoch deren konservative Werte und Normen grundlegend in Zweifel zu ziehen.
The Forsyte Saga	GALSWORTHYS Hauptwerk, der mit verbindenden Novellen angereicherte Romanzyklus *The Forsyte Saga* (1906–1921), dessen erzähltes Geschehen den Zeitraum von 1886 bis 1920 umfasst, und dessen ebenfalls fünfbändige Fortsetzung *A Modern Comedy* (1924–1928), schildern den Aufstieg und Zerfall einer englischen Familie aus dem Besitzbürgertum vom ausgehenden viktorianischen Zeitalter bis zu den 1920er Jahren. Anhand der konservativen Lebensführung und der materialistischen Denkweise der Forsytes schildert diese handlungsorientierte Familiensaga, wie Besitzdenken und Orientierung an überkommenen gesellschaftlichen Normen zu Konflikten und persönlichen Tragödien wie

---

3 Zu den Kennzeichen der auktorialen Erzählsituation vgl. Stanzel, S. 55–58, 242–263 sowie Nünning, *Uni-Training...*, S. 76–90, 168–174, 201–204.

Scheidung führen. Im Vorwort zu *A Modern Comedy* bekundet GALSWORTHY seine Absicht, das Zeitkolorit bzw. den vorherrschenden Zeitgeist der dargestellten Umbruchphase zu evozieren:

In naming this second part of the Forsyte Chronicles 'A Modern Comedy' the word comedy is stretched, perhaps, as far as the word Saga was stretched to cover the first part. [. . .] To render the forms and colours of an epoch is beyond the powers of any novelist, [. . .]; but to try and express a little of its spirit was undoubtedly at the back of his mind in penning this trilogy.[4]

Arnold Bennett

Im Vergleich zu GALSWORTHYS primär am gesellschaftlichen Wandel orientierten Familiensaga sind die Romane BENNETTS primär Beispiele des in der edwardianischen Periode vorherrschenden materialistischen und soziologischen Realismus. BENNETT gilt als einer der bedeutendsten Vertreter des realistischen Romans und des Regionalismus in der englischen Literatur. Schauplatz seiner vom französischen Realismus und Naturalismus beeinflussten Werke ist das kleinbürgerliche Milieu der Töpfereibezirke in Staffordshire.

Im Zentrum von BENNETTS Romanen stehen der äußere Handlungsverlauf sowie die präzise Beschreibung der Schauplätze und des zeitgeschichtlichen Hintergrunds. Die Darstellung der trostlosen Industrielandschaften der fünf aneinander grenzenden Städte, auf die der Titel von *Anna of the Five Towns* (1902) anspielt, nimmt so breiten Raum ein, dass die Aufmerksamkeit von den Figuren auf die physischen Lebensbedingungen und die Folgen der Industrialisierung gelenkt wird und dass sich die Beschreibung zeitgeschichtlicher Fakten gelegentlich verselbständigt. Auch in *The Old Wives' Tale* (1908), dessen Geschehen den Zeitraum von 1863 bis 1907 umfasst, schildert BENNETT mit minutiöser Genauigkeit, wie das Leben der beiden Hauptfiguren – der Schwestern Constance und Sophia Baines – durch ihre Umgebung und durch historische Veränderungen, die sich dem Einfluss des Einzelnen entziehen, geprägt wird. Bei der Figurendarstellung stehen nicht psychologische oder indviduelle Aspekte im Vordergrund, sondern materielle und für die jeweiligen sozialen Gruppen typische Züge.

H. G. Wells

Auch WELLS wandte sich nach den technischen Zukunftsromanen (*scientific romances*), mit denen er am Anfang seiner Laufbahn großen Erfolg hatte (z. B. *The Time Machine: An Invention*, 1895; *The Invisible Man: A Grotesque Romance*, 1897; *The First Men in the Moon*, 1901), in seinen realistischen Romanen den politischen und sozialen Problemen der zeitgenössischen Gesellschaft zu. Aus der Perspektive des sozialistischen Reformers schildert WELLS die Ungerechtigkeiten des kapitalistischen Wirtschaftssystems und die Auswüchse eines übersteigerten Klassenbewusstseins. Seine realistischen Romane, in denen ebenfalls die Darstellung materieller und sozialer Fakten im Vordergrund steht, kreisen um die Entfremdung zwischen Individuum und Gesellschaft in der Moderne und um den Versuch der Protagonisten, sich trotz des Anpassungsdrucks der Gesellschaft gegen etablierte Konventionen aufzulehnen. Mit ihren langen beschreibenden und diskursiven Abschnitten sind die Romane von WELLS passagenweise im Grenzbereich von soziologischer Abhandlung, Journalismus und Fiktion angesiedelt.

Die in der edwardianischen Periode veröffentlichten Romane von WELLS zählen zu den Genres des satirischen und sozialkritischen Entwicklungs- und Gesellschaftsromans. Im Zentrum seiner tragikomischen Romane stehen oft unheldenhafte Protagonisten, die aus kleinbürgerlichen Verhältnissen stammen, aber durch eine Erbschaft oder durch beruflichen Erfolg sozial aufsteigen und sich mit den Werten und Normen der höheren Schichten auseinandersetzen müssen. Trotz ihrer bereits durch die Titel angedeuteten Konzentration auf durchschnittliche Protagonisten entwerfen Romane wie *Kipps: The Story of a Simple Soul* (1905) und *Ann Veronica: A Modern Love Story* (1909) ein recht breites Panorama der damaligen Gesellschaft. Außerdem setzen sich WELLS' Werke mit politischen und sozialen Problemen der damaligen Zeit – etwa mit der Frauenrechtsbewegung in *Ann Veronica* – auseinander. In *Tono-Bungay* (1909) schildert WELLS im Stile einer fiktiven Autobiographie die wechselvolle Lebensgeschichte des Ich-Erzählers George Ponderevo, der als Sohn einer Haushälterin aufwächst und dank des im Buchtitel genannten medizinischen Allheilmittels eine steile geschäftliche Karriere macht und zum Millionär wird.

3 Varianten des Bildungs- und Gesellschaftsromans

Adaption und Transformation literarischer Genres

Viele Romanciers der edwardianischen Epoche knüpfen zwar an Gattungsmuster der viktorianischen Erzählkunst an, wandeln diese aber zugleich thematisch und formal ab. Der Einfluss der viktorianischen Erzähltradition manifestiert sich in den beiden in der edwardianischen Periode bevorzugt verwendeten Genres: im realistischen Gesellschaftsroman und im Entwicklungs- und Bildungsroman. Allerdings modifizieren Romanautoren deren Darstellungskonventionen in einer Weise, die von einer kritischen Distanz gegenüber dem viktorianischen Werte- und Normensystem zeugt.

Modifikation des Bildungsromans

Beispielhaft lässt sich die innovative Transformation literarischer Genres daran zeigen, wie die Konventionen des traditionellen Bildungs- und Entwicklungsromans modifiziert werden. Der klassische Bildungsroman ist vom Bildungsideal des deutschen Huma-

---

4 Galsworthy, *A Modern Comedy*. Harmondsworth: Penguin 1967, S. 13.

nismus geprägt und geht von einer prinzipiellen Kompatibilität zwischen individuellen Erwartungen und gesellschaftlichen Normen aus. Hingegen wird in Romanen ab dem ausgehenden 19. Jh. die Unvereinbarkeit von inneren Bedürfnissen und äußeren Bedingungen im Handlungsverlauf hervorgehoben.

Negativer Bildungsroman

Die Skepsis gegenüber der Möglichkeit, Individuum und Gesellschaft zu versöhnen, findet ihren Ausdruck im Genre des negativen Bildungsromans. Herausragende Beispiele dafür sind OSCAR WILDES *The Picture of Dorian Gray* (1895), THOMAS HARDYS *Jude the Obscure* (1896) und SAMUEL BUTLERS *The Way of All Flesh* (1903). In diesen Romanen, in denen die äußere Handlung zugunsten der Darstellung der psychologischen Entwicklung der Hauptfiguren zurücktritt, manifestiert sich die Skepsis gegenüber den optimistischen Implikationen des klassischen Bildungsromans vor allem in den ambivalenten oder tragischen Romanschlüssen. Diese drei Autoren zogen mit ihren Romanen den Unmut jener zeitgenössischen Kritiker auf sich, die sich nach wie vor am Werte- und Normensystem des viktorianischen Durchschnittslesers orientierten.

Entwicklungsromane des frühen 20. Jh.s

Auch in Entwicklungsromanen des frühen 20. Jh.s wird die wachsende Entfremdung zwischen Individuum und moderner Gesellschaft betont. So schildert ARNOLD BENNETT in der aus den Romanen *Clayhanger* (1910), *Hilda Lessways* (1911) und *These Twain* (1916) bestehenden Trilogie den Aufstieg des Darius Clayhanger vom Hilfsarbeiter zum Druckereibesitzer und dessen Konflikt mit seinem Sohn. Ebenso wie in BENNETTS Romanen liegt der Akzent in H. G. WELLS' Entwicklungsromanen *Kipps* (1905) und *The History of Mr. Polly* (1910) sowie in COMPTON MACKENZIES *Sinister Street* (1913–1914) nicht mehr auf der freien Entfaltung der Individualität oder der Sinngebung durch ein akzeptiertes Bildungsideal. Vielmehr rücken diese Romane die konfliktreiche Beziehung zwischen den Protagonisten und ihrer Umgebung in den Vordergrund. Vergeblich versuchen die Figuren, sich und ihre Bedürfnisse den Normen der Gesellschaft anzupassen.

Durchbrechung des Plot-Schemas

Eine ähnliche Abwandlung der Konventionen des traditionellen Entwicklungsromans prägt auch die Romanerstlinge jener Autoren, die zu den Erneuerern des Romans in England zählen. In D. H. LAWRENCES *Sons and Lovers* (1913) und JAMES JOYCES *A Portrait of the Artist as a Young Man* (1916) wird das Plot-Schema des Bildungsromans dadurch durchbrochen, dass die Protagonisten einen Weg suchen, um aus beengenden Fesseln auszubrechen. In der von psychischen Konflikten bestimmten Entwicklung der Hauptfiguren zeigt sich, dass das Individuum seine Anlagen keineswegs ungehindert entfalten kann, sondern sich den Erwartungen der Gesellschaft unterzuordnen hat. Durch die Negierung einer prästabilierten Harmonie zwischen Individuum und Gesellschaft und durch die kritische Darstellung repressiver Konventionen weichen diese Romane von der viktorianischen Erzähltradition ab. In den beiden autobiographisch geprägten Bildungsromanen von LAWRENCE und JOYCE fungiert die Welt der Kunst als Alternative zu den bürgerlichen Normen, denen sich die männlichen Hauptfiguren zu entziehen versuchen. Am Beispiel ihrer Entwicklungsprozesse wird deutlich, dass tradierte Handlungsschemata ihre Gültigkeit für die individuelle Lebenseinrichtung verloren haben. Diese Diskrepanz zwischen überkommenen Normen und individuellen Bedürfnissen bewirkt eine Bewusstseinsveränderung, in der sich das Gefühl der Ohnmacht gegenüber der Familientradition zum Willen zur Unabhängigkeit und zur künstlerischen Selbstverwirklichung wandelt.

Weibliche Entwicklungsromane

Dass das Streben der männlichen Hauptfiguren in *Sons and Lovers* und *A Portrait of the Artist as a Young Man* trotz aller Hindernisse letztlich von Erfolg gekrönt ist, während die 24-jährige, unerfahrene Protagonistin Rachel Vinrace in VIRGINIA WOOLFS Romanerstling *The Voyage Out* (1915) am Ende stirbt, verweist auf eine Besonderheit weiblicher Entwicklungsromane. Diese betonen oftmals die mannigfaltigen Einschränkungen, durch die der Prozess der Selbstbildung für Frauen in der viktorianischen Gesellschaft gekennzeichnet war. Einerseits ist das Geschehen in *The Voyage Out* am Plot-Schema des Entwicklungs-, Bildungs- und Reiseromans orientiert. Andererseits zeugen die Modifikationen der Konventionen des Bildungsromans in *The Voyage Out* von einer skeptischen Distanz zum viktorianischen Werte- und Normensystem, denn sie entlarven die begrenzten Entfaltungsmöglichkeiten der Frau in einer patriarchalisch geprägten Gesellschaft.

Transformation des Gesellschaftsromans

Eine ähnliche Transformation von Gattungskonventionen lässt sich im Falle des realistischen Gesellschaftsromans beobachten. Obgleich viele Romane der edwardianischen Periode ähnlich differenzierte und panoramisch breite Schilderungen des gesellschaftlichen Zusammenlebens bieten wie ihre viktorianischen Vorläufer, rücken sie soziale und ökonomische Probleme in den Vordergrund. Außerdem üben BENNETT, GALSWORTHY und WELLS unverhohlen Kritik an zentralen Aspekten des viktorianischen Werte- und Normensystems, insbesondere an rigiden moralischen Konventionen, Profitstreben und Besitzdenken. Auch das übersteigerte Klassenbewusstsein, die Sitten und die monotonen Rituale des Familienlebens in der gehobenen Mittelschicht werden mit ironischer Distanz kommentiert. Das konservative Wertesystem der viktorianischen *upper middle class* wird von überzeichneten Figuren verkörpert, die ihre Borniertheit und Engstirnigkeit in Dialogen selbst zur Schau stellen. Bevorzugtes Mittel literarischer Zeitkritik ist die satirische Darstellung menschlicher Schwächen und ökonomischer Missstände. Obgleich die Gesellschaftskritik in GALSWORTHYS Romanen weniger expliziert formuliert ist als in denen von WELLS, setzen sich beide Autoren satirisch mit den Auswüchsen des Materialismus und den rigiden sozialen Konventionen auseinander. Zielscheibe der Kritik in GALSWORTHYS *The Forsyte Saga* ist vor allem das an Besessenheit grenzende Streben nach Geld und Besitz der Forsytes, denen menschliche Werte gleichgültig sind.

Woolf, *Night and Day*

Auch VIRGINIA WOOLFS zweiter Roman, *Night and Day* (1919), folgt in der Anlage dem Genre des Gesellschaftsromans, wandelt die von dieser Gattung vorgegebenen Konventionen jedoch ebenfalls teilweise ab. Obwohl über weite Strecken des Romans das gesellschaftliche Rollenspiel der Heuchelei im Stile einer an SHAKESPEARE und JANE AUSTEN erinnernden Sittenkomödie dargestellt wird, verdeutlicht der Handlungsverlauf, dass die Vielfalt moderner Lebensformen nicht mehr in vorgegebene Plot-Schemata eingepasst werden kann. Die gattungsgemäße Übernahme des *love-and-marriage plot* und des glücklichen Endes wird insofern relativiert, als die Entwicklung der Hauptfiguren nicht auf einen gemeinsamen Fluchtpunkt hin verläuft und die Normenkonflikte letztlich nicht gelöst werden.

4 Psychologischer und poetischer Realismus: Henry James, Joseph Conrad, Ford Madox Ford und E. M. Forster als Vorläufer des modernistischen Romans

Psychologisierende und experimentierende Erzählweise

Obgleich der materialistische Realismus in der edwardianischen Epoche vorherrschend war, gab es daneben eine ganz andere Tendenz, die in der zweiten Dekade des Jh.s in den Vordergrund rückte. Die Veränderungen des Bildungsromans weisen bereits auf diese zweite Entwicklungslinie hin. Es handelt sich um eine psychologisierende und experimentierende Erzählweise, die den Akzent von der äußeren Welt der Gesellschaft auf die Darstellung der Innenwelt verlagert. Diese Akzentverlagerung ist als literarischer Ausdruck einer veränderten Wirklichkeitserfahrung zu verstehen.

Ende des Viktorianismus

In ihrem Essay „Mr Bennett and Mrs Brown" stellt VIRGINIA WOOLF die Behauptung auf, dass sich ungefähr im Dezember des Jahres 1910 die menschliche Natur gewandelt habe. Dies sei nicht ohne weitreichende Folgen geblieben, denn WOOLF zufolge trat zugleich eine Veränderung in der Religion, der Lebensführung, der Politik und der Literatur ein. Dass diese bewusst zugespitzte Feststellung nicht ganz wörtlich zu nehmen ist, versteht sich von selbst. Gleich-

wohl ist die Datierung insofern nicht völlig willkürlich, als sie auf das Todesjahr von EDUARD VII. und auf die erste Ausstellung postimpressionistischer Maler in London anspielt, die im Dezember des Jahres 1910 eröffnet wurde. Darüber hinaus geht es WOOLF sowohl um den Wandel der englischen Klassengesellschaft, der sich etwa in dem wachsenden Einfluss der Liberalen im englischen Unterhaus niederschlug, als auch um jene tiefgreifenden Veränderungen der Auffassungen von Wirklichkeit, Geschichte, Bewusstsein, Sprache, Sexualität, Wissenschaft, Literatur und Kunst, durch die sich die Moderne von der viktorianischen Epoche unterscheidet.

Neue Formen

Im Hinblick auf die Periodisierung des englischen Romans ist das von WOOLF genannte Datum insofern von Bedeutung, als es auf einen grundlegenden Wandel der Erzählformen hinweist, der innerhalb der edwardianischen Periode zwar noch nicht vollendet wurde, der sich aber bereits andeutete. Die realistischen Darstellungskonventionen des viktorianischen Romans veränderten sich bereits ab der Jahrhundertwende so stark, dass sich parallel zur traditionellen Erzählweise der *Edwardians* allmählich eine neue Form des modernen Romans herausbildete. Im Zuge dieser Entwicklung wurde zum einen eine Vielzahl neuer Themen erschlossen, die im Viktorianismus tabuisiert worden waren. Zum anderen wurden neue Erzählformen entwickelt, die sich deutlich von den traditionellen Merkmalen des realistischen Romans unterschieden.

Wegbereiter der Moderne

Zu den wichtigsten Wegbereitern für den Roman der Moderne zählen HENRY JAMES, JOSEPH CONRAD, FORD MADOX FORD und E. M. FORSTER, die in ihren Romanen Möglichkeiten eines psychologischen und poetischen Realismus ausloten. Sie gehören zur Gruppe jener Autoren, deren Werke in erzählerischer Hinsicht an der Schwelle zwischen Viktorianismus und Moderne stehen. Mit ihrer psychologisch einfühlsamen Figurendarstellung und ihrem metaphernreichen Stil beeinflussten diese Autoren die Entwicklung des modernen Romans nachhaltig.

Perspektivische Auffächerung der erzählten Welt

Zeugen bereits die frühen Romane von JAMES, CONRAD und FORD von einer Weiterentwicklung traditioneller Erzählkonventionen, so verstärken sich diese Tendenzen in ihren späteren Werken. Durch das Zurücktreten der auktorialen Erzählinstanz und die Darstellung des Geschehens aus der Sicht von Figuren kommt es zu einer perspektivischen Auffächerung der erzählten Welt. Von dem breiten Spektrum an Funktionen, die ein expliziter Erzähler im viktorianischen Roman erfüllt, findet sich in den meisten Werken dieser Autoren nur ein kleines Segment, das STANZEL als die *„rein funktionellen Manifestationen des auktorialen Erzählers"* bezeichnet.[5] Das Erzählmedium beschreibt den Handlungsraum, ordnet das Geschehen zeitlich ein, schildert die fiktive Gesellschaft, charakterisiert die Figuren und fungiert als Berichterstatter des Handlungsverlaufs.

Unpersönliche Erzählweise

Dem modernistischen Ideal einer unpersönlichen Erzählweise entsprechend fehlt es hingegen weitgehend an Kennzeichen viktorianischer Erzähltradition wie Selbstdarstellungen des Erzählers, Leseranreden, Äußerungen über den Erzählvorgang und anderen expliziten Techniken der Leserbeeinflussung. Außerdem wird meist auf eine normative Bewertung des Geschehens verzichtet, und es fehlt das für viele viktorianische Erzähler kennzeichnende Werben um Verständnis für die Figuren in Form von Sympathieappellen. Auch die eingeschränkte Verbindlichkeit vieler Erzähleräußerungen zeugt von einer veränderten Wirklichkeitsauffassung. Mit ihren immer wieder neu ansetzenden Versuchen der Sinnstiftung verdeutlichen JAMES', CONRADS und FORDS Romane, dass sich gerade entscheidende Momente im Leben einer Figur jedem Versuch entziehen, sie rational zu ergründen oder begrifflich vollständig zu fixieren.

Henry James

Besonders deutlich lässt sich der allmähliche Wandel literarischer Erzählkonventionen zwischen Viktorianismus und Moderne[6] an den Werken von HENRY JAMES nachvollziehen, dessen Romane im Zeitraum von 1876 bis 1904 erschienen. Aufgrund der differenzierten Figuren- und Bewusstseinsdarstellung gilt JAMES zusammen mit den spätviktorianischen Romanciers GEORGE ELIOT (eig. MARY ANN EVANS), GEORGE MEREDITH und THOMAS HARDY als wichtiger Wegbereiter des psychologischen Romans. Nachhaltigen Einfluss auf die literarische Entwicklung übte JAMES auch mit seinen literaturkritischen Rezensionen und Essays aus, in denen er Kritik an der Strukturlosigkeit viktorianischer Romane übte, die er abschätzig als *„large loose baggy monsters"* bezeichnete.[7] Anhand seines eigenen literarischen Schaffens analysierte er erzähltechnische Aspekte der Romankunst. Vor allem die Vorworte seiner Romane enthalten viele wichtige Einsichten in die Entstehung und Poetik der modernen Erzählkunst.

Szenisch erzählter Roman

In seiner erzählerischen Praxis setzte JAMES seine poetologischen Vorstellungen dadurch um, dass er der Formgestaltung besondere Beachtung schenkte und den Typ des szenisch erzählten Romans entwickelte. Dessen wichtigste Bauformen sind Dialog und ausgiebige Bewusstseinsdarstellung. Darin zeigt sich JAMES' Bevorzugung von *showing* gegenüber dem als *telling* bezeichneten Hervortreten einer vermittelnden Erzählinstanz. Der zeitraffende Erzählerbericht tritt in seinen Romanen zunehmend zugunsten von zeitdeckender szenischer Darstellung zurück.

What Maisie Knew (1897)	Die Psychologisierung des Erzählens zeigt sich in JAMES' späten Romanen vor allem daran, dass die äußere Handlung und der auktoriale Erzähler zugunsten von perspektivisch gebrochener Bewusstseinsdarstellung zurücktreten. In *What Maisie Knew* (1897) beschreibt JAMES die Entwicklung der jungen Titelheldin zwar überwiegend aus deren Sicht, doch der Erzähler ergänzt und kommentiert deren Perspektive. Der Titel deutet die thematischen und erzählerischen Besonderheiten dieses Werks insofern bereits an, als es in diesem Roman vor allem um die Frage geht, was die am Anfang sechsjährige Maisie von dem, was mit ihr und um sie herum geschieht, wahrnimmt und versteht. Während der stellenweise sehr explizite Erzähler in diesem Roman noch als Vermittler und Interpret eines kindlichen Bewusstseins fungiert, tritt er in JAMES' späteren Romanen immer weiter zugunsten der psychologischen und moralischen Konflikte der Figuren, die sich zwischen Selbstlosigkeit und Egoismus sowie zwischen Konventionen und Selbstbestimmung entscheiden müssen, in den Hintergrund.
Psychologische Erzählweise	JAMES war mit seiner subtilen psychologischen Erzählweise in thematischer und formaler Hinsicht wegweisend für die Entwicklung des modernen englischen Romans. Die Welt der Figuren wird in seinen späten Romanen aus der Wahrnehmungsperspektive einer am Geschehen beteiligten Reflektorfigur geschildert. Dieses *centre of consciousness* fungiert als personales Orientierungszentrum und einheitsstiftendes Gestaltungsprinzip. Wegen der subtilen monoperspektivischen Erzählform gilt sein Roman *The Ambassadors* (1903), in dessen Zentrum die für viele von JAMES' Romanen typische Begegnung von amerikanischen Figuren mit der alten Kultur Europas steht, als sein Meisterwerk und als Höhepunkt seiner letzten Schaffensperiode. Aufgrund der innovativen Perspektiventechnik erwecken JAMES' späte Romane – vor allem *The Golden Bowl* (1904) – den Eindruck von großer Unmittelbarkeit. Außerdem vermitteln sie aufgrund der damit einhergehenden Subjektivierung einen Eindruck von der Bedingtheit und Perspektivengebundenheit individueller Wirklichkeitserfahrung.
Joseph Conrad	Auch CONRAD, ein englischer Schriftsteller polnischer Herkunft, der eigentlich JÓZEF TEODOR KONRAD NALECZ KORZENIOWSKI hieß, war mit seiner psychologischen Erzählkunst und seinen formalen Experimenten ein wichtiger Wegbereiter für den Roman der Moderne. Seine autobiographisch geprägten Werke verbinden eine

---

5 Stanzel, S. 245.

6 Vgl. dazu im einzelnen Goetsch, *Die Romankonzeption* ... sowie das Kapitel „Wandel der Erzählformen im englischen Roman zwischen Viktorianismus und Moderne" in Nünning, *Uni-Training* ..., S. 197–229.

7 James, *The Art of the Novel*. Hrsg.: Richard Blackmur. New York: Scribner's 1934, S. 84.

abenteuerliche Handlung, die oft in exotischem Milieu spielt, mit impressionistischen und symbolistischen Darstellungstechniken sowie mit psychologisch eindringlichen Charakterstudien. Im Zentrum von CONRADS Romanen und Erzählungen, die oft vom Kampf des Menschen mit elementaren Naturgewalten handeln, stehen isolierte Charaktere, die sich fern der Zivilisation in schicksalshaften Entscheidungssituationen bewähren müssen.

Modifikation des Kolonialromans

Jene Romane CONRADS, die sich kritisch mit den Auswirkungen des Imperialismus auseinandersetzen, zeugen von einer signifikanten Veränderung der Konventionen populärer Gattungen. Im Gegensatz zu spätviktorianischen Kolonial- und Abenteuerromanen, in denen Glanz und Größe des Britischen Weltreichs idealisiert werden, üben Romane aus der ersten Phase des 20. Jh.s Kritik an der nostalgischen Verklärung britischer Tugenden und imperialer Heldentaten. Typische Beispiele dafür sind etwa CONRADS Romane *Almayer's Folly* (1895), *Heart of Darkness* (1899), *Lord Jim* (1900) und *Chance* (1913), die sich in formaler Hinsicht deutlich vom typischen Kolonialroman und dem sozialkritischen Realismus edwardianischer Romane abheben. Einerseits knüpft CONRAD mit der Wahl der Themen und der exotischen Schauplätze sowie mit einigen seiner Darstellungstechniken an viktorianische Vorbilder an. Andererseits modifiziert er die Merkmale des Kolonialromans jedoch so, dass die Gattungskonventionen der Abenteuergeschichten durchkreuzt und die von ihnen vermittelten imperialistischen Ideologien in Zweifel gezogen werden. CONRADS Werke entlarven imperialistische Mythen vom britischen Heldentum und von einer gerechten, im Dienst der Zivilisation stehenden Mission als Fiktionen.

Weltanschauung

In weltanschaulicher Hinsicht kontrastiert CONRAD in seinen Werken eine pessimistische Vision der Sinnlosigkeit der Welt mit einer stoischen Anerkennung menschlicher Würde. Dies zeigt sich etwa in der Art und Weise, wie er in *The Secret Agent* (1907) und *Under Western Eyes* (1911) das Thema des Anarchismus und die psychischen Konflikte der Protagonisten behandelt. In dem thematisch und formal besonders ausgereiften historischen Roman *Nostromo* (1904), der als Höhepunkt von CONRADS Schaffen gilt, wird der Gegensatz zwischen verschiedenen Lebensauffassungen vor dem Hintergrund politischer Wirren in einer imaginären südamerikanischen Republik gestaltet.

Erzählweise

Im Gegensatz zu JAMES bedient sich CONRAD in vielen seiner Romane eines individualisierten Ich-Erzählers und einer an mündliche Rede erinnernden Erzählweise. Diese vermittelt den Eindruck ständiger Improvisation und vermag Subjektivität literarisch darstellbar zu machen. So erzählt Marlow in CONRADS bekanntestem Roman, *Lord Jim*, die tragische Geschichte eines jungen Seemanns, der von Heldentaten träumt, aber in der entscheidenden Situation kläglich versagt. Jim ist ein für die Moderne typischer Antiheld, der seine Ehre verliert, als er in einer Paniksituation ein scheinbar sinkendes Schiff verlässt.

Weitere Kennzeichen von CONRADS auf die Moderne vorausweisender Erzählweise sind die Selbstreflexion des Erzählvorgangs, die Durchbrechung der linearen Chronologie, das multiperspektivische Erzählen und der ständige Perspektivenwechsel. Die daraus resultierende Subjektivierung der Aussagen führt etwa im Falle von *Lord Jim* zu einer prismatischen Brechung des Erzählten, was sowohl die Identifikation mit einzelnen Figuren als auch deren Beurteilung erschwert. Die multiperspektivische Auffächerung des in der Vergangenheit liegenden Geschehens in eine Vielzahl unterschiedlicher Versionen hat zur Folge, dass nicht eine verbindliche Version der Ereignisse präsentiert wird, sondern eine *„reich gestufte Skala von Deutungs- und Bewertungsmöglichkeiten"*.[8]

Epistemologischer Skeptizismus

Indem CONRADS Romane die Individualität der Erzähler und die Subjektivität jeglicher Sinnstiftungen erzählerisch hervorheben, bringen sie Zweifel an der Möglichkeit zum Ausdruck, objektiv wahre Erkenntnisse über den tatsächlichen Verlauf von Ereignissen oder die Beweggründe anderer zu erlangen. Durch den Verzicht auf eine hierarchische Anordnung der Perspektiven wird insofern die Erkennbarkeit ‚der' Geschichte in Zweifel gezogen, als sich die konkurrierenden Perspektiven als nicht synthetisierbar erweisen. Dies unterstreicht den für CONRADS und viele andere moderne Romane charakteristischen epistemologischen Skeptizismus, der nicht in irgendwelchen Defiziten der Erzähler, sondern in den kognitiven Grenzen des Menschen begründet ist.

unreliable narrator

Besonders deutlich wird die Transformation viktorianischer Erzählkonventionen im gehäuften Auftreten jenes neuen Typus von Erzählern, der mit dem Begriff *unreliable narrator* bezeichnet wird. Dieser Begriff bezieht sich auf einen im Roman des 20. Jh.s weit verbreiteten Typus von Ich-Erzählern, der dadurch gekennzeichnet ist, dass die Schilderungen und Bewertungen des Geschehens durch den Erzähler nicht uneingeschränkt zuverlässig und glaubwürdig sind. Dabei handelt es sich nicht bloß um eine erzähltechnische Innovation, sondern um eine kulturell signifikante Veränderung, die von einem grundlegenden Wandel des vorherrschenden Glaubens in die Erkenntnisfähigkeiten des Menschen zeugt und die auf die Subjektivierung der Wirklichkeitserfahrung im Roman der Moderne hinweist. Zu Recht bemerkt Stevenson über *„the unreliable narrators who often appear in the twentieth-cen-*

---

8 Erzgräber, *Von Thomas Hardy ...*, S. 67.

tury novel", es handele sich dabei um *„one of its distinctive departures from Victorian fiction, whose omniscient authors reflect the outlook of a less uncertain age".*[9]

Ford Madox Ford

Ein typisches Beispiel für die Verwendung eines solchen *unreliable narrator*, von dem auch JAMES und CONRAD wiederholt Gebrauch machen, ist John Dowell, der Ich-Erzähler in FORDS Roman *The Good Soldier* (1915). Obgleich dieser ebenso anständige wie naive amerikanische Soldat keineswegs von herkömmlichen Vorstellungen von Normalität abweicht, wird seine Verlässlichkeit als Erzähler durch seinen begrenzten Wissensstand, seine emotionale Involviertheit in das Geschehen, seine psychologische Disposition, seine Werte und Normen sowie seine lückenhafte Erinnerung beeinträchtigt. Textuelle Signale für seine *unreliability* sind die häufige Verwendung von Wörtern wie ‚think‘ oder ‚guess‘ und sein eingestandenes Nichtwissen, das durch die leitmotivische Wiederholung des Satzes *„I don't know"* unterstrichen wird. Dadurch erweisen sich die Versionen, die der gutgläubige Dowell von den Affären seiner Frau schildert, als subjektive Ansichten, verzerrte Deutungen und Fehlinterpretationen eines Individuums, dessen Erzählen (unfreiwillig) zu einer fortschreitenden Selbstenthüllung wird.

Subjektivierung des Erzählten

Gemeinsam ist JAMES', CONRADS und FORDS Romanen, dass in ihnen die subjektive Wahrnehmungs- und Bewusstseinsperspektive der Erzähler bzw. Reflektorfiguren zum dominanten Strukturprinzip wird. Diese fungieren als Wahrnehmungs- und Orientierungszentrum, das die oft nur assoziativ verknüpften Handlungsfragmente auf den verschiedenen Zeitebenen verbindet. Ebenso wie die innovative Perspektiventechnik in JAMES' Romanen verlagert die fragwürdige Zuverlässigkeit der Äußerungen, Deutungen und Bewertungen unglaubwürdiger Erzähler den Akzent vom erzählten Geschehen auf dessen Wahrnehmung im Bewusstsein der Erzähler. Durch die Verwendung von Reflektorfiguren (JAMES), individualisierten Erzählern (CONRAD) und *unreliable narrators* (CONRAD, JAMES, FORD) entsteht der Eindruck einer starken Subjektivierung des Erzählten, der typisch ist für die Romankunst der Moderne.

E. M. Forster

Selbst einige Autoren und Autorinnen, die als die bedeutendsten Repräsentanten des Modernismus in England gelten, knüpfen in ihren frühen Werken bei der Wahl ihrer Themen und Darstellungstechniken an viktorianische Vorbilder an. Besonders deutlich wird die Synthese aus traditionellen und modernen Zügen in den Romanen EDWARD MORGAN FORSTERS. Ähnlich wie im Falle der frühen Werke von D. H. LAWRENCE und VIRGINIA WOOLF stellen sich Tradition und Innovation in FORSTERS Romanen nicht als sich ausschließende Opposition dar, sondern als komplementäre Aspekte der literarischen Entwicklung.

Erzählweise	FORSTERS Anknüpfung an die realistische Erzählkunst besteht in einer innovativen Transformation der literarischen Tradition: Obgleich seine auktoriale Erzählweise, die auch in LAWRENCES Romanen vorherrscht, noch weitgehend konventionell ist, unterscheidet sich der poetische Realismus dieser beiden Autoren deutlich vom dokumentarischen Materialismus der Romane von BENNETT, GALSWORTHY und WELLS. FORSTERS Romane verbinden psychologisch einfühlsame Figurencharakterisierung, ironische Gesellschaftssatire und symbolhafte Elemente.
Anknüpfen an den Viktorianismus	Einerseits knüpfen FORSTER und LAWRENCE in mehrfacher Hinsicht an die Tradition des sozialkritischen Gesellschaftsromans des 19. Jh.s an. Mit der kausalen Anordnung der Handlung und dem äußeren chronologischen Rahmen greifen sie in ihren frühen Romanen auf traditionelle Mittel der Strukturierung und Kohärenzbildung zurück. Außerdem zeichnen sich FORSTERS und LAWRENCES Romane durch realistische Raum- und Milieudarstellung, die differenzierte Schilderung des gesellschaftlichen Zusammenlebens und den Rückgriff auf auktoriale Erzähler aus. Ähnlich wie die Erzähler in vielen viktorianischen Romanen melden sich die Erzählinstanzen in FORSTERS und LAWRENCES Romanen wiederholt in Form von Kommentaren, Bewertungen und didaktischen Verallgemeinerungen zu Wort. Der Einfluss der viktorianischen Erzählkunst schlägt sich vor allem in der Art und Weise nieder, wie sich die übergeordneten Erzählinstanzen mit den Figuren auseinandersetzen und zur Sympathie- und Rezeptionslenkung beitragen. Ein typisches Beispiel für diese adressatenorientierte auktoriale Erzählweise ist etwa der folgende Sympathieappell des Erzählers in FORSTERS *Howards End* (1910): *„To Margaret – I hope that it will not set the reader against her – the station of King's Cross had always suggested infinity. [. . .] If you think this ridiculous, remember that it is not Margaret who is telling you about it".*[10]
Überlagerung von Bedeutungsebenen	Andererseits weichen FORSTERS und LAWRENCES frühe Romane trotz ihrer konventionellen Erzählweise insofern von viktorianischen Mustern ab, als sich in ihnen realistische und symbolische Bedeutungsebenen überlagern. Anstatt sich damit zu begnügen, nur die oberflächliche Wirklichkeit darzustellen, bemühen sie sich um die Darstellung psychologischer Nuancen in menschlichen Beziehungen.

---

9 Stevenson, *A Reader's* . . ., S. 25; zu den Signalen und zur Geschichte des *unreliable narrator* vgl. Nünning, „'But why . . .'"

10 Forster, *Howards End*. Harmondsworth: Penguin 1975, Kap. II, S. 27; für ähnliche Erzähleräußerungen vgl. auch ebd., S. 39, 58, 61, 76, 91, 115.

Thematische Innovationen	Die frühen Romane von FORSTER und LAWRENCE, deren Innovationen eher im thematischen als im formalen Bereich liegen, zählen auch deshalb zu jenen Werken, die an der Schwelle zwischen Viktorianismus und Moderne stehen, weil sie sich kritisch mit viktorianischen Wertvorstellungen auseinandersetzen. In thematischer Hinsicht erschließen die Romane dieser Autoren vor allem dadurch Neuland, dass sie persönliche Beziehungen und die psychischen Konflikte von Figuren, die sich sozialen Konventionen widersetzen, in den Mittelpunkt rücken. FORSTERS Romane sind geprägt von einem liberalen Humanismus, der sich gegen jede Form von Philistertum und Intoleranz richtet. Zu den zentralen Themen seiner Werke zählen der Konflikt zwischen Konvention und persönlichen Bedürfnissen sowie die Überwindung der Schranken, die sich aus unterschiedlichen Traditionen, Lebensauffassungen und Wertvorstellungen ergeben.
Strukturierung durch Kontrastierung	Ein wichtiges Strukturelement von FORSTERS Romanen ist die Kontrastierung von Figuren mit unterschiedlicher Herkunft und Weltanschauung. Den Widerstreit gegensätzlicher Lebensformen gestaltet FORSTER in seinen frühen Werken *Where Angels Fear to Tread* (1905) und *A Room with a View* (1908) anhand der Gegenüberstellung der Konventionalität englischer Figuren aus der oberen Mittelschicht mit der Vitalität und Natürlichkeit italienischer Figuren. FORSTER entlarvt die Heuchelei und das materialistische Denken des englischen Besitzbürgertums, indem er sie mit emotionalen, ideellen und intellektuellen Werten kontrastiert.
Howards End	Das Motto seines frühen modernistischen Romans *Howards End* (1910) – „*Only Connect...*" – verweist auf das für FORSTERS Werke typische Streben nach Einheit, auf das Bemühen, Gegensätze aufzulösen und zu neuen Synthesen zu verbinden. Gegensätzliche Phänomene wie intellektuelle und praktische Vermögen, Tradition und Innovation, geistige und materialistische Aspekte sowie äußeres Geschehen und psychische Prozesse werden in diesem Roman in ihrem dynamischen Zusammenwirken und ihrer untrennbaren Zusammengehörigkeit dargestellt. Die Möglichkeit einer Vereinigung von Gegensätzen wird auf der Handlungsebene durch die Heirat des pragmatischen Geschäftsmanns Henry Wilcox und der künstlerisch interessierten und sensiblen Margaret Schlegel symbolisiert. Deren humanistische Lebensauffassung zielt auf die Verbindung von Menschen unterschiedlicher Herkunft ab, die die Schranken zwischen ihnen und die Fragmentarisierung des Lebens überwindet: „*Only connect! That was the whole of her sermon. Only connect the prose and the passion, and both will be exalted, and human love will be seen at its highest. Live in fragments no longer. Only connect*".[11]

A Passage to India

Das Streben nach Überwindung scheinbar unüberbrückbarer Gegensätze zwischen Menschen aus verschiedenen Kulturkreisen steht auch im Mittelpunkt von FORSTERS modernistischem Roman *A Passage to India* (1924), in dem christliche Moral und britische Mentalität mit hinduistischem Kastensystem und indischen Denkweisen aufeinanderprallen. Trotz der Thematik und des exotischen Schauplatzes unterscheidet sich *A Passage to India* mit der typisch modernistischen Semantisierung symbolischer Räume und der Verlagerung des Akzents von der Handlung auf die Beziehung zwischen den Figuren deutlich vom traditionellen Kolonial- und Abenteuerroman. Im Gegensatz zu diesem Genre steht in FORSTERS Roman außerdem das Bemühen der Hauptfiguren, zu denen der indische Arzt Dr. Aziz, der mit diesem befreundete Lehrer Cyril Fielding sowie die Engländerinnen Mrs. Moore und Miss Quested zählen, um interkulturelles Fremdverstehen im Zentrum, dessen Probleme und Grenzen allerdings nicht verschwiegen werden. Dass sich die Abgründe, die zwischen indischen und englischen Lebens- und Denkweisen liegen, ebenso wenig überwinden lassen wie die Kluft, die Individuen unterschiedlicher Religion und Hautfarbe voneinander trennt, wird in *A Passage to India* sowohl durch die Raumdarstellung als auch durch die komplexe Perspektivenstruktur veranschaulicht. Die eingangs aufgeworfene und leitmotivisch wiederkehrende Frage, ob es für einen Inder möglich sei, mit einem Engländer befreundet zu sein, wird durch den Handlungsverlauf und den skeptischen Schluss verneint: „'No, not yet,' and the sky said, 'No, not there.'"[12]

Zusammenfassung

Die erste Phase in der Entwicklung des englischen Romans des 20. Jh.s zeichnet sich somit durch ein Nebeneinander von zwei parallel verlaufenden Entwicklungslinien aus. Vorherrschend ist in der *Edwardian period* der materialistische und soziologische Realismus, wie er von den die viktorianische Erzähltradition fortführenden Romanen von ARNOLD BENNETT, JOHN GALSWORTHY und H. G. WELLS verkörpert wird. Parallel dazu entwickelten Autoren wie HENRY JAMES, JOSEPH CONRAD, FORD MADOX FORD, E. M. FORSTER, D.H. LAWRENCE und VIRGINIA WOOLF eine stärker psychologisierende und experimentierende Erzählweise, die den Akzent von der Darstellung der äußeren Wirklichkeit auf das innere Erleben und die psychische Entwicklung der Figuren verschiebt. Veränderungen in der Themenwahl und Erzähltechnik führen zu einer Psychologisierung des Erzählens, die als literarischer Ausdruck einer Subjektivierung der Wirklichkeitserfahrung zu verstehen ist. Damit weisen die Innovationen in der edwardianischen Periode bereits auf die experimentellen Erzählformen des Modernismus voraus, die Gegenstand des nächsten Kapitels sind.

---

11 Ebd., S. 188.
12 Forster, *A Passage to India*. Harmondsworth: Penguin 1979, Kap. XXXVII, S. 316.

Bewusstseinsdarstellung und neue Erzählformen im Roman des Modernismus

Illumine the mind within rather than the world without.

VIRGINIA WOOLF, „Phases of Fiction"[1]

❶ Die Abkehr von der viktorianischen Erzählkunst im *modernism*

Modernismus

Der sich seit der Jahrhundertwende anbahnende Wandel der Romankonzeption erreichte in den 20er und 30er Jahren einen ersten Höhepunkt, als sich einige jüngere Autoren von den Konventionen des viktorianischen Romans abwendeten und experimentellere Erzählformen erprobten.[2] Zur Bezeichnung dieser ästhetischen Neuerungen haben sich der Epochenbegriff ‚Moderne' und der Terminus *modernism* bzw. ‚Modernismus' etabliert, unter dem die entsprechenden ästhetischen Strömungen subsumiert werden. Die Innovationen des *modernism* bestehen in tiefgreifenden kulturellen Veränderungen, die sich in unterschiedlichen Gattungen und Medien manifestieren. Im Falle des *modernism* handelt es sich weder um eine klar definierte Strömung noch um eine bestimmte Gruppe mit gemeinsamen Zielen: *„It was never a movement fostered through participants' contacts or collective agreement about aims, goals, ideas or styles. Modernism is a critical construct".*[3]

Epochenabgrenzung

Im englischen Roman des 20. Jahrhunderts markieren die innovativen Tendenzen, die mit dem Begriff *modernist fiction* bezeichnet werden, eine zweite Phase in der Gattungsentwicklung, die sich etwa vom Ersten Weltkrieg bis zum Ende der 30er Jahre erstreckt. Allerdings reichen die Anfänge der modernistischen Revolution des Erzählens bis in die 1890er Jahre zurück. Außerdem bricht die Entwicklungslinie des experimentellen Erzählens keineswegs 1940 plötzlich ab, sondern das Erbe des *modernism* lässt sich bis in die Gegenwart verfolgen.

Roman des *modernism*

Die für den Roman des *modernism* kennzeichnende Entwicklungstendenz wird in dem diesem Kapitel vorangestellten Zitat prägnant formuliert: Sie besteht in einer Wendung nach innen, in einer Akzentverlagerung von der äußeren Wirklichkeit hin zur inneren Welt des Bewusstseins, vom dargestellten Objekt hin zum wahrnehmenden Subjekt.[4] VIRGINIA WOOLFS Programm eines ‚Neuen Romans' charakterisiert zentrale Merkmale des modernistischen

Romans (vgl. Kap. 3.2.). Die erzählerische Neuorientierung hin zur Bewusstseinsdarstellung ist Ausdruck jener Psychologisierung und Subjektivierung der Wirklichkeitserfahrung in der Moderne, die sich erst vor dem Hintergrund des geistesgeschichtlichen Kontexts erschließt (3.3.). In thematischer Hinsicht kommt es zur Erschließung neuer Wirklichkeitsbereiche, was sich etwa in den Romanen so unterschiedlicher Autoren wie D. H. LAWRENCE, RADCLYFFE HALL und ALDOUS HUXLEY zeigt (3.4.). Außerdem zählt die Erprobung innovativer Darstellungsverfahren zu den epochenspezifischen Merkmalen (3.5.).

Innovationen

Die Formexperimente des *modernism* zielen darauf ab, literarische Konventionen so weiterzuentwickeln, dass sie zum Ausdruck einer der Moderne angemessenen Wirklichkeitsauffassung geeignet sind. Typisch für die Innovationen des Modernismus ist der psychologische Realismus, für den die Romane DOROTHY RICHARDSONS und MAY SINCLAIRS exemplarisch sind (3.6.). Zu den bedeutendsten englischen Repräsentanten der literarischen Moderne zählen im Bereich des Romans vor allem VIRGINIA WOOLF (3.7.) und JAMES JOYCE (3.8.), deren Experimente mit der Romanform bzw. den Möglichkeiten sprachlicher Wirklichkeitsdarstellung weit über einen psychologischen Realismus hinausgehen.

2 *Modern Fiction:* Virginia Woolfs Programm eines ‚Neuen Romans'

Woolfs Essays

Beispielhaft lässt sich die Neuorientierung des Romans anhand jener Essays von VIRGINIA WOOLF verdeutlichen, in denen sie sich programmatisch mit zeitgenössischer Prosa auseinandersetzte. Als engagierte Literaturkritikerin war WOOLF zeitlebens bemüht, durch ihre Essays auf die Normen der Leser einzuwirken und beim Lesepublikum um Verständnis für eine neue Form des Romans zu werben. Ihre ästhetischen Reflexionen geben Aufschluss über grundlegende Innovationen des Modernismus.

---

1 Woolf, „Phases of Fiction." In: Dies., *Collected Essays*, Bd. II, London: Hogarth Press 1966, S. 56–102, hier S. 81.
2 Die beste Einführung in die Veränderungen der Romanform bietet nach wie vor die Studie von Goetsch, *Die Romankonzeption* ...
3 Stevenson, *Modernist* ..., S. 8. Als Einführung in den *modernism* vgl. Bradbury/McFarlane, Faulkner, Levenson, *A Genealogy* ... und Quinones.
4 Sehr gute Einführungen in den englischen Roman des *modernism* geben Jahn und Stevenson, *Modernist* ...; vgl. auch Levenson, *Modernism* ...

Kritik an den Materialisten	In ihren literaturkritischen Essays, die dem *common reader* Literatur auf anschauliche Weise nahebringen, legt WOOLF die Gründe für ihre Abneigung gegenüber der traditionellen Romanform dar, die von BENNETT, WELLS und GALSWORTHY verwendet wurde. In dem Essay „Modern Fiction" kritisiert WOOLF die aus ihrer Sicht obsoleten erzählerischen Verfahren dieser Autoren und wirft ihnen vor, sich mit der Abbildung belangloser und vergänglicher Äußerlichkeiten zufriedenzugeben. Ein weiterer Haupteinwand gegen die traditionelle Erzählweise dieser Romanciers, die WOOLF als ‚Materialisten' bezeichnet, besteht darin, dass deren Romane mit ihrem klar strukturierten Handlungsverlauf und der präzisen Beschreibung äußerer Details eine anachronistische Vorstellung von der Schlüssigkeit und Darstellbarkeit der Welt suggerieren. WOOLFS Meinung nach ist die traditionelle Erzählweise dieser Materialisten der veränderten Situation der Menschen im 20. Jahrhundert nicht mehr angemessen.
Poetik des ‚neuen Romans'	Diese Kritik an den Materialisten ergänzt WOOLF dadurch, dass sie selbst eine Poetik des zeitgenössischen Romans entwirft. Ihrer Ansicht nach soll der moderne Roman eine Vorstellung davon vermitteln, dass das Bewusstsein eines Menschen jeden Tag im Prozess der Wahrnehmung unzählige, fragmentarische Sinneseindrücke empfange:

Look within and life, it seems, is very far from being 'like this'. Examine for a moment an ordinary mind on an ordinary day. The mind receives a myriad impressions – trivial, fantastic, evanescent, or engraved with the sharpness of steel. From all sides they come, an incessant shower of innumerable atoms; [. . .] so that, if a writer were a free man and not a slave, [. . .] if he could base his work upon his own feeling and not upon convention, there would be no plot, no comedy, no tragedy, no love interest or catastrophe in the accepted style.[5]

Anpassung der Erzählformen	Diese Einsicht in die fragmentarisierte Wirklichkeitserfahrung der Moderne macht WOOLF zufolge eine Veränderung der literarischen Konventionen nötig. Erzählformen könne man dadurch an die moderne Wirklichkeitssicht anpassen, dass die chronologische Schilderung von Ereignissen zugunsten von ausführlicher Bewusstseinsdarstellung zurücktritt. In einem Zeitalter der Bruchstücke erwartet WOOLF von literarischen Werken, dass sie eine adäquate Vorstellung von der modernen Wirklichkeitserfahrung vermitteln und das Nebeneinander inkongruenter Gedanken und Gefühle mit literarischen Mitteln darstellen.
Bewusstsein zentral	WOOLFS Ansicht nach liegt das eigentlich Interessante für Autoren der Moderne im Bereich des menschlichen Bewusstseins, *„in the dark places of psychology"*.[6] Ein zeitgemäßer Roman solle das fluktuierende Leben in seiner Komplexität darstellen und eine Vor-

stellung von der widersprüchlichen und rational nicht erklärbaren Bewusstseinstätigkeit vermitteln. Die Darstellung des Bewusstseinsstroms ermöglicht es, unterschiedlichste Sinneseindrücke und Empfindungen nebeneinander erscheinen zu lassen. Der neue Roman soll WOOLF zufolge so beschaffen sein, dass er die Beziehungen des Menschen zur Natur, seine Vorstellungswelt und Träume sowie die innere Widersprüchlichkeit, Fragwürdigkeit und Vielfalt des Lebens literarisch vermitteln kann: *„It will take the mould of that queer conglomeration of incongruous things – the modern mind."*[7] Mit ihrer Kritik an zeitgenössischer Literatur redete WOOLF aber nicht einem psychologischen Realismus das Wort. Sie forderte vielmehr eine Anpassung der Gattungskonventionen des Romans an die veränderte Wirklichkeitsauffassung der Moderne, ohne ästhetische Maßstäbe wie Einheit und Form aufzugeben.

Vereinigung verschiedener Gattungen

Der geeignete Weg, die Romanform zu einem zeitgemäßen Medium weiterzuentwickeln, besteht für WOOLF in der Vereinigung von Merkmalen unterschiedlicher Gattungen. Der von ihr propagierte neue Roman ist ein hybrides Genre, das die Grenzen der etablierten Gattungseinteilung in Frage stellt, indem es Merkmale des Epischen, Dramatischen und Lyrischen zu neuen Einheiten verbindet. Vor allem die Prosa, die so flexibel und offen ist, dass sie vielfältige Entwicklungsmöglichkeiten in sich birgt, sei dem inkongruenten modernen Leben angemessen. Der neue Roman soll die Alltäglichkeit der Prosa, die sich besonders zur Darstellung psychologischer Nuancen eignet, mit der emotionalen Intensität des Poetischen vereinigen. In ihrem 1927 erschienenen Essay „The Narrow Bridge of Art" fasst WOOLF ihre Vorstellung von diesem neuartigen Romantypus zusammen: *„It will be written in prose, but in prose which has many of the characteristics of poetry. It will have something of the exaltation of poetry, but much of the ordinariness of prose. It will be dramatic, and yet not a play."*[8]

Unterschied zum edwardianischen Roman

Damit ist ein ästhetisches Programm umrissen, das WOOLF und andere Autoren der Moderne in die erzählerische Praxis umsetzten, indem sie innovative Darstellungsverfahren entwickelten. Viele Autoren zogen ästhetische Konsequenzen aus der Einsicht, dass das veränderte Wirklichkeitsmodell und Menschenbild der Moderne nur mit neuen Formkonventionen literarisch dargestellt

---

5 Woolf, „Modern Fiction." In: Dies., *The Common Reader. First Series.* London: Hogarth 1984 [1925], S. 146–154, hier S. 149–150.

6 Ebd., S. 152.

7 Woolf, „The Narrow Bridge of Art." In: Dies., *Granite and Rainbow.* London: Hogarth 1981 [1958], S. 11–23, hier S. 19–20.

8 Ebd., S. 18.

werden könne. Modernistische Romane unterscheiden sich vom traditionellen Realismus der edwardianischen Epoche zum einen dadurch, dass sie Themen und Stoffe behandeln, die den gewandelten Auffassungen von Wirklichkeit, Bewusstsein, Zeit und Geschichte angemessen sind. Zum anderen ersetzen sie jene obsoleten Erzählverfahren, die Ereignisse in chronologischer Abfolge, kausal verknüpft und linear schildern, durch neue Formen der Darstellung und Strukturierung.

 Bloomsbury und der geistesgeschichtliche Kontext

Hintergrund Dieser grundlegende Wandel der Themen und Erzählkonventionen, der sich im englischen Roman zu Anfang des 20. Jahrhunderts vollzog, erschließt sich erst vor dem Hintergrund übergreifender kulturgeschichtlicher Tendenzen. Kulturelle und wissenschaftliche Umwälzungen hatten weitreichenden Einfluss auf die Bewusstseinskunst des Modernismus, die Ausdruck einer allgemeinen Subjektivierung und Psychologisierung der Wirklichkeitserfahrung in dieser Umbruchsphase ist.

Geistesgeschichtlicher Kontext Obgleich der größere geistesgeschichtliche Kontext, in dem die Innovationen des modernistischen Romans zu sehen sind, hier nicht im einzelnen dargestellt werden kann, seien einige der wichtigsten Aspekte, die zu einer Subjektivierung und Psychologisierung der Wirklichkeitserfahrung führten, zumindest stichwortartig genannt. Zu jenen kulturellen und wissenschaftlichen Entwicklungen, die einen tiefgreifenden Einfluss auf die Veränderungen der Formen der Wirklichkeitsdarstellung im englischen Roman hatten, zählten:

> **Kulturelle und wissenschaftliche Entwicklung, die die Formen der Wirklichkeitsdarstellung im englischen Roman beeinflussten**
>
> - die Ästhetik von CLIVE BELL und ROGER FRY, die die Autonomie des Kunstwerks und die Bedeutung der Formen betonten
> - die von FRY organisierte Ausstellung postimpressionistischer Maler in London, in der ab Dezember 1910 u. a. Werke von CÉZANNE, GAUGUIN und VAN GOGH zu sehen waren und deren Einfluss auf den Roman sich in impressionistischen Darstellungsverfahren zeigt
> - die wissenschaftlichen Arbeiten des Psychologen WILLIAM JAMES (1842–1910), auf den das Konzept des Bewusstseinsstroms *(stream of consciousness)* zurückgeht, das sich vor allem in DOROTHY RICHARDSONS Romanen niederschlägt

- die 1909 erstmals ins Englische übersetzten psychologischen Schriften von SIGMUND FREUD (1856–1939), dessen Sexual- und Trieblehre die Bedeutung des Unbewussten und der Sexualität für die menschliche Persönlichkeit erschlossen
- die vor allem auf FERDINAND DE SAUSSURE (1857–1913) und LUDWIG WITTGENSTEIN (1889–1951) zurückgehenden sprachphilosophischen Einsichten in das problematische und arbiträre Verhältnis zwischen Sprache und Wirklichkeit, die die Aufmerksamkeit auf die Möglichkeiten und Grenzen der Sprache lenkten
- FRIEDRICH NIETZSCHES (1844–1900) Perspektivismus und HANS VAIHINGERS (1852–1933) Philosophie des Als-ob, die zu einer Relativierung und Subjektivierung vormals gültiger Modelle von Wirklichkeit, ‚Wahrheit' und ‚Erkenntnis' führten
- ALBERT EINSTEINS (1879–1955) Relativitätstheorie, die herkömmliche Vorstellungen von Raum und Zeit als absoluten Kategorien grundlegend veränderte und zu einer Aufwertung des Beobachters beitrug
- HENRI BERGSONS (1859–1941) holistische Lebensphilosophie der schöpferischen Grundkraft *(élan vital)* und der Erlebniszeit *(durée)*, die die Ganzheit der im Bewusstsein gegebenen Wirklichkeit, die Intuition als Erkenntnismittel und das Phänomen der subjektiven Zeitempfindung in den Blick rückte[9]

Subjektivierung und Psychologisierung der Wirklichkeitserfahrung

Will man diese kulturellen und wissenschaftlichen Umwälzungen in der Moderne zu einer ‚Gesamttendenz' bündeln, so ist unübersehbar, dass diese Innovationen insgesamt auf eine Subjektivierung und Psychologisierung der Wirklichkeitserfahrung hinauslaufen. Im Zuge dieser Entwicklungen löste sich ‚die' Wirklichkeit auf in eine potentiell unbegrenzte Anzahl von perspektivisch gebrochenen und subjektabhängigen Wirklichkeitsmodellen. Damit einher ging eine Aufwertung der Rolle des Beobachters, dessen subjektive Weltsicht in den Mittelpunkt vieler Romane rückte. Obgleich sich der Einfluss dieser Entwicklungen auf einzelne Autoren nicht exakt bestimmen lässt, mögen die folgenden Passagen aus D. H. LAWRENCES Essays *Fantasia of the Unconscious* (1923) und *Psychoanalyis and the Unconscious* (1923) zumindest beispielhaft verdeutlichen, wie sehr die Einsichten in die Subjektivität und

---

9 Die beste Einführung in die Bedeutung Freuds, Nietzsches, de Saussures, Einsteins und Bergsons für den englischen Roman des Modernismus gibt Stevenson, *Modernist...*, bes. S. 62–136, 178–183.

Relativität individueller Wirklichkeitserfahrung sowie in die Bedeutung sexueller Triebe und des Unbewussten den Zeitgeist prägten:

There is only one clue to the universe. And that is the individual soul within the individual being. That outer universe of suns and moons and atoms is a secondary affair. [...]

The latest craze is Mr Einstein's Relativity Theory. [...] There is no one single absolute central principle governing the world. [...] I feel inclined to Relativity myself. [...] I think everything is relative. [...] And that all things in the universe are just relative to the individual living creature. [...]

The Oedipus complex was a household word, the incest motive a commonplace of tea-table chat. [...] And does it need a prophet to discern that Freud is on the brink of a Weltanschauung – or at least a Menschanschauung, which is a much more risky affair?[10]

Bloomsbury Group

Darüber hinaus ist die Entwicklung des englischen Romans in der Phase des *modernism* untrennbar mit der *Bloomsbury Group* verbunden, einem Kreis von befreundeten Intellektuellen, die sich seit 1905 regelmäßig im Londoner Stadtteil Bloomsbury trafen. Die Wurzeln der Gruppe lagen in der Universität Cambridge, wo VIRGINIA WOOLFS Bruder THOBY STEPHEN 1899 seine Studienfreunde CLIVE BELL, SAXON SYDNEY-TURNER und LYTTON STRACHEY kennengelernt hatte. An den wöchentlichen Zusammenkünften am Donnerstagabend, die VIRGINIA WOOLF später als die Keimzelle bezeichnete, der alles entsprang, was unter dem Namen Bloomsbury bekanntgeworden ist, nahmen auch Virginias Schwester VANESSA BELL, der Kritiker DESMOND MACCARTHY und der Nationalökonom JOHN MAYNARD KEYNES teil. Ab 1910 kamen der Romancier E. M. FORSTER und der Maler und Kunsttheoretiker ROGER FRY hinzu.

Ansichten

Diese Gemeinschaft höchst unterschiedlicher Individuen, die weder missionarische Reformer noch ideologische Proselytenmacher waren, hatte keine einheitliche Doktrin und keine Prinzipien, zu denen sie die Welt bekehren wollte. Die Gruppe verdankte ihren Zusammenhalt vielmehr der Hochschätzung von Kunst und freundschaftlichen Beziehungen. Darin zeigt sich der Einfluss der Ethik des Philosophen G. E. MOORE, auf den auch die vernunftgeleitete Suche nach Wahrheit, die Akzentuierung von Eigenverantwortlichkeit und die skeptische Befragung aller Autoritäten zurückgehen. Den künstlerischen und literarischen Konventionen des 19. Jh.s stand man in Bloomsbury ebenso skeptisch gegenüber wie dem traditionellen Moralkodex. Gleichgeschlechtliche Liebe war nicht nur häufiges Gesprächsthema, sondern wurde auch von einigen Mitgliedern der Gruppe praktiziert, die sich zum Teil offen zu ihrer Homosexualität bekannten.

Bloomsbury als Gegenwelt	Von ihren Freunden in Bloomsbury wurden etwa FORSTER und WOOLF in ihrer kritischen Einstellung gegenüber dem Werte- und Normensystem des Viktorianismus bestärkt. Mit der Anerkennung von Selbstbestimmung und Toleranz gegenüber andersartigen Lebensformen verkörperte Bloomsbury von Beginn an eine Gegenwelt zur utilitaristischen Denkweise der viktorianischen Gesellschaft. Die für die *Bloomsbury Group* kennzeichnende Ablehnung von Dogmatismus, Autoritätshörigkeit, Herrschaft und Gewalt wurde für den *modernism* ebenso prägend wie die Reflexion über Kunst.

4 Die Erschließung neuer Themen: D. H. Lawrence, Radclyffe Hall und Aldous Huxley

Thematische Innovationen	Rückt schon in JAMES' und CONRADS späten Romanen die psychologische Dimension der Figurendarstellung immer stärker in den Vordergrund, so verstärkt sich diese Tendenz in der subtilen Bewusstseinskunst des Modernismus. Im Hinblick auf die Erschließung neuer Themen lassen sich verschiedene Bereiche nennen, die zuvor vernachlässigt, tabuisiert oder signifikant anders dargestellt worden waren:

> **Thematische Innovationen im Roman des Modernismus**
>
> - Wahrnehmungs- und Bewusstseinsprozesse
> - Bilanzierung der Folgen der Modernisierung
> - Entdeckung des Unbewussten
> - Freizügige Schilderung von Erotik und Sexualität
> - Trennung von Sexualität und Moral
> - Darstellung weiblichen Begehrens und lesbischer Beziehungen
> - Durchbrechung konventioneller Frauenbilder

Formale Innovationen	Im Zentrum modernistischer Romane steht die Wiedergabe subjektiver Impressionen, Gedanken, Gefühle und Erinnerungen. Die Romane evozieren vielfach den Eindruck, dass die Wahrnehmungs- und Bewusstseinsprozesse der Figuren unvermittelt wiedergegeben werden. Besonders deutlich werden diese thematischen Neuerungen in jenen Romanen, die dem psychologischen Realismus zuzurechnen sind (vgl. Kap. 3.6.). Darüber hinaus manifestiert sich die verstärkte Innenweltdarstellung sowohl in

---

10 Lawrence, *Fantasia of the Unconscious and Psychoanalyis and the Unconscious*. London: Heinemann 1961, S. 147, 177ff., 197f.

den vergleichsweise konventionell erzählten Romanen FORSTERS, LAWRENCES und HUXLEYS als auch in den experimentellen Werken WOOLFS (3.7.) und JOYCES (3.8.).

Thematische Innovationen

Zu jenen Autoren, deren Innovationen eher im thematischen als im formalen Bereich liegen, zählen D. H. LAWRENCE, ALDOUS HUXLEY und RADCLYFFE HALL. Obwohl sie in ihren Romanen durch die auktoriale Erzählweise, die differenzierte Milieu- und Figurendarstellung sowie die dominant chronologische Anordnung des Geschehens an traditionelle Vorbilder anknüpfen, durchbrechen sie in thematischer Hinsicht etablierte Darstellungskonventionen. Im Falle von LAWRENCE zeigt sich dies vor allem in der freizügigen Darstellung menschlicher Sexualität und in dem Bemühen, die seelischen Schichten des Unbewussten literarisch auszuloten und ekstatische Momente intensiven Erlebens literarisch zu evozieren.

D. H. Lawrence

Der als Sohn eines Bergarbeiters und einer Lehrerin aufgewachsene DAVID HERBERT LAWRENCE gab der englischen Literatur des 20. Jahrhunderts durch sein autobiographisch geprägtes Gesamtwerk, seine schonungslose Zivilisationskritik und prophetische Sexualutopie vor allem in thematischer Hinsicht wichtige Impulse. Im Mittelpunkt seiner Romane stehen das Verhältnis der Geschlechter sowie der Konflikt zwischen natürlicher Sinnlichkeit und lebensfeindlicher Zivilisation. Sie üben Kritik an den Folgen der Industrialisierung und am Christentum, das durch die Unterdrückung des Trieblebens zur Verkümmerung des Menschen beiträgt.

Lebensphilosophie

Seine von einer sozialutopischen Lebensphilosophie durchdrungenen Romane, in denen der Einfluss von FREUD und NIETZSCHE besonders ausgeprägt ist, kreisen um die Wiedergewinnung der verlorenen Einheit von Körper und Geist, Sinnen und Seele, Instinkt und Intellekt. Die Zurückerlangung dieser Lebensganzheit erfordert LAWRENCES Ansicht nach eine offene Auseinandersetzung mit dem Unbewussten und der menschlichen Sexualität, in der er die einzige noch gebliebene Urkraft des Lebens sah. Im Zentrum seines frühen Entwicklungsromans *Sons and Lovers* (1913) steht der Reifungsprozess des sensiblen und künstlerisch begabten Paul Morel, der sich dem übermächtigen Einfluss seiner Mutter zu entziehen und durch die Liebe zweier sehr unterschiedlicher Frauen körperlich-sinnliche und geistig-künstlerische Bedürfnisse zu verbinden versucht.

The Rainbow, Women in Love

In den Romanen *The Rainbow* (1915) und *Women in Love* (1920) setzt sich LAWRENCE kritisch mit den Auswirkungen der Industrialisierung und den Folgen der Modernisierung auseinander. Anhand der Familie Brangwen schildert der historische Roman *The*

Rainbow, wie es seit 1840 unter dem Druck sozioökonomischer Veränderungen zu einer Zerstörung des einstmals stabilen, gleichförmigen und natürlichen Lebens der Landbevölkerung, zu einer Fragmentarisierung der Gesellschaft und einer Entfremdung der Menschen kam. In *Women in Love* richtet sich die Kritik vor allem gegen die Zerstörung organischer Lebenszusammenhänge durch die fortschreitende Mechanisierung, die die Menschen zu Sklaven streng regulierter und von der Chronologie kontrollierter Arbeitsabläufe macht: *„It was the first great step in undoing, the first great phase of chaos, the substitution of the mechanical principle for the organic, the destruction of the organic purpose, the organic unity, and the subordination of every organic unit to the great mechanical purpose."*[11]
Im Gegensatz zur sehr pessimistischen Darstellung dieser Prozesse in *Women in Love* und LAWRENCES späteren Romanen schließt *The Rainbow* noch mit einer optimistischen Vision einer besseren Weltordnung, die von dem im Titel genannten Symbol veranschaulicht wird: *„She saw in the rainbow the earth's new architecture, the old, brittle corruption of houses and factories swept away, the world built up in a living fabric of Truth, fitting to the over-arching heaven."*[12]

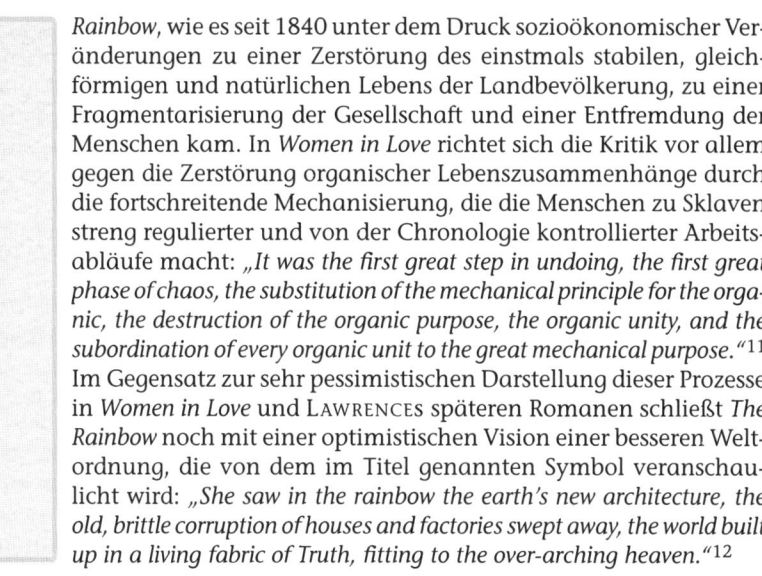

Darstellung von Sexualität

Mit seiner vergleichsweise unverblümten Darstellung von Sexualität erschloss LAWRENCE dem Roman nicht nur einen bis zu dem Zeitpunkt weitgehend ausgesparten Wirklichkeitsbereich, sondern er brach auch einige moralische Tabus. Ebenso wie *The Rainbow* und JOYCES *Ulysses* (1922) wurde auch *Lady Chatterley's Lover* (1928), LAWRENCES berühmtester Roman, zunächst wegen Obszönität und Pornographie von der staatlichen Zensur verboten und war nur in einer expurgierten Ausgabe auf dem englischen Markt erhältlich. Der Freispruch im Jahre 1960 ermöglichte das Erscheinen einer ungekürzten englischen Ausgabe von *Lady Chatterley's Lover* und ebnete den Weg für eine größere Freizügigkeit in der Schilderung von Sexualität im englischen Roman der Nachkriegszeit.

Frauenfiguren

Ebenso innovativ wie die freizügige Darstellung von erotischen Phantasien und sexuellen Erlebnissen in LAWRENCES Romanen sind die unkonventionellen Frauenfiguren, die oftmals etablierte Geschlechtsstereotypen durchkreuzen. Sowohl Ursula Brangwen in *The Rainbow* und *Women in Love* als auch Constance Chatterley repräsentieren LAWRENCES mystische Konzeption von erotischer Befreiung und Erfüllung im kosmischen Gleichgewicht des Liebesakts, der in einer von Entfremdung geprägten Welt die letzte Möglichkeit bietet, einen harmonischen Ausgleich zwischen Körper

---

11 Lawrence, *Women in Love*. Harmondsworth: Penguin 1960, S. 260; vgl. auch ebd., S. 522: *„The terrible bondage of this tick-tack of time"*.
12 Lawrence, *The Rainbow*. New York: Everyman's 1993, S. 460.

und Seele zu finden. Im Vergleich zur Themenwahl sind LAWREN-CES didaktisch geprägte Romane, in denen die Figuren oftmals Sprachrohre für philosophische Anschauungen sind, in formaler Hinsicht mit ihrer auktorialen Erzählweise und episodischen Struktur relativ konventionell und weisen nur wenige Innovationen auf (z. B. die mystische Beschreibung ekstatischer Momente sowie der metaphern- und symbolreiche Stil).

Radclyffe Hall

Ebenfalls primär thematischer Natur sind die Innovationen in HALLS weiblichem Entwicklungsroman *The Well of Loneliness* (1928), der sich wie bereits HALLS erster Roman, *The Unlit Lamp* (1924), mit der Auflehnung einer jungen Frau gegen gesellschaftliche Normen beschäftigt. Im Zentrum von *The Well of Loneliness* steht die lesbische Protagonistin Stephen Gordon, die weder von ihrem ,männlichen' Äußeren noch von ihren Hobbys (Reiten, Fechten, Jagd) oder ihren sonstigen Interessen her konventionellen Frauenbildern entspricht und die sich leidenschaftlich in andere Frauen verliebt. Mit der auktorialen Erzählweise, der chronologischen Struktur und dem melodramatischen Handlungsverlauf ist der Roman in formaler Hinsicht recht konventionell. Dass das Werk dennoch ein Skandalerfolg war, nach einem aufsehenerregenden Prozess der literarischen Zensur zum Opfer fiel und wegen Obszönität verboten wurde, verweist auf das provokative Potential, das die Darstellung von tabuisierten Phänomenen wie Sexualität und homosexuellen Beziehungen in dieser Phase hatte.

Auseinandersetzung mit Frauenbildern

Die Darstellung weiblichen Begehrens und lesbischer Liebe geht bei vielen Autorinnen einher mit einer kritischen Auseinandersetzung mit konventionellen Frauenbildern. In Anknüpfung an die *New Woman Novel* der 1890er Jahre entwerfen vor allem RADCLYFFE HALL, JEAN RHYS, DOROTHY RICHARDSON, VITA SACKVILLE-WEST, MAY SINCLAIR, STEVIE SMITH und VIRGINIA WOOLF in ihren Romanen aus den 20er und 30er Jahren weibliche Romanfiguren, die sich gegen die Normen der Gesellschaft auflehnen und nach Unabhängigkeit und Selbstverwirklichung streben. Doch auch LAWRENCE und HUXLEY durchkreuzen in vielen ihrer Romane mit ihrer Darstellung sexuell aktiver und (nach bürgerlichen Maßstäben) ,unmoralisch' handelnder Frauenfiguren jene idealisierten Frauenbilder, die sich etwa im viktorianischen Geschlechtsstereotyp des *Angel in the House* verdichten.

Aldous Huxley

In den 20er Jahren gibt es weitere inhaltliche Innovationen, die bezeugen, dass sich moralische Auffassungen in einem grundlegenden Wandel befanden. So zählt die Dissoziation von Sexualität und Fragen der Moral zu den weiteren thematischen Besonderheiten des englischen Romans dieser Phase. Dies zeigt sich beispielhaft in HUXLEYS frühen Romanen, *Crome Yellow* (1921),

Antic Hay (1923) und *Those Barren Leaves* (1925), die als satirische Ideenromane konzipiert sind und den Verfall verbindlicher Werte und Normen literarisch reflektieren. In der in HUXLEYS Romanen dargestellten Welt des *Swinging London* der 20er Jahre sind Promiskuität, vor- und außereheliche Beziehungen sowie die Trennung von Liebe und Sexualität bereits fast zur Norm geworden. In seinem Vorwort zu *A Modern Comedy* (1924–1928) hat GALSWORTHY den für diese Dekade charakteristischen relativistischen und fatalistischen Zeitgeist, der die frühen Werke HUXLEYS und EVELYN WAUGHS (*Decline and Fall*, 1928; *Vile Bodies*, 1930) prägt, treffend charakterisiert:

Everything being now relative, there is no longer absolute dependence to be placed on God, Free Trade, Marriage, Consols, Coal, or Caste. [...] when everything is keyed to such pitch of uncertainty, to secure the future at the expense of the present no longer seems worth while.[13]

Point Counter Point

Im Gegensatz zu der noch recht konventionellen Erzählweise, die in seinen frühen Romanen vorherrscht, verbindet HUXLEY in *Point Counter Point* (1928) eine moderne Themenwahl mit vielen erzählerischen Innovationen des *modernism*. Dazu zählen neben der ausführlichen Innenweltdarstellung die multiperspektivische Auffächerung der erzählten Welt, die anachronische Zeitdarstellung, die episodische Handlung, die bereits im Titel angedeutete kontrapunktische Struktur sowie der hohe Grad an ästhetischer Selbstreflexion, der durch die Vielzahl von Künstlerfiguren motiviert ist. Ebenso wie die Themenselektion sind diese Darstellungsverfahren Ausdruck einer fragmentarisierten und subjektabhängigen Wirklichkeitserfahrung, die sich nur durch Multiperspektivität ansatzweise erfassen lässt, wie der fiktive Autor Philip Quarles in *Point Counter Point* bemerkt: „*Because the essence of the new way of looking is multiplicity. Multiplicity of eyes and multiplicity of aspects seen. [...] Each sees, professionally, a different aspect of the event, a different layer of reality. What I want to do is to look with all those eyes at once.*"[14] Diese Äußerung charakterisiert zugleich die von HUXLEY in *Point Counter Point* umgesetzte Erzählweise und Form, die auf einem kontrapunktischen Kompositionsprinzip und musikalischen Strukturanalogien beruht und die in Philip Quarles' Notizbuch treffend umschrieben wird:

The musicalization of fiction. Not in the symbolist way, by subordinating sense to sound. [...] But on a large scale, in the construction. Meditate on Beethoven. The changes of moods, the abrupt transitions.

---

13 Galsworthy, *A Modern Comedy*. Harmondsworth: Penguin 1967, S. 13, 15.
14 Huxley, *Point Counter Point*. London: Flamingo 1994, S. 193.

[. . .] Get this into a novel. How? The abrupt transitions are easy enough. All you need is a sufficiency of characters and parallel, contrapuntal plots.[15]

5 Formale Innovationen: Die Erprobung experimenteller Erzähltechniken

Bewusst-seinsstrom-roman

Die Entwicklung des englischen Romans wurde durch die Erprobung jener experimentellen neuen Erzählformen nachhaltig geprägt, die unter dem etwas vagen Begriff ‚Bewusstseinsstromroman' (*stream of consciousness-novel*) zusammengefasst werden. Mit Hilfe neuer Techniken der Bewusstseinsdarstellung evozieren modernistische Romane den Eindruck, Wahrnehmungs- und Bewusstseinsprozesse von Figuren scheinbar direkt und unvermittelt wiederzugeben. Die Romane des Modernismus zeichnen sich durch eine Reihe formaler Innovationen aus, die sich stichwortartig wie folgt zusammenfassen lassen:

> **Formale Innovationen im Roman des Modernismus**
>
> - Zurücktreten der vermittelnden Erzählinstanz
> - Wiedergabe subjektiver Wahrnehmungs- und Bewusstseinsvorgänge
> - Weiterentwicklung der personalen Erzählsituation
> - Erprobung neuer Formen der Bewusstseinsdarstellung
> - Multiperspektivität: Komplexe und offene Perspektivenstruktur
> - Innovative Formen der Zeitdarstellung: Durchbrechung der Ereignischronologie, Privilegierung des subjektiven Zeitempfindens
> - Perspektivisch gebrochene Raum- und Figurendarstellung
> - Verzicht auf einen linearen und kausal verknüpften Plot
> - Erprobung innovativer Struktur- und Kohärenzprinzipien
> - Erhöhter Grad an ästhetischer Selbstreflexivität

Personale Erzähl-situation

Das zentrale Merkmal der personalen Erzählsituation besteht darin, dass die fiktionale Welt aus der Sicht einer am Geschehen beteiligten Figur wahrgenommen wird. Diese fungiert als personales Medium bzw. Orientierungszentrum, dessen Wahrnehmungen und Bewusstseinsvorgänge maßgeblich dafür sind, was überhaupt dargestellt wird. Bei der personalen Erzählsituation rückt die Repräsentation subjektiver Sinneseindrücke und Bewusstseinsprozesse somit an die Stelle des Berichts über Ereignisse oder Handlungen. Daher vermittelt die personale Erzählsituation dem Rezipienten den Eindruck, er habe direkten Einblick in die Sinneseindrücke und Bewusstseinsprozesse der wahrnehmenden,

denkenden oder fühlenden Figur. Diese Instanz wird als ‚Reflektorfigur' bezeichnet, weil nur diejenigen Aspekte der fiktiven Welt wiedergegeben werden, die in deren Perspektive reflektiert werden.

**Innen-
perspektive**

Das Vorherrschen der Innenperspektive geht einher mit der Verwendung von Formen der Bewusstseinsdarstellung wie ‚erlebter Rede', ‚*stream of consciousness-technique*' und ‚innerer Monolog', deren Weiterentwicklung zu den wichtigsten formalen Innovationen des Modernismus zählt.[16] Die Technik des inneren Monologs (*interior monologue* bzw. *quoted monologue*), die auf das Werk *Les Lauriers sont coupés* (1887) des französischen Schriftstellers ÉDOUARD DUJARDIN (1861–1949) zurückgeht, zeichnet sich durch

Innerer Monolog	
Formale Merkmale	Inhaltliche Merkmale
■ Personal- und Possessiv-pronomina der ersten Person Sigular ■ Präsens als dominantes Tempus ■ Tilgung der Verben des Denkens und Fühlens ■ Eliminierung einer vermittelnden Erzählinstanz ■ Wiedergabe der Bewusstseinsprozesse in der Sprache bzw. dem ‚Mentalstil' *(mind style)* der Figur ■ Grammatikalische und stilistische Abweichungen ■ Elliptische Syntax und Verzicht auf Interpunktion	■ Technik der direkten und unvermittelten Wiedergabe von Wahrnehmungs- und Bewusstseinsprozessen ■ Bewusstseinsinhalte umfassen Gedanken, Gefühle und Erinnerungen ■ Raum, Zeit und Außenwelt sind nur in subjektiv gebrochener Form als Bewusstseinsinhalte des Subjekts des inneren Monologs präsent ■ Leser wird unmittelbar in die Bewusstseinsabläufe einer Figur versetzt ■ Freie Assoziation als dominantes Organisationsprinzip ■ Reduktion der Kohärenz ■ Illusion der Unmittelbarkeit

---

15 Ebd., S. 295f.
16 Für eine kurze Darstellung der wichtigsten Merkmale dieser Formen der Bewusstseinsdarstellung vgl. Nünning, *Uni-Training...*, S. 222ff.; für Details vgl. die exzellente Studie von Fludernik, *The Fictions...*

eine sehr mimetische Form der Bewusstseinsdarstellung aus, bei der die Gedanken und Gefühle einer Figur über längere Passagen hinweg direkt zitiert werden, ohne dass eine vermittelnde Instanz präsent ist. Dadurch entsteht der Eindruck größtmöglicher Unmittelbarkeit in der Wiedergabe von Bewusstseinsprozessen. Der Begriff *stream of consciousness-technique* ist demgegenüber insofern irreführend, als der Bewusstseinsstrom der Figur den Inhalt des inneren Monologs konstituiert, der selbst als eine bestimmte Technik der Bewusstseinsdarstellung anzusehen ist, die sich durch eine Reihe inhaltlicher und formaler Besonderheiten auszeichnet.

Perspektivenstruktur

Darüber hinaus weisen modernistische Romane multiperspektivische Erzählweisen sowie eine komplexe und offene Perspektivenstruktur auf. Die fiktionale Welt wird meist perspektivisch gebrochen aus der Sicht verschiedener Reflektorfiguren wiedergegeben, deren Perspektiven sich in der Regel mehr oder weniger deutlich voneinander unterscheiden. Im Gegensatz zur hierarchischen Unterordnung der Figuren unter die Erzählinstanz, wie sie für Romane der edwardianischen Epoche kennzeichnend ist, dominiert im *modernism* die unvermittelte Kontrastierung gleichberechtigter Figurenperspektiven.

Zeitdarstellung

Eng verknüpft mit der Privilegierung der Bewusstseinsdarstellung sind die Besonderheiten im Bereich der Zeitdarstellung, die auf der Einsicht in die Konstruktivität und Subjektabhängigkeit des Phänomens ‚Zeit' beruhen.[17] Typische Merkmale sind die häufige Durchbrechung der Chronologie (z. B. durch Rückwendungen), die Ersetzung des zeitraffenden Erzählerberichts durch zeitdeckende und zeitdehnende Darstellungsweisen sowie die Akzentuierung des subjektiven Zeitempfindens der Figuren. Wichtiger als die äußere Uhrzeit (*clock time*) ist in den meisten Romanen die subjektiv erlebte Zeit (*mind time*) im Bewusstsein der Figuren. In VIRGINIA WOOLFS fiktiver Biographie *Orlando: A Biography* (1928) werden die Grundprinzipien subjektiver Zeitdarstellung anschaulich beschrieben:

But Time, unfortunately, though it makes animals and vegetables bloom and fade with amazing punctuality, has no such simple effect upon the mind of man. The mind of man, moreover, works with equal strangeness upon the body of time. An hour, once it lodges in the queer element of the human spirit, may be stretched to fifty or a hundred times its clock length; on the other hand, an hour may be accurately represented on the timepiece of the mind by one second. This extraordinary discrepancy between time on the clock and time in the mind is less known than it should be and deserves fuller investigation.[18]

Clock time vs. mind time

Durch die Privilegierung des subjektiven Zeitempfindens betonen modernistische Romane diese Diskrepanz zwischen *time on the clock* und *time in the mind*. Besonders deutlich wird dies in jenen sehr seltenen und intensiv erlebten Augenblicken, die als *moments of being* bezeichnet werden und in denen sich die Sinnhaftigkeit des Lebens erschließt. Kennzeichnend ist außerdem die Häufung von Zeitdehnungen (d. h. von Passagen, in denen die Erzählzeit länger ist als die erzählte Zeit) bei der Wiedergabe von Bewusstseinsprozessen. Dieses Phänomen wird in FORD MADOX FORDS Tetralogie *Parade's End* (1924–1928) sogar mehrfach von den Figuren thematisiert:

'Good God! ... Only one minute. ... I've thought all that in only a minute.' [...] and she had thought all that in ten seconds. [...] A hell of a lot ... Beg pardon, she meant a remarkably great deal ... to have thought of in ten minutes! Eleven, by now, probably. Later she realised that that was what thought was.[19]

Raum- und Figurendarstellung

Das Prinzip der perspektivisch gebrochenen Wirklichkeitserfahrung bestimmt auch die Besonderheiten der Raum- und Figurendarstellung, die ebenfalls von der Tendenz zur Subjektivierung und Psychologisierung geprägt sind.[20] Im Gegensatz zum materialistischen Realismus dient der fiktionale Raum nicht primär als Schauplatz der Handlung, sondern als subjektiv wahrgenommener und emotional besetzter Erlebnisraum. Ähnlich subjektiv gefärbt ist auch die Charakterisierung der Figuren, die meist aus der Sicht anderer Figuren geschildert werden. Daraus ergibt sich ein enger Zusammenhang zwischen expliziter Fremdcharakterisierung und impliziter Selbstcharakterisierung. Oft sind andere Figuren gar nicht szenisch auf der Ebene des Geschehens präsent, sondern bloß als Gedächtnis- und Bewusstseinsinhalt einer denkenden Figur gegenwärtig.

Plot

Die Privilegierung subjektiver Wirklichkeitserfahrung geht in der Moderne einher mit einem weitgehenden Verzicht auf einen linearen, kausal verknüpften und zielgerichteten Plot. Typische Merkmale der Handlungsstruktur modernistischer Romane sind der unvermittelte Anfang, die Episodenhaftigkeit sowie die Bevorzugung eines offenen Schlusses. Die fragmentarische Wiedergabe des äußeren Geschehens zeigt, dass das traditionelle Erzählschema mit seiner Orientierung an einem kohärenten und schlüssigen Plot seine im Viktorianismus unbefragte Gültigkeit verloren hat.

---

17 Vgl. das ausgezeichnete Kapitel „Time" in Stevenson, *Modernist...*, S. 83–153.
18 Woolf, *Orlando: A Biography*. London: Hogarth 1978, S. 91.
19 Ford, *Parade's End*. Harmondsworth: Penguin 1982, S. 417, 518f.
20 Vgl. das Kapitel „Space" in Stevenson, *Modernist...*, S. 17–81; zur Zeit- und Raumdarstellung vgl. auch Würzbach, S. 203–206.

Struktur- und Kohärenzprinzipien	Eine weitere formale Innovation des *modernism* besteht darin, dass die Ereignischronologie und die Gesetze von Raum und Zeit zugunsten von innovativen Struktur- und Kohärenzprinzipien zurückgedrängt werden. Die Struktur modernistischer Romane beruht weniger auf den für den realistischen Roman üblichen Kriterien wie äußere Ereignisse, Handlungsfortschritt oder Orts- und Szenenwechsel. Vielmehr avancieren die Bewusstseinsprozesse der Reflektorfiguren zum dominanten Ordnungsprinzip. Die Abfolge des Erzählten hängt primär von deren Wahrnehmungen, Gedanken, Gefühlen und Erinnerungen ab. Die Bevorzugung des Assoziationsprinzips vor dem Kausalitätsprinzip unterstreicht den Eindruck einer starken Subjektivierung des dargestellten Geschehens. Darüber hinaus sind es spezifisch literarische Verfahren wie die wiederholte Verwendung von Motiven, Bildern oder Ereignissen, die im Roman des Modernismus Kohärenz erzeugen. Beispielhaft dafür sind etwa HUXLEYS Adaption musikalischer Strukturprinzipien und WOOLFS Verwendung von Leitmotiven und Symbolen.
Ästhetische Selbstreflexivität	Solche innovativen Kohärenzprinzipien sind außerdem Indikatoren für den erhöhten Grad an ästhetischer Selbstreflexivität, durch den sich die Literatur des *modernism* auszeichnet. Im Roman ist diese Entwicklung vor allem an dem hohen Stellenwert abzulesen, den Kunst als thematischer Fokus hat.[21] Dies zeigt sich nicht nur an der großen Zahl von Künstlerromanen und Künstlerfiguren, sondern auch an den ausführlichen Debatten über Literatur und Kunst im Figurendialog. Sämtliche dieser Merkmale finden sich etwa in Künstlerromanen wie JOYCES *A Portrait of the Artist as a Young Man* (1916), LAWRENCES *Sons and Lovers* (1913), CHARLES LANGBRIDGE MORGANS *Portrait in a Mirror* (1929), MAY SINCLAIRS *Mary Olivier: A Life* (1919) und PERCY WYNDHAM LEWIS' *Tarr* (1918), dem ersten kubistischen Roman in der englischen Literatur.
Subjektivierung der Wirklichkeitserfahrung	In ihrer Gesamtheit können die thematischen und formalen Innovationen im englischen Roman des Modernismus als literarischer Ausdruck einer zunehmenden Subjektivierung, Individualisierung und Fragmentierung der Wirklichkeitserfahrung gedeutet werden. Techniken wie die erlebte Rede und der innere Monolog eignen sich hervorragend als Medium der Darstellung subjektiver Wahrnehmungs- und Bewusstseinsvorgänge. Verstärkt wird diese Tendenz zur Subjektivierung im modernen Roman durch die perspektivisch gebrochene Zeit-, Raum- und Figurendarstellung sowie die Verwendung innovativer Struktur- und Kohärenzprinzipien.
Pluralistische und skeptizistische Weltsicht	Da der Erzähler nicht mehr als übergeordnete Sinngebungsinstanz fungiert, die Differenzen zwischen den Figurenperspektiven überbrückt, fehlt in modernistischen Romanen ein normatives moralisches Orientierungszentrum. Durch den Verzicht auf eine

Integrationsinstanz kommt es zu einer Aufwertung der individuellen Sichtweisen, die eine pluralistische und skeptizistische Weltsicht reflektiert. Diese Modifizierungen traditioneller Erzählkonventionen eröffnen ihrerseits einen Freiraum der Sinnzuweisung, der von Rezipienten ein hohes Maß an Mitarbeit verlangt.

6 *Female modernism*: Der psychologische Realismus Dorothy Richardsons und May Sinclairs

Autorinnen

Besonders deutlich sind die skizzierten Innovationen in den Werken einiger Autorinnen, die das Themen- und Formenspektrum des englischen Romans bereichert und wichtige Beiträge zum *modernism* geleistet haben.[22] Dazu zählen neben KATHERINE MANSFIELD, die mit der impressionistischen Erzählkunst ihrer Kurzgeschichten auch eine Wegbereiterin des modernen englischen Romans war, vor allem DOROTHY RICHARDSON und MAY SINCLAIR. Deren Romane zeichnen sich dadurch aus, dass sie in thematischer Hinsicht den Konflikt zwischen den konservativen Normen der Gesellschaft und dem Streben junger Frauen nach Selbstverwirklichung in den Mittelpunkt rücken. Zudem haben RICHARDSONS und SINCLAIRS Romane mit ihrer einfühlsamen Gefühls- und Bewusstseinsdarstellung zur Konstruktion neuer Frauenbilder und zur literarischen Erschließung weiblicher Wirklichkeitserfahrung beigetragen.

Dorothy Richardson

RICHARDSONS experimentelle Werke haben mit ihrer streng monoperspektivischen Darstellung des Bewusstseinsstroms dem englischen Roman Impulse verliehen. RICHARDSONS zwölfbändiger Romanzyklus *Pilgrimage* (1915–1938) kann insofern als Höhepunkt des psychologischen Realismus gelten, als er fast ausschließlich aus Bewusstseinsdarstellung besteht. Im Vorwort bringt RICHARDSON ihre Absicht zum Ausdruck, durch die Darstellung des *stream of consciousness* eine spezifisch weibliche Alternative zum damals populären materialistischen Realismus männlicher Autoren zu entwickeln: *„to produce a feminine equivalent of the current masculine realism. [. . .] Feminine prose, [. . .] unpunctuated, moving from point to point without formal obstructions"*.[23]

Pilgrimage

Im Zentrum von *Pilgrimage* stehen die stark subjektiv gefärbten und ebenso nuanciert wie detailreich wiedergegebenen Impres-

---

21 Vgl. das Kapitel „Art" in Stevenson, *Modernist...*, S. 155–199.
22 Zur Bedeutung von Autorinnen für die Strömung des *modernism* vgl. die Studien von Beauman, Hanscombe/Smyers, Miller und Würzbach.
23 Richardson, *Pilgrimage*. London: Virago 1979, S. 9, 12.

sionen, Gedanken, Gefühle und Erinnerungen der Protagonistin Miriam Henderson, die als Reflektorfigur fungiert. Hingegen fehlt es in RICHARDSONS Romanen, wie schon zeitgenössische Kritiker (u.a. VIRGINIA WOOLF) anmerkten, weitgehend an ästhetischer Gestaltung und Formgebung. Der Leser nimmt unmittelbar am subjektiven Erleben von Miriam teil, deren begrenzter Wahrnehmungshorizont das Geschehen um sie herum filtert und deren Wahrnehmung anderer Figuren in hohem Maße von ihren rasch schwankenden Stimmungen abhängt. *Pilgrimage* ist insofern typisch für die Subjektivierung der Figuren- und Raumdarstellung im modernistischen Roman, als sowohl andere Figuren als auch Landschaften und Räume primär *„als Auslöser oder Projektionsfläche von Stimmungen und als Bestandteil bewegender Erkenntnisse"*[24] im Bewusstsein der Protagonistin fungieren. In einer Rezension aus dem Jahre 1918, in der der Begriff *stream of consciousness* erstmals als literaturkritische Kategorie verwendet wurde, beschreibt MAY SINCLAIR die Besonderheiten von *Pilgrimage* sehr treffend: *„Nothing happens. It is just life going on and on. It is Miriam Henderson's stream of consciousness going on and on. And in neither is there any grossly discernible beginning or middle or end."*[25]

May Sinclair

Von einer Weiterentwicklung traditioneller Erzählkonventionen hin zu einem psychologischen Realismus zeugen auch SINCLAIRS autobiographisch geprägte Romane *Mary Olivier: A Life* (1919) und *The Life and Death of Harriett Frean* (1922), die zum Genre des negativen weiblichen Entwicklungsromans zählen. Auch in ihren Romanen liegt der Akzent auf den komplex verknüpften Eindrücken, Assoziationen, Gefühlen und Erinnerungen der Protagonistinnen. In thematischer Hinsicht setzen sich SINCLAIRS Werke kritisch mit der patriarchalisch strukturierten Familie auseinander, in der das Verhalten aller Mitglieder rigiden Normen unterworfen war. Mit ihrer anerzogenen Selbstlosigkeit versuchen die Protagonistinnen, die ihnen zugedachte Rolle perfekt zu erfüllen und jenem Weiblichkeitsideal zu entsprechen, das völlige Selbstaufopferung von Frauen verlangte. Die mit der Idealisierung weiblicher Tugenden einhergehenden Einschränkungen der Frau werden in SINCLAIRS Romanen ebenso kritisch dargestellt wie die Tyrannei von Müttern und Vätern über ihre Töchter, die sich dem Willen und der Macht ihrer Eltern zu unterwerfen hatten. In der Entlarvung der Folgen, die die Entwicklung der Energie unterdrückter Triebe (vor allem emotionaler und erotischer Bedürfnisse) hat, schlägt sich der Einfluss der Psychoanalyse (insbesondere FREUDS Einsichten in die Mechanismen der Sublimierung) nieder.

Weibliche Traditionslinie

Darüber hinaus finden sich weibliche Varianten des *modernism* in den Romanen einiger Autorinnen, die allein aus zeitlichen Gründen herkömmliche Periodisierungen durchkreuzen. Dazu zählen

etwa ELIZABETH BOWEN, ROSAMOND LEHMANN und JEAN RHYS, die ihre ersten Romane in den 20er Jahren veröffentlichten und bis in die 60er Jahre an einer dem psychologischen Realismus nahestehenden Schreibweise festhielten. Daher bilden die Werke dieser und einiger anderer Autorinnen – z. B. ELIZABETH VON ARNIM, IVY COMPTON-BURNETT, STORM JAMESON, VITA SACKVILLE-WEST, STEVIE SMITH, MARY WEBB, REBECCA WEST und ANTONIA WHITE – eine spezifisch weibliche Traditionslinie des modernistischen Romans, die sich von der Jahrhundertwende bis in die Gegenwart erstreckt.[26]

7 Virginia Woolfs Experimente mit der Romanform

Woolfs Œuvre

VIRGINIA WOOLFS Romane zählen ebenso wie JOYCES Werke vor allem aufgrund ihrer formalen Neuerungen zu den Klassikern der Moderne. WOOLFS umfangreiches und vielseitiges Œuvre umfasst neben zehn Romanen auch Kurzgeschichten, eine Biographie ROGER FRYS, zwei feministische Schriften (*A Room of One's Own*, 1929; *Three Guineas*, 1938) und über 500 Essays. Postum wurden eine Komödie, einige autobiographische Schriften sowie mehrere Bände ihrer Tagebücher und Briefe veröffentlicht. Obgleich die Darstellung von Wahrnehmungs- und Bewusstseinsprozessen in WOOLFS experimentellen Romanen eine große Rolle spielt, zeichnen sie sich im Gegensatz zu RICHARDSONS *Pilgrimage* zugleich durch eine klare Struktur und lyrische Qualität aus.

Neutrales Erzählmedium

Da die übergeordnete Erzählinstanz in WOOLFS Werken nicht mehr als verbindliche Sinngebungsinstanz fungiert, fehlt ein normatives moralisches Orientierungszentrum. In ihren Romanen werden die zentralen Themen dadurch orchestriert, dass die Figuren gegensätzliche Einstellungen vertreten. Schon in WOOLFS frühen Romanen, dem negativen weiblichen Bildungsroman *The Voyage Out* (1915) und dem sozialkritischen Gesellschaftsroman *Night and Day* (1919), überwiegen die Selbstdarstellung der Figuren in Dialogen und die Wiedergabe von Bewusstseinsprozessen durch ein neutrales Erzählmedium.

Bewusstseinsdarstellung

In ihren Romanen der 20er und 30er Jahre zieht WOOLF die erzählerische Konsequenz aus der Einsicht, dass sich im Bewusstsein des Menschen widersprüchliche Erfahrungen, momentane Stimmun-

---

24 Würzbach, S. 205.
25 Zitiert nach Stevenson, *Modernist...*, S. 39.
26 Als Einführung in diese weibliche Traditionslinie vgl. den Überblicksartikel von Würzbach, die Studien von Breen, Crosland und DuPlessis sowie Kap. 4.5. des vorliegenden Bandes.

gen, sensorische Reize, halbbewusste Erinnerungen und flüchtige Eindrücke überlagern. Folgerichtig treten die Ereignischronologie und die Gesetze von Raum und Zeit zugunsten von ausführlicher Bewusstseinsdarstellung und kohärenzstiftender Leitmotivtechnik zurück. Die Zeitdarstellung in WOOLFS Romanen zeichnet sich dadurch aus, dass das lineare Kontinuum der chronologischen Zeit im subjektiven Zeitempfinden der Figuren immer wieder temporär aufgehoben wird. In der anachronischen, szenischen und episodischen Struktur von WOOLFS Romanen schlägt sich die moderne Einsicht nieder, dass sich die fragmentarischen Einheiten des Lebens nicht mehr zu einer kohärenten und sinnhaften Geschichte verknüpfen lassen.

Mrs. Dalloway

WOOLFS vierter Roman, *Mrs. Dalloway* (1925), entfaltet zum ersten Mal das ganze Spektrum jener formalen Besonderheiten, mit denen sie bereits in dem innovativen Bildungsroman *Jacob's Room* (1922) experimentiert hatte. Das auf einen Tag (den 23. Juni 1923) begrenzte Geschehen tritt in *Mrs. Dalloway* hinter die Gedanken und Gefühle der Figuren zurück. So wird die äußere Handlung in *Mrs. Dalloway* fast ausschließlich durch die Reflexionen und Erinnerungen von zwei Hauptfiguren, Clarissa Dalloway und Septimus Warren-Smith, perspektivisch gebrochen vermittelt. Im Zentrum dieses handlungsarmen Romans stehen die Vorbereitungen der im Titel genannten Hauptfigur für die am Abend stattfindende Party und ihre Beziehungen zu ihrem Gatten Richard, ihrem aus Indien zurückgekehrten Jugendfreund Peter Walsh und ihrer Jugendfreundin Sally Seton. Im Mittelpunkt des zeitlich parallel dazu verlaufenden zweiten Handlungsstranges steht der nervenkranke Kriegsveteran Septimus Warren-Smith, der von WOOLF als Doppelgänger Clarissas konzipiert wurde und der sich am Ende des Romans durch seinen Selbstmord der Einweisung in eine Nervenheilanstalt entzieht. Obgleich die beiden Hauptfiguren nicht zusammentreffen und Clarissa erst durch Septimus' Tod von ihm erfährt, sind sie durch Gemeinsamkeiten wie das intensive Erleben von Augenblicken miteinander verbunden. Strukturiert wird das Geschehen durch die Glockenschläge des Big Ben, der das Motiv der verrinnenden Zeit versinnbildlicht, während die Gedanken und Erinnerungen der Figuren durch Vergangenheit und Gegenwart gleiten.

To the Lighthouse

Auch in dem autobiographisch geprägten Roman *To the Lighthouse* (1927) bleibt die eigentliche Handlung den Bildern und den komplex verknüpften Bewusstseinsinhalten untergeordnet, die die Struktur des dreiteiligen Romans bestimmen. Im ersten Teil („The Window") werden ein Nachmittag und Abend geschildert, den der Philosophieprofessor Ramsay und seine Frau zusammen mit ihren Kindern und einigen Gästen in ihrem Ferienhaus auf einer Hebrideninsel verbringen. Teil II („Time Passes") veranschaulicht anhand des Verfalls des Hauses in den folgenden zehn Jahren das Verstreichen der Zeit und historische Prozesse, die sich dem Einfluss des Menschen entziehen. Im dritten Teil („The Lighthouse"), in dem einige der Figuren zehn Jahre später wieder auf der Insel versammelt sind, führt Mr Ramsay seinen im ersten Teil gefassten Vorsatz aus, mit seinen Kindern zum Leuchtturm zu fahren. Die strenge Konstruktion der eng aufeinander bezogenen Teile, die jeweils um eine Mittelachse angeordnet sind, ist von einem Geflecht von Symbolen und Metaphern durchzogen. Dass die Künstlerin Lily Briscoe am Ende ihr Bild vollendet, verweist auf die Möglichkeit, durch Kunst der chaotischen Erfahrungswelt jene Form, Kohärenz und Bedeutung zu verleihen, die sich nur in einem der seltenen *moments of vision* erschließt, an die Lily im letzten Satz des Romans denkt: *„I have had my vision."*[27]

Orlando, The Waves

In ihren späteren Werken setzte WOOLF ihre Experimente mit der Form des modernen Romans fort, indem sie verstärkt die Merkmale anderer Gattungen integrierte. In *Orlando: A Biography* (1928), einer fiktiven Biographie ihrer Freundin VITA SACKVILLE-WEST, parodiert WOOLF die Konventionen der traditionellen Biographie. Wie *Orlando* überschreitet der Roman *The Waves* (1931), den WOOLF selbst als ‚Dramen-Gedicht in Prosa' bezeichnete, insofern herkömmliche Gattungsgrenzen, als er das Genre des Romans in die Nähe zur lyrischen Gattung des dramatischen Monologs rückt. Früher oft als unbefriedigendes Form- und Stilexperiment kritisiert, gilt *The Waves* heute als Werk, in dem WOOLF ihr in den Romanen der 20er Jahre begonnenes Experimentieren mit einer neuartigen Erzähltechnik zur Vollendung führte. Aufgrund ihrer hybriden Form entziehen sich *Orlando* und *The Waves* einer Einordnung unter herkömmliche Gattungsbegriffe. Zugleich haben sie die Formenvielfalt der Gattung ‚Roman' wesentlich bereichert.

The Years

Während die Bedeutung der äußeren Wirklichkeit in den Werken aus WOOLFS mittlerer Schaffensperiode auf ein Minimum reduziert ist, misst sie der Wiedergabe von faktischen Ereignissen in dem als Familienchronik angelegten Roman *The Years* (1937) wieder größere Bedeutung zu, ohne jedoch psychische Prozesse zu vernachlässigen. Am Beispiel der Geschichte der Londoner Offiziersfamilie Pargiter schildert *The Years* den Niedergang viktorianischer Konventionen im Leben des englischen Bürgertums vom Spätviktorianismus bis in die dreißiger Jahre des 20. Jahrhunderts. In diesem Spätwerk wendete sie sich bewusst der faktischen Realität zu, um die soziale Lebenswelt und das subjektive Erleben der Figuren

---

27 Woolf, *To the Lighthouse*. London: Hogarth 1982, S. 320.

in gleichem Maße darzustellen. WOOLF betrachtete *The Years* daher als folgerichtige Weiterentwicklung nach *The Waves* und als eine Synthese von traditionellem und experimentellem Erzählen: *„I want to give the whole of the present society – nothing less: facts, as well as the vision. And to combine them both. I mean The Waves going on simultaneously with Night & Day. Is this possible? [...] And there are to be millions of ideas but no preaching – history, politics, feminism, art, literature."*[28]

Themen-selektion und Struktur

Thematik und Struktur von *The Years* tragen der Tatsache Rechnung, dass auch alltägliche Verrichtungen konstitutive Bestandteile des menschlichen Lebens sind. Dieser Roman entspricht daher WOOLFS Einschätzung, dass die vereinzelten *moments of being* stets eingebettet sind *„in many more moments of non-being"*.[29] Um die menschliche Erfahrungswelt in ihrer Komplexität darstellen zu können, verbindet sie in *The Years* verschiedene Ebenen in harmonischer Weise. In diesem Roman stellen sich die Welt der äußeren Fakten und die für die Moderne charakteristische Akzentuierung intensiv erlebter Bewusstseinszustände als zwei konstitutive und korrelativ aufeinander bezogene Bestandteile des menschlichen Lebens dar, die in einem ausgewogenem Verhältnis stehen. So werden das Öffentliche und das Private, deren Interdependenz WOOLF auch in der zur gleichen Zeit entstandenen feministischen Streitschrift *Three Guineas* betont, dadurch verknüpft, dass politische und soziale Aspekte der fiktiven Welt als Bewusstseinsinhalte der Figuren in den Roman integriert werden.

Between the Acts

In ihrem kontrovers beurteilten letzten Roman, *Between the Acts* (1941), der erst nach WOOLFS Freitod veröffentlicht wurde, setzte sie ihr Bemühen um eine Erneuerung der Romanform fort. Durch die Integration dramatischer und lyrischer Elemente überschritt sie in diesem Spätwerk erneut Gattungsgrenzen; zudem erprobte sie neue Formen der Darstellung von kollektivem Bewusstsein. Wie in *Mrs. Dalloway* ist die Gegenwartshandlung, die im Jahre 1939 spielt und von der Angst vor dem Ausbruch des Krieges überschattet wird, auf einen Junitag begrenzt, an dem Freunde und Bekannte der Familie Oliver auf deren Landsitz Pointz Hall zusammenkommen. Sie wollen der Laienaufführung eines von Miss La Trobe verfassten Historienspiels beiwohnen, in dem verschiedene Epochen der englischen Geschichte charakterisiert werden. Die Vorbereitung des jährlich stattfindenden Dorffestes und die Aufführung des in das Geschehen eingebetteten Schauspiels, das dem flüchtigen Augenblick den kontinuierlichen Fluss der Zeit gegenüberstellt, bilden lediglich die äußere Rahmenhandlung.

dispersity

Wie in WOOLFS früheren experimentellen Romanen liegt der Akzent auf den komplex verknüpften Assoziationen, Gefühlen, Erinnerungen und Eindrücken der Zuschauer während der Aufführung und ‚zwischen den Akten'. Der für den Roman zentrale thematische Gegensatz zwischen Einheit und ‚Zersplitterung' (*dispersity*) zeigt sich in der Konstellation der Figuren. Auf der einen Seite stehen diejenigen, die auf der Suche nach einer auf Einheit, umfassender Harmonie und Schönheit beruhenden Sinnhaftigkeit sind (*unifiers*), auf der anderen die Gruppe der ‚Separatisten', deren um Habsucht, Hass und Sex kreisende Gedanken von einer fatalistischen Ergebenheit gegenüber der sinnlosen und fragmentarisierten Existenz des modernen Menschen zeugen. Mit der Gegenüberstellung zyklischer, progressiver und degenerativer Geschichtsauffassungen wirft der Roman die Frage nach der Tragfähigkeit der am Vorabend des Zweiten Weltkriegs bedrohten Kultur auf, die allerdings ebenso unbeantwortet bleibt wie die vom fiktiven Publikum diskutierte Frage nach ‚der' Bedeutung des Historienspiels.

Kollektives Geschichtsbewusstsein
Die Einbindung aller Phänomene in den Zusammenhang der Geschichte, der sinnhafte Kontinuität ermöglicht, und die durchgängige Auseinandersetzung mit den Themen ‚Geschichtsbewusstsein' und ‚Geschichtsbewältigung' verleihen dem zwischen epischen und dramatischen Passagen alternierenden Werk eine einheitliche Struktur. Die kohärenzstiftenden lyrischen Elemente des in Versform gehaltenen Schauspiels durchziehen den Roman leitmotivisch in Form eines komplexen Netzwerks von literarischen Anspielungen und Bildern. Indem WOOLF die Grenzen zwischen den Perspektiven der einzelnen Figuren in *The Waves* und *Between the Acts* teilweise verwischt, macht sie eine die Fragmentarisierung der modernen Wirklichkeitserfahrung überwindende Form von kollektivem Geschichtsbewusstsein sichtbar.

8 Probleme sprachlicher Wirklichkeitserfassung: James Joyces experimentelle Romane

James Joyce
Sehr viel radikaler als die bislang skizzierten Innovationen sind die formalen und sprachlichen Experimente in den Romanen von JOYCE, der neben VIRGINIA WOOLF und MARCEL PROUST als einer der Begründer des modernen Romans gilt. Der in Dublin geborene JOYCE, der seit seinem zweiundzwanzigsten Lebensjahr in Paris, Zürich und Triest lebte, setzte sich in seinen Werken intensiv mit

---

28 *The Diary of Virginia Woolf*, Volume IV: 1931–35. Hrsg.: Anne Olivier Bell. Harmondsworth: Penguin 1983, S. 151f.
29 Woolf, *Moments of Being*. Hrsg.: Jeanne Schulkind. London: Hogarth 1985, S. 70.

den sozialen, kulturellen und religiösen Problemen seiner irischen Heimat auseinander. Schon früh lehnte er sich gegen das provinzielle Milieu Dublins und vor allem gegen die restriktiven katholischen Traditionen auf, die er in seinen Werken immer wieder mit literarischen Mitteln kritisierte. Obgleich JOYCE auch zwei Gedichtsammlungen – *Chamber Music* (1907) und *Pomes Penyeach* (1927) – sowie das Drama *Exiles* (1918) veröffentlichte, beruht seine literaturgeschichtliche Bedeutung vor allem auf seinen narrativen Werken.

Darstellungs-techniken

In seiner Kurzgeschichtensammlung *Dubliners* (1914) und seinen großen Romanen *A Portrait of the Artist as a Young Man* (1916), *Ulysses* (1922) und *Finnegans Wake* (1939) experimentierte JOYCE mit einer Vielzahl innovativer Darstellungstechniken. In JOYCES Werken lässt sich geradezu beispielhaft eine Entwicklung beobachten, die für den englischen Roman in der ersten Hälfte des 20. Jahrhunderts kennzeichnend ist: *„eine Entwicklung, die mit der Ablösung von der realistisch-naturalistischen Erzählweise beginnt, zu den erzähltechnischen und stilistischen Experimenten des* Ulysses *führt [...] und die schließlich in der Radikalisierung der sprachlichen Experimente von* Finnegans Wake *kulminiert."*[30]

A Portrait of the Artist as a Young Man

Ebenso wie in seinen Kurzgeschichten dominieren in *A Portrait of the Artist as a Young Man* die Erzählmodi des Dialogs und der Bewusstseinsdarstellung, während andere Erzählweisen – etwa Erzählerbericht, Beschreibung und Kommentar – kaum zu finden sind. In diesem Bildungs- und Künstlerroman werden die Hauptphasen in der Entwicklung des Protagonisten Stephen in fünf Kapiteln geschildert. Während die ersten beiden Kapitel Stephens Kindheitserlebnisse im Haus seiner Eltern bzw. seine Rebellion gegen überkommene Konventionen als Jugendlicher schildern, stehen seine allmähliche Wandlung und religiöse Läuterung im Mittelpunkt des dritten Kapitels, das Stephen zur Einsicht in seine vermeintlichen Sünden und zur Reue führt. Wie in vielen Romanen des *modernism*, in denen das Geschehen aus der Sicht von ‚trüben Reflektoren' vermittelt wird, stellt sich für den Leser dabei die Frage, inwiefern der Protagonist das äußere Geschehen verzerrt wahrnimmt. Die fünf Kapitel von *A Portrait* reflektieren auch in sprachlicher Hinsicht den Reifungsprozess, perspektivisch gebrochenen Bewusstseinshorizont und Gefühlszustand Stephens.

Perspektive

Ähnlich wie in WOOLFS Romanen stehen in JOYCES Werken die Perspektiven der Reflektorfiguren im Zentrum. Über weite Strecken fungiert Stephen in *A Portrait* als personales Orientierungszentrum bzw. als interne Fokalisierungsinstanz, deren subjektive Sinneseindrücke, Gedanken, Gefühle und Erinnerungen sehr mimetisch wiedergegeben werden. Das neutrale Erzählmedium bleibt zwar

als berichtender Sprecher präsent, doch die meisten der beschreibenden Sätze sind als Wahrnehmungen und Bewusstseinsinhalte des Protagonisten zu verstehen. Insgesamt durchdringen sich in diesem Roman Subjektives und Objektives so stark, dass die Wahrnehmungen und Bewusstseinszustände der Reflektorfigur nicht mehr eindeutig von den von außen kommenden Eindrücken der Objekte, seien es Örtlichkeiten, Figuren oder das äußere Geschehen, zu unterscheiden sind.

Epiphanie

Von entscheidender Bedeutung für JOYCES Wirkungsintention und Ästhetik ist das Gestaltungsprinzip der Epiphanie. Dieser Begriff bezeichnet Momente plötzlicher und visionärer Einsicht: *„Die Sensibilisierung des Lesers für die Signifikanz des anscheinend Banalen und Trivialen sowie für das Gewicht des nicht explizit Gesagten, des nur indirekt oder gar nicht Sagbaren, für das prekäre Verhältnis von Sprache und Wirklichkeit kurzum."*[31]

Ulysses

Noch sehr viel höhere Anforderungen an den Rezipienten stellt der oft als ‚Jahrhundertroman‘ bezeichnete *Ulysses*, in dem JOYCE seine in *Dubliners* und *A Portrait* begonnenen Experimente mit neuen Formen literarischer Wirklichkeitsdarstellung fortsetzte. Das szenisch dargestellte äußere Geschehen, das in Dublin angesiedelt ist, ist in *Ulysses* auf einen Tag, den 16. Juni 1904 (der nach dem Protagonisten Leopold Bloom als ‚Bloomsday‘ benannt ist und alljährlich in Dublin gefeiert wird), begrenzt. Die Struktur des äußeren Geschehens orientiert sich in *Ulysses* an einem chronologischen Rahmen, ohne dass der Roman das subjektive Zeitempfinden der Figuren ignorieren würde.

Darstellung der Sinneseindrücke

Auch in *Ulysses* liegt der Akzent trotz des enormen Detailreichtums und der topographischen Faktentreue weniger auf dem überschaubaren äußeren Handlungsverlauf als auf der psychologisch einfühlsamen Darstellung der Sinneseindrücke, Gedanken, Gefühle und Erinnerungen der drei Hauptfiguren, die im Zentrum des sehr figurenreichen Romans stehen: Bloom, seine Frau Molly und der junge Schriftsteller Stephen Dedalus. Deren Wahrnehmungen, Gedanken und Erinnerungen verbinden die Handlungsfragmente auf den verschiedenen Zeitebenen und bestimmen die Selektion und Kombination des Erzählten. Die Verknüpfung der heterogenen Bewusstseinsinhalte, zwischen denen es scheinbar nur geringfügige Berührungspunkte gibt, wirkt daher oft sehr idiosynkratisch und vermittelt den Eindruck von Zufälligkeit.

---

30 Erzgräber, *Von Thomas Hardy…*, S. 194.
31 Füger, *James Joyce*, S. 106–107.

Komplexität

Im Vergleich zum psychologischen Realismus von DOROTHY RI-CHARDSONS und MAY SINCLAIRS Romanen zeichnet sich *Ulysses* durch erheblich größere thematische, strukturelle und erzählerische Komplexität aus. Das liegt zum Teil daran, dass JOYCE in diesem Roman eine Vielfalt neuer Formen der sprachlichen Wirklichkeitserfassung in zum Teil parodistischer Manier erprobt. JOYCE verbindet traditionelle Erzählweisen (Beschreibung, direkte Rede) und moderne Stilmittel (insbesondere neue Strukturprinzipien und Formen der Bewusstseinsdarstellung), die er der jeweiligen Bewusstseinsebene entsprechend einsetzt. Da die experimentellen Erzähl- und Darstellungsweisen von Kapitel zu Kapitel extrem variieren, dominiert in diesem Roman keine bestimmte Erzählsituation. Vielmehr verwendet JOYCE eine Vielzahl unterschiedlicher Verfahren, um sowohl Bewusstseinsprozesse als auch überindividuelle Formen der Wirklichkeitserfassung sprachlich wiederzugeben. Zu den Merkmalen der innovativen Erzähltechnik des *Ulysses* zählen multiperspektivische Erzählweise, die Häufung von oft abrupten Perspektivenwechseln, durch die verschiedene Sichtweisen unvermittelt nebeneinandergestellt werden, sowie die ausgiebige Verwendung der erlebten Rede und des inneren Monologs. Häufig spielen mehrere Stimmen ineinander, die von Gemeinplätzen und Elementen der Umgangssprache über den Stil von Zeitschriften und Anleihen aus anderen Sprachen bis hin zu zahllosen literarischen Anspielungen und dem Gebrauch nicht-fiktionaler Textsorten reichen.

sprachliche Wirklichkeitserfassung

Dass es in *Ulysses* weniger um die wirklichkeitsgetreue Abbildung subjektiver Bewusstseinsprozesse als um grundsätzliche Probleme sprachlicher Wirklichkeitserfassung geht, hat FÜGER zu Recht hervorgehoben: Das unvermittelte Nebeneinander unterschiedlicher Darbietungsmodi impliziert, *„daß kein noch so raffinierter Darstellungsstil, nicht einmal ein Ensemble unterschiedlicher Stile, diese kontingente Wirklichkeit je voll zu erfassen vermag. Nicht einfach 18 unterschiedliche Perspektiven, die sich im Sinne der klassischen point-of-view-Technik verschiedenen Beobachtern der gleichen Vorgänge zurechnen ließen, werden uns in* Ulysses *vor Augen geführt, vielmehr miteinander inkompatible Verständnisraster, prinzipiell verschiedene Möglichkeiten der Weltbetrachtung, welche die jeweils beobachteten Gegebenheiten und Vorgänge überhaupt erst als solche konstituieren"*.[32]

innerer Monolog

Die Probleme sprachlicher Wirklichkeitserfassung sind nicht auf die Darstellung von Ereignissen beschränkt, sondern sie betreffen auch die Wiedergabe von Bewusstseinsprozessen. Eine der experimentellen Techniken, die JOYCE in *Ulysses* zur Wiedergabe von Gedanken und Gefühlen erprobte, ist das Stilmittel des inneren Monologs. Das Schlusskapitel des *Ulysses* besteht ganz aus Molly

Blooms vierzigseitigem inneren Monolog, der in assoziativer Weise die Inhalte ihrer Erlebnis- oder Bewusstseinsperspektive unvermittelt wiedergibt.

Inter-textualität

Außerdem weist *Ulysses* eine Vielfalt intertextueller Anspielungen auf, die die Figuren und die Handlung in größere literarische und mythologische Bezugsfelder stellen. Für die in achtzehn Episoden gegliederte Handlung fungieren vor allem die wichtigsten Stationen von HOMERS „Odyssee" als Deutungssystem. Darüber hinaus sind jedem Kapitel bestimmte Farben, Personen, Darstellungsverfahren, Wissenschaften, Bedeutungsebenen, Körperorgane und Symbole zugeordnet, die in vieldiskutierten Werk-Schemata zusammengefasst wurden und von denen das in STUART GILBERTS *Ulysses*-Studie von 1930 publizierte als das maßgebliche gilt.

Finnegans Wake

Während JOYCE die Grundsätze und Verfahren des literarischen Realismus in *Ulysses* trotz aller Form- und Stilexperimente noch nicht völlig aufgab, warf er sie in dem radikal antimimetischen und selbstreflexiven Roman *Finnegans Wake* endgültig über Bord. ERZGRÄBER hat den Übergang, den JOYCE mit seinem letzten Roman vollzog, treffend beschrieben: „*Läßt sich* Ulysses *aufgrund der erzähltechnischen Experimente als die Quintessenz der Moderne bezeichnen, so kann man* Finnegans Wake *als die Basis der Postmoderne bezeichnen.*"[33] In *Finnegans Wake* werden sämtliche Prinzipien der ästhetischen Illusionsbildung unterminiert: Anstatt eine konkret vorstellbare erzählte Welt zu entwerfen, lenkt dieser Roman die Aufmerksamkeit des Rezipienten auf das sprachliche Medium. Dies ist vor allem auf die Verwendung von Elementen aus über 60 Sprachen, die Überlagerung mehrerer Bedeutungsschichten (selbst innerhalb einzelner Wörter) sowie eine Vielzahl phonologischer, morphologischer und semantischer Sprachspiele zurückzuführen, die *Finnegans Wake* zu einem einzigartigen linguistischen „*chaosmos*"[34] machen und deren Gesamteffekt in einer der vielen selbstreflexiven Passagen zumindest angedeutet wird:

Now, kapnimancy and infusionism may both fit as tight as two trivets but while we in our wee free state, holding to that prestatute in our charter, may have our irremovable doubts as to the whole sense of the lot, the interpretation of any phrase in the whole, the meaning of every word of a phrase so far deciphered out of it, however unfettered our Irish daily independence, we must vaunt no idle dubiosity as to its genuine authorship and holusbolus authoritativeness.[35]

---

32 Ebd., S. 242.
33 Erzgräber, *Von Thomas Hardy...*, S. 185.
34 Joyce, *Finnegans Wake*. London: Faber 1975, S. 118.
35 Ebd., S. 117–118.

Einerseits erreichten die radikalen Formexperimente des *modernism* mit WOOLFS *The Waves* und *Between the Acts* und JOYCES *Ulysses* Ende der 30er Jahre nicht nur einen Höhepunkt, sondern auch einen vorläufigen Abschluss. Dies mag zum großen Teil darauf zurückzuführen sein, dass die sechs unvermittelt nebeneinander gestellten inneren Monologe in *The Waves* und vor allem die sprachspielerischen Formexperimente in *Finnegans Wake* ernsthafte Rezeptionsprobleme aufwerfen und an die Grenzen des Erschließbaren stoßen. Andererseits gibt es verschiedene Anzeichen für den anhaltenden Einfluss der englischen Romane des *modernism*. Sowohl die Romane jener Autorinnen, die die Traditionslinie des *female modernism* fortführten, als auch die erzählerischen Innovationen von Autoren wie SAMUEL BECKETT, JOYCE CARY, LAWRENCE DURRELL, HENRY GREEN und MALCOLM LOWRY zeugen von einer Kontinuität modernistischer Formexperimente.[36] Dennoch nahm die Hauptentwicklungslinie des englischen Romans ab den 30er Jahren zunächst einen anderen Verlauf, weil sie zunehmend von jenen politischen Veränderungen geprägt wurde, die 1939 zum Ausbruch des Zweiten Weltkriegs führten.

---

36 Vgl. dazu Kap. 4.5., 4.6. und 5.5. des vorliegenden Bandes.

4 KAPITEL Die Politisierung des englischen Romans in den 30er und 40er Jahren

Our civilisation is dying. It must be dying. But it isn't going to die in its bed. Presently the aeroplanes are coming. Zoom – whizz – crash! The whole western world going up in a roar of high explosives.

GEORGE ORWELL, *Keep the Aspidistra Flying*[1]

1 Literatur im länger werdenden Schatten der Politik

Politisierung des Romans

Obgleich die Formexperimente des Modernismus bis heute Einfluss auf die englische Romanproduktion ausüben, sind sie in Romanen der 30er und 40er Jahre nicht mehr die dominierende Tendenz. Kennzeichnend für die Entwicklung der englischen Literatur in diesen Dekaden sind vielmehr eine Politisierung sowie eine Hinwendung zu dokumentarischen Darstellungsformen.[2] Zu jenen Faktoren, die diesen Prozess begünstigten, zählen die Weltwirtschaftskrise, das Aufkommen des italienischen Faschismus, der Sieg des Nationalsozialismus und der Ausbruch des Spanischen Bürgerkriegs. VIRGINIA WOOLF fasst die Auswirkungen dieser veränderten Bedingungen auf die Mentalität der jüngeren Schriftstellergeneration in ihrem Essay „The Leaning Tower" prägnant zusammen:

But in 1930 it was impossible – if you were young, sensitive, imaginative – not to be interested in politics [. . .]. In 1930 young men at college were forced to be aware of what was happening in Russia; in Germany; in Italy; in Spain. They could not go on discussing aesthetic emotions and personal relations. [. . .] They read Marx. They became communists; they became anti-fascists.[3]

Familienähnlichkeit der Romane

Ebenso wie Stabilität, Frieden und Wohlstand englischen Romanen bis 1914 eine gewisse Familienähnlichkeit verliehen, weisen die Romane der 30er Jahre eine deutliche Affinität auf.[4] Deren Familienähnlichkeit gründet vor allem darin, dass sie unter dem

---

1 Orwell, *Keep the Aspidistra Flying*. Harmondsworth: Penguin 1986, Kap. 1, S. 26.

2 Als Einführung in die Romanproduktion der 30er Jahre vgl. Bradbury, *The Modern...*, S. 203–263, Gindin, *British...* und Stevenson, *A Reader's...*, S. 55–90.

3 Woolf, „The Leaning Tower." In: Dies., *The Moment and Other Essays*. London: Hogarth Press 1981, S. 105–125, hier S. 115.

4 Zu dieser Metapher vgl. Woolf, „The Leaning Tower", S. 110, die in ähnlichem Zusammenhang von *„family likeness"* spricht.

Eindruck tiefgreifender politischer, ökonomischer und sozialer Krisen entstanden. Die englische Gesellschaft hatte sich noch nicht recht von den leidvollen Erfahrungen und Nachwirkungen des Ersten Weltkriegs erholt, als der Zweite Weltkrieg seine Schatten bereits vorauswarf, die die Literatur und Mentalität der 30er Jahre nachhaltig prägten.[5]

Auswirkung der Politisierung

In den Werken jener Schriftsteller, die unter dem Etikett „*Writers of the Thirties*"[6] subsumiert werden (vgl. Kap. 4.2.), schlägt sich die Politisierung des literarischen Lebens erstens in der veränderten Themenwahl nieder (4.3.). Zweitens sind die dokumentarischen und allegorischen Darstellungsverfahren sowie die bevorzugten Romangenres Indikatoren für die epochenspezifische Auseinandersetzung mit den drängenden Fragen der Gegenwart (4.4.). Obgleich diese Tendenzen viele Romane der 30er und 40er Jahre prägen, zeugen sowohl die Tradition des *female modernism* (4.5.) als auch die modernistischen Romane einiger Autoren von einer Kontinuität der Entwicklungslinie des experimentellen Erzählens (4.6.).

2 „Writers of the Thirties": Graham Greene, Christopher Isherwood, George Orwell, Rex Warner und Evelyn Waugh

Die Zwischenkriegsgeneration

Die auffälligen Familienähnlichkeiten zwischen vielen Romanen der 30er Jahre sind außerdem darauf zurückzuführen, dass die bekanntesten Romanautoren alle der Zwischenkriegsgeneration angehörten. Dies verdeutlichen die Geburtsdaten von GRAHAM GREENE (1904–1991), CHRISTOPHER ISHERWOOD (1904–1986), GEORGE ORWELL (1903–1950), REX WARNER (1905–1986) und EVELYN WAUGH (1903–1966). Verstärkt wird der Eindruck der Zusammengehörigkeit dadurch, dass die genannten Autoren sowie einige andere, die primär als Lyriker hervorgetreten sind,[7] bis auf ORWELL aus ähnlichen sozialen Verhältnissen stammten und in etwa den gleichen Bildungsweg durchliefen. Als Söhne wohlhabender Eltern erhielten sie in Internaten und auf angesehenen Universitäten ihre Bildung. Aufgrund der Parallelen zwischen ihren Lebensläufen teilten diese Autoren eine Vielzahl von Erfahrungen.[8]

Unterschiede zur Vorkriegsgeneration

Besonders deutlich kommt der Unterschied zur Vorkriegsgeneration in den grundlegend veränderten Vorstellungen von der Funktion von Literatur zum Ausdruck. Während modernistische Autoren noch der Überzeugung waren, dass Kunst und Propaganda unvereinbar seien, weil letztere die künstlerische Autonomie literarischer Werke zerstöre, nahmen englische Schriftsteller der 30er

Jahre in ihren Romanen zu gesellschaftlichen Problemen Stellung. Obgleich sie ihre Leser nicht direkt belehren oder politische Doktrinen propagieren wollten, waren sie der Ansicht, dass Literatur politische Funktionen zu erfüllen habe. In dieser Phase wurde es zu einem wichtigen Anliegen vieler Autoren, im Medium der Literatur moralische und politische Überzeugungen zum Ausdruck zu bringen und Bewusstseinsveränderungen beim Lesepublikum herbeizuführen.

Kunst und Propaganda

Die Frage, inwieweit Künstler ihre Werke für propagandistische Zwecke einsetzen sollten, wurde angesichts der politischen Entwicklungen während der 30er Jahre zunehmend virulent. Wie die meisten ihrer Zeitgenossen verfolgten die genannten Autoren die politischen Ereignisse in Spanien, Deutschland, Italien und Russland mit wachsender Sorge. Während die Mitglieder der Bloomsbury-Gruppe die kollektive Identifikation mit einem Führer als einen barbarischen Akt ansahen, übten politische Ideologien auf englische Schriftsteller der 30er Jahre eine erhebliche Faszination aus. Aufgrund ihres engen Wirklichkeitsbezugs und ihrer dokumentarischen Tendenzen fungieren viele Romane der 30er und 40er als politisches Medium.

3 Die desillusionierte Generation der Zwischenkriegszeit: Thematische Tendenzen

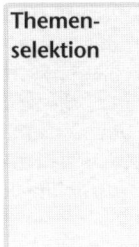

Themenselektion

Die Politisierung des englischen Romans, die zu Anfang der 30er Jahre beginnt, kommt vor allem in der Themenwahl zum Ausdruck. Die beiden Weltkriege bestimmen in vielen Romanen das Bewusstsein der Figuren und die düstere Atmosphäre, die in den Werken vorherrscht. Das Hauptkennzeichen von Romanen aus dieser Phase ist deren stark ausgeprägter Wirklichkeitsbezug. Dieser lässt sich schon an der großen Zahl und Streubreite von Bezügen auf die zeitgenössische Wirklichkeit ablesen. Zu den häufig thematisierten Problemen gehören die Auswirkungen des Gene-

---

5 Zur Schattenmetaphorik vgl. Hynes, *The Auden...*, S. 38, 41.

6 Vgl. den Titel der ausgezeichneten Studie von Cunningham sowie den Untertitel des Buches von Johnstone.

7 Zur Gruppe der bedeutenden politischen Lyriker der 30er Jahre, deren wirklichkeitsbezogene Gedichte von einer sozialkritischen Haltung zeugen, zählen Wystan Hugh Auden (1907–1973), Cecil Day Lewis (1904–1972), Louis MacNeice (1907–1963) und Stephen Spender (1909–1995).

8 Zu den biographischen und ästhetischen Gemeinsamkeiten der Autoren dieser Generation vgl. die Studien von Johnstone und Hynes, *The Auden...*, der die beste Darstellung des Zusammenhangs zwischen Politik, Mentalitätswandel und Literatur im England der 30er Jahre liefert.

ralstreiks von 1926 und der Weltwirtschaftskrise, vor allem der Anstieg der Arbeitslosigkeit und die verbreitete Armut, die Machtergreifung Hitlers und der Spanische Bürgerkrieg, an dem viele englische Schriftsteller regen (zum Teil sogar aktiven) Anteil nahmen. Daneben zählt der Erste Weltkrieg zu den zentralen Themen dieser Phase. Er wird als eine markante Epochenschwelle dargestellt, die tiefgreifende Auswirkungen für das Leben der Figuren hat und das kollektive Gedächtnis bestimmt. Im Falle von CHRISTOPHER ISHERWOODS *The Memorial* (1932) signalisiert bereits der Titel, der sich auf ein Ehrenmal zum Andenken an die Gefallenen bezieht, dass die Erinnerung an den Ersten Weltkrieg im Bewusstsein der Figuren allgegenwärtig ist.

Gegensatz zwischen Vergangenheit und Gegenwart

Ein weiteres dominantes Thema, das zugleich als Strukturprinzip dient, ist der Gegensatz zwischen der vermeintlich glorreichen Vorkriegszeit und der als trostlos empfundenen Gegenwart. Dieser Kontrast wird durch eine Rhetorik des Damals-und-Heute und durch den nostalgischen Rückblick auf die heile Welt der Vorkriegszeit akzentuiert. Die Vorkriegsepoche wird etwa in GEORGE ORWELLS *Coming Up for Air* (1939) in der Erinnerung der Figuren als eine Phase der Stabilität, Prosperität und des Friedens verklärt. Sehr deutlich kommt das Lebensgefühl der Zwischenkriegsgeneration in den satirischen Romanen von ALDOUS HUXLEY und EVELYN WAUGH zum Ausdruck, in denen sich die für ihre frühen Werke typischen *brilliant young people* die Zeit mit einer endlosen Serie von Partys und anderen (vornehmlich sexuellen) Amüsements vertreiben. Ebenso wie in vielen von HUXLEYS, ISHERWOODS und ORWELLS Romanen wird in WAUGHS *Vile Bodies* (1930) der Gegensatz zwischen der edwardianischen Epoche und der Gegenwart hervorgehoben: „*the splendours of the Edwardian era*" und „*the well of Edwardian certainty*" gehören unwiederbringlich der Vergangenheit an, während die Gegenwart im Zeichen tiefer Verunsicherung und Unbeständigkeit steht: „*'there is a radical instability in our whole world-order'*".[9]

Gegenwart als sinnentleerte Welt

Die Gegenwart wird als eine sinnentleerte Welt dargestellt, in der es keine verbindlichen moralischen Werte oder erstrebenswerten Ziele mehr gibt. Ein sehr düsteres Bild von den Jahren nach der Weltwirtschaftskrise, die von ökonomischer Unsicherheit geprägt waren, entwirft etwa GRAHAM GREENE in gesellschaftskritischen Romanen wie *It's a Battlefield* (1934) und *A Gun for Sale* (1936), die in dem oft als ,Greeneland' bezeichneten schäbigen Milieu gesellschaftlicher Außenseiter spielen. In GREENES fiktionalen Welten, die viele Elemente des Abenteuer-, Kriminal- und Agentenromans sowie des Thrillers enthalten, erscheint das Europa der 30er Jahre als Schlachtfeld, auf dem jeder gegen jeden kämpft.

Der Gegensatz zwischen der idealisierten Vergangenheit und der perspektivenlosen Gegenwart wird in vielen Romanen durch die Themenwahl hervorgehoben. Im Mittelpunkt stehen Themen wie der soziale Abstieg von Figuren, die Auflösung von Familien und das Scheitern von Ehen. In EVELYN WAUGHS *A Handful of Dust* (1934) verliert der Protagonist Tony Last nicht nur seinen geliebten viktorianischen Landsitz, der Symbol des bisherigen Wohlstands und Familienstolzes ist, sondern auch seine Ehefrau Lady Brenda, die ihn mit einem jungen Tunichtgut betrügt. Dass Lasts scheinbar sichere Existenz durch die Zerrüttung der Ehe zu einer ‚Handvoll Staub' zerfällt, unterstreicht die in vielen Werken vorherrschende desillusionierte Weltsicht.

Darüber hinaus wirft der Zweite Weltkrieg in vielen Romanen seine Schatten schon sehr früh voraus. Anspielungen auf die Gefahr eines neuen Krieges finden sich bereits in EVELYN WAUGHS Romanen *Decline and Fall* (1928) und *Vile Bodies*, in dem eine Figur gegenüber dem ungläubigen (fiktiven) Premierminister geradezu beiläufig von „'this war that's coming'" spricht.[10] Diese Befürchtung verdichtet sich im Laufe der 30er Jahre immer mehr zu einer Gewissheit und allgemeinen Zukunftsangst. In späteren Romanen sind viele Figuren der Überzeugung, keine Zukunft mehr zu haben. Dass Romane ein damals verbreitetes Endzeitgefühl vermitteln und apokalyptische Visionen vom Ende der Zivilisation entwerfen, ist als Ausdruck einer kollektiven Wirklichkeitserfahrung zu verstehen. Besonders deutlich zeigt sich die prophetische Angst vor den Zerstörungen eines erneuten Krieges in realistischen Romanen wie CHRISTOPHER ISHERWOODS *Mr Norris Changes Trains* (1935) und *Goodbye to Berlin* (1939) sowie GEORGE ORWELLS *Keep the Aspidistra Flying* (1936).

Ab Ende der 30er Jahre werden der Ausbruch und Verlauf des Zweiten Weltkriegs zu Themen, die in vielen Romanen vorherrschen.[11] Der Erste Weltkrieg verliert im kollektiven Bewusstsein seine Einzigartigkeit als Ereignis und Zäsur. So heißt es in EVELYN WAUGHS erstem Kriegsroman bzw. Antikriegsroman, *Put Out More Flags* (1942), dessen Handlung am Tag des Ausbruchs des Zweiten Weltkriegs einsetzt: „*Her mind went back to the other war, that until that morning had been The War.*"[12] Eine schonungslose Bilanz des Zwei-

---

9 Waugh, *Vile Bodies*. Harmondsworth: Penguin 1996, S. 30, 112.
10 Ebd., S. 112. Vgl. auch den Dialog zwischen dem Protagonisten Paul Pennyfeather und Lord Circumference über einen erneuten Krieg in Waughs *Decline and Fall*. New York: Knopf 1956, Kap. VIII, S. 56.
11 Zur Darstellung des Ersten und Zweiten Weltkriegs im englischen Roman vgl. Klein und Munton.
12 Waugh, *Put Out More Flags*. Boston: Little, Brown & Company 1970, S. 15.

ten Weltkriegs zieht WAUGH in seiner autobiographisch beeinflussten *The Sword Of Honour Trilogy* (1952–1961), in deren Mittelpunkt der katholische Offizier Guy Crouchbank steht.

Gesellschaftskritik

Kennzeichnend für englische Romane der 30er Jahre ist desweiteren eine ausgeprägte Tendenz zur Gesellschaftskritik. Bereits VIRGINIA WOOLF zählt in „The Leaning Tower" Unbehagen, Selbstmitleid, Zorn auf die bürgerliche Gesellschaft und die Suche nach Sündenböcken zu den vorherrschenden Tendenzen in vielen Werken der 30er Jahre. Die Tatsache, dass nicht nur die meisten Autoren, sondern auch viele der Protagonisten gesellschaftskritisch eingestellt, aber aufgrund ihrer mittelständischen Herkunft Nutznießer der Privilegien der englischen Klassengesellschaft waren, verleiht vielen Romanen eine gewisse Widersprüchlichkeit.

Werteverfall

Bürgerliche Tugenden und die Verhaltensmaßstäbe der Vorkriegszeit haben für die jüngeren Figuren ihre Gültigkeit verloren, ohne dass neue Werte und Normen an deren Stelle getreten wären. Während die Ideale der älteren Figuren durch den Krieg zerstört wurden, fühlen sich die Mitglieder der jüngeren Generation durch den Ersten Weltkrieg von der Tradition abgeschnitten. Beispielhaft kommt dies in einer Reflexion des Antihelden Anthony Farrant in GREENES *England Made Me* (1935) zum Ausdruck: *„He thought: It's because I'm not young enough and not old enough: not young enough to believe in a juster world, not old enough for the country, the king, the trenches to mean anything to me at all."*[13] In GREENES Romanen verkörpert oft die Figur des im Exil lebenden Engländers, der in *England Made Me* mit einem Mann ohne Pass und ohne Nationalität verglichen wird, den Verlust an persönlicher und nationaler Identität. Dass in diesem Roman selbst der megalomanische schwedische Multimillionär Krogh in finanzielle Bedrängnis gerät und sich unlauterer Mittel bedient, ist bezeichnend für die Atmosphäre des Niedergangs und Werteverfalls, die in dieser Phase vorherrscht.

Pessimismus

Eine weitere Gemeinsamkeit vieler Romane der 30er Jahre besteht darin, dass in ihnen ein sehr pessimistischer Zeitgeist zum Ausdruck kommt, der sie deutlich von den Werken der Dekaden vorher und nachher unterscheidet. Geprägt wird dieser Zeitgeist vor allem durch ein Gefühl des allgemeinen Niedergangs, der Unsicherheit sowie der Sinnlosigkeit und Trostlosigkeit. Diese Tendenzen schlagen sich sowohl in der Auflösung bürgerlicher Institutionen als auch im Verlust verbindlicher Werte und Normen nieder. Typisch ist in dieser Hinsicht die negative und skeptische Darstellung der Institution ‚Ehe' und der Beziehung zwischen den Geschlechtern, die von Promiskuität und einer Trennung von Sexualität und Liebe geprägt ist.

Antihelden

Weitere Merkmale des epochenspezifischen Zeitgeistes sind die Verbindung von Nostalgie, Melancholie und Pessimismus, die an Nihilismus grenzende Gleichgültigkeit und Oberflächlichkeit vieler Figuren, deren Hoffnungs- und Perspektivelosigkeit sowie der Eindruck der Langeweile. Dieser Zeitgeist manifestiert sich vor allem im Charakter und im Handeln bzw. Nicht-Handeln vieler Antihelden. Typische Beispiele dafür sind neben den Außenseitern in GREENES Werken der 30er Jahre die meisten Figuren in ISHERWOODS und WAUGHS Romanen, etwa Arthur Norris in ISHERWOODS *Mr Norris Changes Trains* (1935) und Basil Seal in WAUGHS *Put Out More Flags* (1942). Diese egoistischen und verantwortungslosen Figuren wirken getrieben, rast- und ruhelos, entwurzelt sowie orientierungs-, identitäts- und ziellos: *„unable to make up their minds who was going with whom, in what direction, for what purpose"*.[14] Ihr von ökonomischen Wechselfällen bestimmtes Leben hat nichts mehr gemeinsam mit der Biographie der Protagonisten traditioneller Bildungsromane, sondern besteht aus einer Serie von Zufällen, Misserfolgen und verpassten Gelegenheiten. Eigennutz, Hedonismus und der Wille zum Überleben erscheinen als die einzigen Motive ihres Handelns. Wenn Anthony Farrant seiner Zwillingsschwester gegenüber sagt *„'I haven't a future, Kate'"*,[15] so spricht er damit ein von Endzeitstimmung geprägtes und damals verbreitetes Lebensgefühl aus.

Raumdarstellung

In vielen Romanen trägt die Raumdarstellung dazu bei, den Eindruck eines allgemeinen ökonomischen und moralischen Niedergangs physisch zu konkretisieren. Die Semantisierung der Raumdarstellung besteht darin, dass Häuser und Gegenstände nicht bloß der Konstitution eines wirklichkeitsgetreuen Schauplatzes dienen, sondern zugleich als thematische und symbolische Ausdrucksträger fungieren. Vor allem GREENE, ORWELL, WARNER und WAUGH nutzen die Präsentation des Raumes als symbolisches Darstellungsmittel. So unterstreicht die Darstellung des Verfalls ehemals ruhmreicher und prachtvoller, inzwischen aber arg heruntergekommener viktorianischer Herrenhäuser wie der Landsitze Hetton und Malfrey in WAUGHS *A Handful of Dust* bzw. *Put Out More Flags* die in vielen Romanen vorherrschende Atmosphäre des Zusammenbruchs.[16]

---

13 Greene, *England Made Me*. Harmondsworth: Penguin 1970, S. 180.

14 Waugh, *Put Out More Flags*, S. 72.

15 Greene, *England Made Me*, S. 29; vgl. auch ebd., S. 126: *„We shouldn't be here if we had a future.'"*

16 Viele Autoren der Nachkriegszeit setzen in historischen Romanen, deren Handlung in der Zeit vor und nach dem Ersten Weltkrieg angesiedelt ist, diese Tradition fort. Beispiele dafür sind etwa James Gordon Farrells *Troubles* (1970) sowie Isabel Colegates *Statues in a Garden* (1964) und *The Shooting Party* (1982).

Suche nach neuen Glaubensgewissheiten	Vor dem Hintergrund des Werteverfalls kreisen viele Romane um die Suche der Figuren nach neuen Glaubensgewissheiten, die ihrem Handeln Sinn verleihen könnten. So weist Richard Johnstone in seinem *The Will to Believe* zu Recht auf die Versuche englischer Autoren der 30er Jahre hin, einer chaotischen Welt Struktur zu geben und Sinn abzugewinnen: *„Commitment to a belief, whether political or religious or something more idiosyncratic, can be seen as a means of simplifying or codifying reality".*[17] Entsprechend empfänglich sind viele der Protagonisten für politische Ideologien oder religiöse Botschaften.
Katholizismus	Besondere Faszination auf englische Romanciers der 30er Jahre übte der Katholizismus aus. Der Hauptgrund dafür ist darin zu sehen, dass dessen unveränderliches Wertesystem einen Ausweg aus der Orientierungslosigkeit der Gegenwart zu bieten schien und als Möglichkeit der Erlösung für den Einzelnen gesehen wurde. Im Anschluss an ihre Konversion zum Katholizismus in den Jahren 1927 bzw. 1930 setzten sich GREENE und WAUGH in ihren Romanen mit der Bedeutung der Religion auseinander.[18] Im Gegensatz zur frivolen und amoralischen Atmosphäre, die WAUGHs frühe Werke prägt, zeichnen sich seine späteren Romane durch größere Ernsthaftigkeit aus. Besonders deutlich zeigt sich der Einfluss des Katholizismus in WAUGHs berühmtestem Roman, *Brideshead Revisited* (1945), der den Niedergang einer katholischen Adelsfamilie schildert.
Graham Greene	Obgleich sich bereits in GREENES frühen Werken viele religiöse Anspielungen finden, ist der Katholizismus erst in seinen Romanen *Brighton Rock* (1938) und *The Power and the Glory* (1940) von zentraler Bedeutung für den Handlungsverlauf, die Figurendarstellung sowie das fiktionale Werte- und Normensystem. Ohne aufdringliche Didaktik illustrieren GREENES Romane jene *„,appalling ... strangeness of the mercy of God'",*[19] von der die Priesterfigur, die in GREENES Werken in vielen Varianten erscheint, am Ende von *Brighton Rock* spricht, der den moralischen Niedergang des 17jährigen Bandenchefs Pinkie Brown schildert. Die für GREENES Romane charakteristische Wirkungsintention, durch die nuancierte Darstellung von oftmals heruntergekommenen Figuren in Extremsituationen Mitgefühl zu erwecken, wird in *The Power and the Glory* nicht nur in denkwürdigen Szenen während der Flucht eines namenlosen mexikanischen ‚Whisky-Priesters' zur Zeit der Christenverfolgung veranschaulicht, sondern auch in einer Reflexion des *whisky priest* thematisiert: *„When you visualized a man or woman carefully, you could always begin to feel pity – that was a quality God's image carried with it."*[20]

Marxismus, Sozialismus, Kommunismus	Einige Autoren fühlten sich hingegen zu den politischen Lehren des Marxismus, Sozialismus und Kommunismus hingezogen, die in einer Zeit des Werteverfalls und der Instabilität ebenfalls moralische Orientierung und ideologische Gewissheit versprachen. Bezeichnenderweise wird in ISHERWOODS *Mr Norris Changes Trains* die Hinwendung zum Kommunismus als „*a sort of religious conversion*" beschrieben.[21] Besonders deutlich sind die kommunistischen Tendenzen in den politisch engagierten Romanen von EDWARD UPWARD und REX WARNER.[22] In UPWARDS parabelhaftem Roman *Journey to the Border* (1938) rückt die Überzeugung von der Richtigkeit eines revolutionären Sozialismus an die Stelle des als obsolet dargestellten christlichen Glaubens. Hingegen wurde der anfangs ebenfalls von kommunistischen Ideen begeisterte ORWELL durch seine Erfahrungen im Spanischen Bürgerkrieg und die Entwicklungen in Russland zu einem scharfen Kritiker des Kommunismus.
Thematisierung von Grenzen und Reisen	Eng verknüpft mit der Suche nach neuen Glaubensgewissheiten und Idealen sind die häufige Thematisierung von Grenzen und Reisen sowie die Metapher der Grenzüberschreitung, laut HYNES „*the most insistent of 'thirties metaphors*".[23] In Romanen wie UPWARDS *Journey to the Border* und STEVIE SMITHS *Over The Frontier* (1938) weisen bereits die Titel auf die Reisen der Protagonisten über nicht näher spezifizierte Grenzen in unbekannte Gegenden hin.
Orwell, Coming Up For Air	Ein Roman, der viele dieser Tendenzen in sich vereinigt und daher gleich in mehrfacher Hinsicht typisch ist für die englische Erzählkunst in den 30er Jahren, ist ORWELLS *Coming Up For Air* (1939). ORWELL entwirft darin ein sehr düsteres Bild von der Entwicklung der englischen Gesellschaft seit der Jahrhundertwende. Die Struktur des vierteiligen Romans wird geprägt durch den Gegensatz zwischen der Vorkriegszeit, die in der Erinnerung des Protagonisten und Ich-Erzählers George Bowling idealisiert wird, und der trostlosen Endzeitstimmung in einer Londoner Vorstadt im Jahre 1938. In scharfem Kontrast zur guten, alten Welt vor dem Ausbruch des Ersten Weltkriegs steht die von Niedergang und Zukunftsangst

---

17 Johnstone, S. 16.
18 Vgl. zu diesen beiden Autoren Kapitel 4 und 5 der Studie von Johnstone sowie Otten, S. 87–125.
19 Greene, *Brighton Rock*. Harmondsworth: Penguin 1970, S. 246.
20 Greene, *The Power and the Glory*. Harmondsworth: Penguin 1991, S. 131.
21 Isherwood, *Mr Norris Changes Trains*. London: Minerva 1996, S. 64.
22 Vgl. Hynes, *The Auden . . .*, S. 311–321 sowie Kapitel 2 und 3 der Studie von Johnstone.
23 Hynes, *The Auden . . .*, S. 229; vgl. auch ebd., S. 155, 244.

bestimmte Mentalität am Vorabend des Zweiten Weltkriegs. An die Stelle der Formel „*Before the war*", die vormals eindeutig die zentrale Epochenschwelle des 20. Jh.s bezeichnete, rücken nun die Frage „*'Which War?'*" und das prophetische Gefühl des Protagonisten, dass ein neuer Krieg unmittelbar bevorstände, „*the feeling that war's just round the corner*".[24] Unterstrichen wird das pessimistische Bild, das Orwells Roman von der bedrohten Zivilisation entwirft, durch die völlige Desillusionierung des Erzählers bei dem Besuch seines Heimatortes, der sich im Prozess der Modernisierung bis zur Unkenntlichkeit verändert hat.

4 Die Abwendung vom modernistischen Erbe: Dokumentarische und allegorische Darstellungsverfahren

Verhältnis zum Modernismus

Das kritische Verhältnis der jüngeren Romanciers zum modernistischen Erbe lässt sich auch an erzähltechnischen Veränderungen ablesen. In formaler Hinsicht zeichnen sich Romane in dieser Phase dadurch aus, dass der materialistische Realismus der edwardianischen Periode und die erzählerischen Innovationen des *modernism* zugunsten anderer Darstellungsverfahren zurückgedrängt werden. Charakteristisch für die 30er Jahre ist eine Hinwendung zu dokumentarischen Formen der Wirklichkeitsdarstellung. Diese epochenspezifische Tendenz lässt sich an so unterschiedlichen Phänomenen wie dem Erfolg von Dokumentarfilmen, dem sozialistischen Realismus und dem damals sehr populären Genre der Reiseliteratur beobachten.

Distanz zu formalen Experimenten

Das Spektrum der Erzählformen, die in den Romanen der 30er Jahre bevorzugt verwendet werden, reicht von dokumentarischen Darstellungsformen, die Verfahren der journalistischen Reportage und des Films auf die Fiktion übertragen, bis zu nichtrealistischen Darstellungsverfahren, die der Allegorie, Parabel und Utopie bzw. Anti-Utopie nahestehen. Gemeinsam ist den in dieser Phase vorherrschenden Erzählformen, dass sie auf eine möglichst genaue Repräsentation der politischen und sozialen Probleme der Gegenwart – allen voran der Kriegsgefahr – abzielen. Hynes hat die beiden in den 30er Jahren dominanten Darstellungsverfahren und die dafür gebräuchlichen Begriffe prägnant charakterisiert:

either the writer could record external actuality as strictly and objectively as possible, or he could compose a symbolic version of it. Spender's terms for these alternatives are reportage and fable, but one might propose others that would do as well: realism and fantasy, presentation and allegory, or the terms that I prefer, document and parable. Whatever the terms, the distinction is clear: on the one hand, the authority of sheer fact (or the illusion of fact), and on the other the authority of the imagination.[25]

Dokumentarische Schreibweise	Die dokumentarischen Darstellungsformen zeichnen sich durch einen ausgeprägten Wirklichkeitsbezug, eine propagandistische Wirkungsintention und den Rückgriff auf reportageähnliche journalistische Schreibweisen aus. Dazu zählen genaue Beobachtung, detaillierte Vermittlung von Fakten sowie die Verwendung von scheinbar neutraler und unpersönlicher Beschreibung. Der Begriff ‚dokumentarisch' bezeichnet nicht eine Gattung, sondern eine bestimmte Schreibweise, bei der Bezüge auf die außertextuelle Realität gegenüber fiktionalen Elementen überwiegen. Dokumentarische Verfahren eignen sich, um Literatur in den Dienst der Zeitkritik und politischen Meinungsbildung zu stellen.
George Orwell	Obgleich auch viele von GREENES, ISHERWOODS und WAUGHS Romanen einen engen Bezug zur zeitgenössischen Wirklichkeit aufweisen, sind es die Werke ORWELLS, in denen die dokumentarischen Darstellungstendenzen besonders stark ausgeprägt sind. Ebenso wie in seinen Essays und vielen seiner Romane (z. B. in *Burmese Days*, 1934; *A Clergyman's Daughter*, 1935; *Keep the Aspidistra Flying*, 1936) verbindet ORWELL in seinen nicht-fiktionalen Schriften exakte Beobachtung mit kritischer Reflexion und didaktischer Zielsetzung. In seinem im Auftrag des *Left Book Club* geschriebenen Bericht *The Road to Wigan Pier* (1937) schildert ORWELL die Lebensumstände und Armut der Bergarbeiter im industriellen Norden Englands. *Homage to Catalonia* (1938) ist ein autobiographischer Dokumentarbericht über seine Erlebnisse als Freiwilliger im Spanischen Bürgerkrieg. Ähnlich wie ISHERWOODS Romane verdeutlichen ORWELLS Schriften allerdings, dass selbst streng dokumentarische Werke allein schon aufgrund von Selektion und gewählter Perspektive eine perspektivisch gebrochene und implizit wertende Wirklichkeitsdarstellung liefern.
Antimimetische Ausdrucksformen	Am entgegengesetzten Pol des Spektrums sind Romane angesiedelt, die mit antimimetischen Ausdrucksformen alternative Phantasiewelten entwerfen. Dazu gehört der Rückgriff auf symbolische, allegorische und parabelhafte Erzählverfahren, die etwa die von KAFKA beeinflussten didaktischen Romane von EDWARD UPWARD und REX WARNER prägen. Diese behandeln ideologische Probleme, indem sie sie in räumlicher Hinsicht entrücken und in archetypische Bilder umsetzen. So kreist die Handlung in WARNERS *The Professor* (1938), die in einem nicht identifizierten europäischen Land spielt, um das Scheitern des Liberalismus und den Sieg des Faschismus. In *The Aerodrome* (1941) liefert WARNER anhand der militäri-

---

24 Orwell, *Coming Up For Air*. Harmondsworth: Penguin 1962, Kap. 1, S. 35, 29.

25 Hynes, *The Auden…*, S. 208; zu den dokumentarischen Verfahren vgl. ebd., S. 216ff., 268ff., 284f., 355ff.; zu den surrealistischen Tendenzen vgl. ebd., S. 217ff., 224ff., 311ff.

schen Institution eines Luftwaffenstützpunktes eine allegorische Darstellung eines vom Krieg beherrschten Landes, in dem die Lebensgewohnheiten der Zivilbevölkerung ganz den Bedürfnissen und Zielen des Militärs untergeordnet werden.

Satirischer Gesellschaftsroman

Die Abwendung vom modernistischen Roman zeigt sich auch im Bereich der Romangenres, die in den 30er Jahren vorherrschend sind. Eines der bevorzugten Genres ist der satirische Gesellschaftsroman, der sich durch eine kritische Darstellung der zeitgenössischen Gesellschaft auszeichnet. Viele Romane lenken die Aufmerksamkeit auf soziale und ökonomische Missstände und stellen die Werte und Normen der privilegierten Schichten bloß. In EVELYN WAUGHS frühen Romanen, die burlesken- und farcenhafte Züge aufweisen, werden etwa menschliche Schwächen (allen voran Heuchelei, Egoismus und Eitelkeit) und gesellschaftliche Missstände der Zeit (Korruption, Ungerechtigkeiten der Klassengesellschaft) mit beißendem Spott bedacht. In WAUGHS pikaresken Erstling *Decline and Fall* (1928) bilden die Stationen des Protagonisten den Rahmen für treffende Milieuschilderungen, die sich ebenso wie in *Vile Bodies* (1930) zu einem satirischen Sittenbild der Zeit zusammenfügen. Im Gegensatz dazu finden sich in WAUGHS späteren Romanen, etwa in *A Handful of Dust* und *Scoop* (1938), Ansätze zu einer ernstgemeinten Sozial- und Gesellschaftskritik, die Vertreter verschiedener Gesellschaftsschichten der Lächerlichkeit preisgibt. Unterstrichen wird der enge Wirklichkeitsbezug in WAUGHS Romanen durch Hinweise auf neue Medien wie das Telefon, das erstmals in *Vile Bodies* leitmotivisch wiederkehrt, und die Gepflogenheiten der englischen Presse, die in *Scoop* satirisch dargestellt wird.

Ideenroman

Eine gesellschaftskritische Tendenz und einen stark ausgeprägten Wirklichkeitsbezug weisen auch viele Ideenromane auf.[26] Der Ideenroman zeichnet sich dadurch aus, dass die Stoffauswahl, die Figurendarstellung und die Handlungsführung von einem bestimmten Weltbild sowie einer didaktischen Tendenz geprägt sind. Zu den formalen Merkmalen des Ideenromans zählen die Bevorzugung diskursiver Darstellungsformen und die geschlossene Perspektivenstruktur. Die wichtigsten Vertreter des gesellschaftskritischen Ideenromans sind in dieser Phase ALDOUS HUXLEY (*Eyeless in Gaza*, 1936; *Ape and Essence*, 1948) und PERCY WYNDHAM LEWIS (*The Apes of God*, 1930), aber auch GRAHAM GREENE, REX WARNER und EVELYN WAUGH setzen sich in ihren Romanen mit grundlegenden moralischen und weltanschaulichen Fragen auseinander.

Utopie, Anti-Utopie, Dystopie

Eine wichtige Rolle in der literarischen Auseinandersetzung mit den zeitgeschichtlichen Problemen spielen in den 30er und 40er Jahren außerdem das Genre der Utopie sowie seine negativen Pen-

dants, die Anti-Utopie oder Dystopie, die ebenfalls auf weltanschauliche Vorstellungen bezogen sind. Im Gegensatz zum Ideenroman entwerfen Utopien und Anti-Utopien jedoch in sich geschlossene alternative Welten, die meist zeitlich und/oder räumlich entrückt sind. Wegweisend für die Entwicklung der Anti-Utopie in der englischen Literatur war H. G. WELLS mit seinen *scientific romances* genannten technischen Zukunftsromanen, die als Vorläufer der Science Fiction gelten.[27]

Huxley und Orwell

Die beiden bedeutendsten Verfasser von Anti-Utopien in der englischen Literatur des 20. Jh.s sind HUXLEY und ORWELL, die dieses Genre nutzten, um ihre politischen Ziele mit ästhetischen Absichten in Einklang zu bringen. In noch stärkerem Maße als in HUXLEYS frühen Werken kommt die Warnung vor den Gefahren, die mit dem Einfluss der Naturwissenschaften und der Hybris des Menschen verbunden sind, in seiner prophetischen Anti-Utopie *Brave New World* (1932) zum Ausdruck, deren Handlung im Jahre 632 ‚nach Ford' (gemeint ist das Jahr der Herstellung des ersten Ford T-Modells) spielt. Im Mittelpunkt von ORWELLS allegorischer Fabel *Animal Farm: A Fairy Story* (1945), einer ebenso amüsanten wie beißenden anti-stalinistischen Satire auf den russischen Kommunismus, und seiner düsteren Anti-Utopie *Nineteen Eighty-Four* (1949) steht hingegen die Kritik am Totalitarismus.

Christopher Isherwood

Beispielhaft lässt sich das zunehmend kritische Verhältnis jüngerer Romanciers zum Erbe des *modernism* an der Entwicklung ISHERWOODS nachvollziehen.[28] In thematischer Hinsicht repräsentieren seine handlungsarmen und figurenorientierten Romane sämtliche der oben skizzierten epochenspezifischen Tendenzen. Typisch für die ambivalente Haltung zum *modernism* ist ISHERWOODS zweiter Roman, *The Memorial* (1932). Darin werden anhand der fortschreitenden Auflösung einer traditionsverbundenen Familie aus der Oberschicht die anhaltenden Auswirkungen des Ersten Weltkriegs geschildert. Einerseits greift ISHERWOOD in diesem Roman auf eine Reihe modernistischer Darstellungsverfahren (z. B. ausführliche Bewusstseinsdarstellung, multiperspektivische Auffächerung des erzählten Geschehens, Akzentuierung von subjektiver Wirklichkeitserfahrung, szenische und episodische Erzählweise) zurück. Modernistisch ist auch die anachronische Zeitstruktur mit ihrer unvermittelten Aneinanderreihung einiger Momentaufnahmen aus den Jahren 1928, 1920, 1925 und 1929, der Aus-

---

26 Zum gesellschaftskritischen Ideenroman vgl. Otten, S. 23–138.
27 Vgl. ebd., S. 171–184; zu den Gattungsmerkmalen sowie zu Huxleys und Orwells Anti-Utopien vgl. Erzgräber, *Utopie*...
28 Vgl. Stevenson, *Modernist*..., S. 201–206.

sparung langer Zeiträume und der Privilegierung des subjektiven Zeitempfindens der Figuren. Andererseits enthält *The Memorial* zahlreiche Merkmale, die diesen Roman als repräsentatives Werk der 30er Jahre ausweisen (z. B. starker Wirklichkeitsbezug, Gesellschaftskritik, Betonung von Vergänglichkeit sowie die Orientierungslosigkeit und Langeweile der jüngeren Generation). Bezeichnend ist auch der letzte Satz von *The Memorial*, der wie ein unterschwelliges Leitmotiv in vielen englischen Romanen der 30er Jahre anklingt: „*'that War ... it ought never to have happened.'*"[29]

camera-eye-Technik

In sehr viel stärkerem Maße zeichnen sich ISHERWOODS nachfolgende Romane durch die epochenspezifische Hinwendung zu dokumentarischen Darstellungsformen aus. Beispielhaft zeigt sich dies in der von ihm entwickelten *camera-eye*-Technik, in der sich der Einfluss des Films niederschlägt. Diese zu Anfang von *Goodbye to Berlin* (1939) vom Ich-Erzähler erläuterte Technik vermittelt den Eindruck, dass der Erzähler als passive Wahrnehmungsinstanz fungiert: „*I am a camera with its shutter open, quite passive, recording, not thinking. Recording the man shaving at the window opposite and the woman in the kimono washing her hair. Some day, all this will have to be developed, carefully printed, fixed.*"[30] Trotz der vermeintlichen Authentizität und Wirklichkeitstreue der Kamera verdeutlichen die Auswahl der Sujets, die jeweils gewählten Einstellungen und die subjektiven Deutungen des Geschehens, dass es sich keineswegs um eine wertneutrale Schilderung der sozialen und politischen Entwicklungen in Berlin in den Jahren 1930 bis 1933 handelt.

Einfluss des Films auf die Struktur

Ebenfalls auf den Einfluss des Films zurückzuführen sind die für ISHERWOODS, GREENES und WAUGHS Romane charakteristische Verwendung von Montagetechniken, die szenische Erzählweise, die abrupte Schnitttechnik und der Verzicht auf Übergänge zwischen Szenen und Handlungssträngen. Diese Techniken verstärken den Eindruck einer fragmentarisierten Wirklichkeitserfahrung, den etwa ISHERWOODS episodisch strukturierte Romane der 30er Jahre erwecken. Deren montagehaftes Ordnungsprinzip zeigt sich sowohl in der assoziativen Abfolge innerhalb der einzelnen Kapitel als auch in deren loser Aneinanderreihung. Die chronologisch angeordneten Episoden, die in *Mr Norris Changes Trains* geschildert werden, fügen sich nicht zu einem traditionellen Plot zusammen, sondern sind lediglich durch die zufallsbedingten Begegnungen des Ich-Erzählers William Bradshaw mit dem suspekten Arthur Norris im Berlin zu Anfang der 30er Jahre miteinander verbunden. Auch *Goodbye to Berlin* besteht aus einer Folge von nur lose verknüpften Tagebucheinträgen, Momentaufnahmen und pointierten Charakterskizzen.

5 Die Kontinuität des *female modernism*: Elizabeth Bowen, Rosamond Lehmann, Jean Rhys, Ivy Compton-Burnett und Stevie Smith

female modernism

Obgleich die Politisierung des englischen Romans ein signifikanter Trend der 30er und 40er Jahre ist, dürfen darüber jene Tendenzen nicht vergessen werden, die von einer Kontinuität in der literarischen Entwicklung zeugen. Ein deutliches Indiz dafür ist die Traditionslinie des *female modernism*, die durch die Wahl anderer Themen und Erzählweisen charakterisiert ist. Besonders deutlich wird das einflussreiche Erbe des *modernism* in den Werken einiger Autorinnen. Weitgehend unberührt von den politischen und gesellschaftlichen Umwälzungen der 30er Jahre, entwickelten ELIZABETH BOWEN, IVY COMPTON-BURNETT, ROSAMOND LEHMANN, JEAN RHYS und STEVIE SMITH in ihren Romanen modernistische Darstellungstechniken weiter. Dass die Werke dieser Autorinnen herkömmliche Einteilungen der Entwicklung des englischen Romans durchkreuzen, verdeutlichen bereits deren Lebensdaten und Schaffensphasen, die sich von den 20er und 30er Jahren bis weit in die Nachkriegszeit erstrecken.

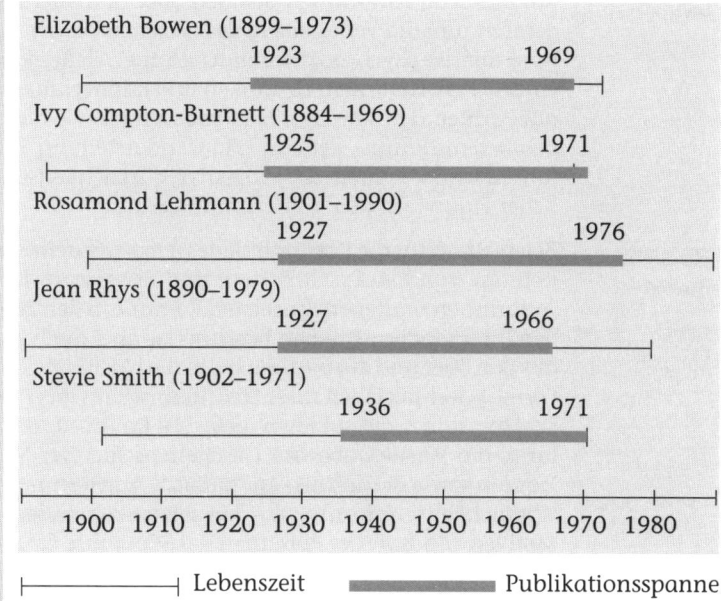

29 Isherwood, *The Memorial*. New York: Noonday Press 1974, S. 294.
30 Isherwood, *Goodbye to Berlin*. London: Minerva 1989, S. 9.

Doch auch aus thematischen und formalen Gründen entziehen sich die Romane dieser (und anderer) Autorinnen einer eindeutigen Zuordnung zu einer bestimmten Phase in der Entwicklung des Romans. So führen ELIZABETH BOWEN, ROSAMOND LEHMANN und JEAN RHYS mit ihrer Konzentration auf Innenweltdarstellung die Entwicklungslinie des psychologischen Realismus DOROTHY RICHARDSONS und MAY SINCLAIRS fort. In BOWENS, COMPTON-BURNETTS, LEHMANNS, RHYS' und SMITHS Romanen schlagen sich weder die für die 30er und 40er Jahre kennzeichnende Politisierung der englischen Literatur noch die neorealistischen Tendenzen der Nachkriegszeit (vgl. Kap. 5) signifikant nieder. Die Werke dieser Autorinnen zeugen daher von einer Kontinuität einer spezifisch weiblichen Variante des Modernismus. Diese Traditionslinie erstreckt sich von VIRGINIA WOOLF, MAY SINCLAIR und DOROTHY RICHARDSON (vgl. Kap. 3) über die gerade genannten Autorinnen bis zu ANGELA CARTER, ISABEL COLEGATE, MARGARET DRABBLE, MAUREEN DUFFY, EVA FIGES, DORIS LESSING, EDNA O'BRIEN, BARBARA PYM und ELIZABETH TAYLOR, deren Schaffensperioden von den 50er und 60er Jahren bis in die Gegenwart reichen.

Mit den formalen Innovationen des Modernismus haben viele Romane von Autorinnen aus den 30er und 40er Jahren dreierlei gemeinsam: die Verlagerung des Akzents von der äußeren Handlung auf die psychologisch einfühlsame Wiedergabe von Sinneseindrücken, Gefühlen, Gedanken und Erinnerungen, der Rückgriff auf Formen der Bewusstseinsdarstellung sowie die perspektivisch gebrochene Raum-, Zeit- und Figurendarstellung. Durch diese Verfahren wird vor allem die subjektive Wirklichkeitserfahrung weiblicher Figuren in den Vordergrund gerückt.

Beispielhaft für die Kontinuität des *female modernism* sind etwa die Romane von ELIZABETH BOWEN und ROSAMOND LEHMANN. Beide Autorinnen schrieben ihre ersten Romane in den 20er Jahren, blieben ihrer modernistischen Erzählweise aber auch in ihren Werken aus den 30er und 40er Jahren bis in die Nachkriegszeit hinein treu. Formale Kennzeichen ihrer Erzählkunst sind das Zurücktreten der Erzählinstanz, die subjektiv gefärbte Raum- und Figurendarstellung, die Wiedergabe des Geschehens aus der Sicht weiblicher Figuren sowie die daraus resultierende Aufwertung von weiblicher Wirklichkeitserfahrung. Zu den wiederkehrenden Themen und Motiven von BOWENS Romanen der 30er Jahre (*To the North*, 1932; *The House in Paris*, 1935; *The Death of the Heart*, 1938) zählen die Enttäuschung der meist jugendlichen Protagonistinnen, die in unglücklichen Familienverhältnissen aufwachsen, die Zerstörung kindlicher Unschuld und das Scheitern menschlicher Beziehungen. Charakteristisch für BOWENS Erzählweise sind eine Tendenz zur Marginalisierung des ‚großen' historischen Geschehens, eine

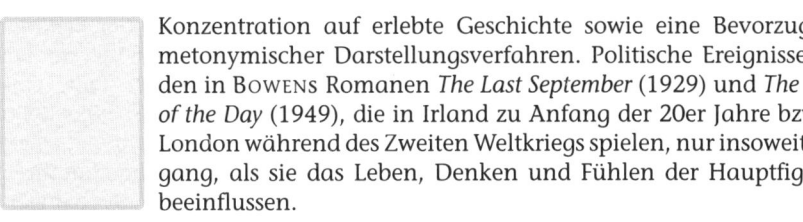

Konzentration auf erlebte Geschichte sowie eine Bevorzugung metonymischer Darstellungsverfahren. Politische Ereignisse finden in BOWENS Romanen *The Last September* (1929) und *The Heat of the Day* (1949), die in Irland zu Anfang der 20er Jahre bzw. in London während des Zweiten Weltkriegs spielen, nur insoweit Eingang, als sie das Leben, Denken und Fühlen der Hauptfiguren beeinflussen.

Rosamond Lehmann

Ebenso wie in BOWENS Romanen, die eine durchweg melancholische und düstere Welt zeigen, liegt der Akzent auch in ROSAMOND LEHMANNS Werken auf der nuancierten Darstellung des Bewusstseins und der Gefühle der weiblichen Hauptfiguren. In ihren Initiationsromanen *Dusty Answer* (1927) und *Invitation to the Waltz* (1932) schildert LEHMANN anhand der sensiblen Protagonistinnen Judith Earle bzw. Olivia Curtis die psychischen Konflikte junger Mädchen im Prozess der Persönlichkeitsentfaltung. Besonders deutlich zeigt sich die Kontinuität modernistischer Schreibweisen in BOWENS Verwendung von Erinnerung als Strukturprinzip in *The Little Girls* (1964) und in LEHMANNS Experiment mit einer kindlichen Erzählerin mit einer begrenzten Perspektive in *The Ballad and the Source* (1944).

Jean Rhys

Eine spezifisch weibliche Variante des *modernism* repräsentieren auch die autobiographisch geprägten Romane von JEAN RHYS. Obgleich RHYS erst mit ihrem preisgekrönten Roman *Wide Sargasso Sea* (1966) der Durchbruch gelang, verdeutlichen ihre frühen Romane, dass die Werke vieler Autorinnen herkömmliche Periodisierungsversuche durchkreuzen. Thematisch kreisen ihre frühen Romane *Quartet* (1928), *After Leaving Mr Mackenzie* (1930) und *Voyage in the Dark* (1934), deren Schauplatz meist europäische Großstädte in den 1920er und 1930er Jahren sind, um die Identitätsprobleme sensibler und recht passiver junger Frauen sowie um deren leidvolle Liebesaffären mit Männern, die sie ausnutzen. Die genaue Schilderung des Leidens der Protagonistinnen verleiht RHYS' Romanen eine melancholische Grundstimmung, was unübersehbare Parallelen zu HUXLEYS und ISHERWOODS frühen Romanen erkennen lässt.

Ivy Compton-Burnett

Durch eine ganz andere Variante des experimentellen Erzählens zeichnen sich die Werke von IVY COMPTON-BURNETT aus, die als Erfinderin des Dialogromans gilt und deren sehr unkonventionelle Erzählkunst im Rahmen des englischen Romans einzigartig ist. Von ihrem Erstling, *Pastors and Masters* (1925), bis zu dem postum veröffentlichten *The Last and The First* (1971) weisen ihre zwanzig Romane eine bemerkenswerte thematische und formale Konstanz auf. Kennzeichnend für COMPTON-BURNETTS Romane ist es, dass sie relativ handlungsarm sind und fast nur aus sehr stilisiertem Figurendialog bestehen; die Äußerungen der Erzähler beschränken sich auf ein Minimum. Zu den weiteren Merkmalen ihrer Werke zählen ein streng durchkonstruierter Plot, eine antithetische Struktur, auf die bereits Titel wie *Men and Wives* (1931) oder *Manservant and Maidservant* (1947) hinweisen, sowie ein melodramatisches Ende. COMPTON-BURNETT wandelt in ihren Romanen, in denen der Einfluss der griechischen Tragödie unverkennbar ist, Konventionen des viktorianischen Melodramas, des Detektiv- bzw. Kriminalromans und des Schauerromans ab. Im Zentrum von COMPTON-BURNETTS Werken, deren Schauplatz meist ein englischer Landsitz um die Jahrhundertwende ist, steht die Entlarvung der handlungsleitenden Motive und Werte, die das Familienleben in der englischen Oberschicht in der Zeit vor dem Ersten Weltkrieg prägten. Ihre Romane kreisen um Themen wie Familienkonflikte, Tyrannei, Gewalt, Heuchelei, Machtstreben, Eifersucht und Habgier. So zeigt etwa *A Family and a Fortune* (1939), wie der Zusammenhalt einer Familie durch eine Erbschaft bedroht werden kann. Stets werden die Schwächen der unsympathisch gezeichneten, stark typisierten Figuren schonungslos bloßgestellt.

Stevie Smith

Eine ebenso unkonventionelle, aber völlig andere Spielart experimentellen Erzählens zeichnet STEVIE SMITHS Romane aus. Unberührt von den modernistischen Umwälzungen, entwickelte SMITH in ihren drei Romanen, *Novel on Yellow Paper or Work It Out for Yourself* (1936), *Over The Frontier* (1938) und *The Holiday* (1949), einen idiosynkratischen Erzählstil, der sich einer Einordnung in herkömmliche literarhistorische und poetologische Kategorien entzieht. Im Falle ihres bekanntesten Werks, *Novel on Yellow Paper*, deutet bereits der programmatische Untertitel, der den Leser zur Komplettierung des Erzählten einlädt, die Besonderheiten dieses Romans an, der die Konventionen teleologischen Erzählens aufhebt und vom Leser aktive Mitarbeit verlangt. Ähnlich wie in LAURENCE STERNES *Tristram Shandy* (1759–1767) tritt an die Stelle einer linearen Handlung die permanente Digression, die nicht als Abschweifung, sondern als konstitutives Darstellungsverfahren zu verstehen ist. *Novel on Yellow Paper* entfaltet sich als ein unentwegter Dialog zwischen der redseligen Ich-Erzählerin Pompey Casmilus und dem immer wieder direkt angeredeten fiktiven Leser. Dadurch entsteht der Eindruck einer starken Subjektivierung des Erzählten, das in Form einer Sequenz von ständig neuen Assoziationen der Erzählerin vermittelt wird. Obwohl sich SMITHS experimentierfreudiger Erzählstil durch die Suggestivität der vertraulichen Leseranreden von JOYCES, WOOLFS und RICHARDSONS Konzentration auf Bewusstseinsdarstellung unterscheidet, zieht sie ebenso wie diese das Assoziationsprinzip dem Kausalitätsprinzip vor. SMITHS unkonventionelle Erzählweise vermag Spontaneität und Subjektivität ebenso literarisch darstellbar zu machen wie die von anderen Autoren der Moderne bevorzugten Verfahren der erlebten Rede und des inneren Monologs.

 Die Kontinuität modernistischer Experimente: Samuel Beckett, Joyce Cary, Henry Green, Malcolm Lowry und Richard Hughes

Weiterentwicklung des modernism

Von einer Kontinuität im Bereich des experimentellen Erzählens zeugen auch die Romane einiger Autoren. Parallelen zu den formalen Innovationen des *modernism* finden sich etwa in den Werken von SAMUEL BECKETT, JOYCE CARY, HENRY GREEN, MALCOLM LOWRY und RICHARD HUGHES. Diese Autoren entwickelten die modernistischen Erzählexperimente in je individueller Art und Weise weiter.

Samuel Beckett

Die nach JOYCE wohl radikalsten Form- und Sprachexperimente finden sich in den Werken eines Autors, der aufgrund seiner irischen Herkunft und der Tatsache, dass er viele seiner Werke zuerst in französischer Sprache verfasste, im strengen Sinne nicht zum englischen Roman zu zählen ist: in den Romanen BECKETTS, der 1969 den Nobelpreis für Literatur erhielt. Bereits in *Murphy* (1938), seinem ersten und relativ konventionellsten Roman, durchbricht BECKETT mit der Konzentration auf das wirklichkeitsabgewandte Bewusstsein Murphys die Grenzen der realistischen Erzählkunst. In noch sehr viel stärkerem Maße entwerfen seine extrem handlungsarmen späteren Werke, der Roman *Watt* (1953) und vor allem die aus *Molloy* (frz. 1951, engl. 1955), *Malone Dies* (frz. 1951, engl. 1956) und *The Unnamable* (frz. 1953, engl. 1958) bestehende Trilogie, in Gestalt der zunehmend ziel-, bewegungs- und identitätsloser werdenden Titelfiguren Reduktionsformen und Zerrbilder des Menschlichen, die BECKETTS Überzeugung von der Absurdität der menschlichen Existenz reflektieren. Da der Verfall der physischen Existenz bei den Protagonisten unaufhaltsam voranschreitet, erscheinen sie am Ende nur noch als namenlose Stimme und zwanghafte Monologisten. Darüber hinaus zeichnen sich BECKETTS Romane durch ein parodistisches Spiel mit Erzählkonventionen, Durchbrechung der Chronologie, zyklische Strukturen sowie eine Vielzahl sprachlicher, metanarrativer und metafiktionaler Reflexionen und Experimente aus. Die zum Scheitern verurteilten Versuche der Monologisten, die Wirklichkeit erzählerisch zu ergründen und ihr Sinn abzugewinnen, setzen insofern BECKETTS Ansicht von den Aufgaben der modernen Kunst literarisch um, als sie eine Vorstellung vom Nichts, von Negation und von Schweigen vermitteln: *„For the only way one can speak of nothing is to speak of it as though it were something".*[31]

Joyce Cary

Sehr viel weniger radikal als Becketts Zertrümmerung herkömmlicher Erzählkonventionen sind die Experimente des ebenfalls in Irland geborenen CARY. Die Besonderheiten von CARYS Romantrilogien bestehen im wesentlichen in der assoziativen und anachronischen Erzählweise, der kolloquialen Sprache sowie der Erprobung einer als *‚triple vision'* bezeichneten multiperspektivischen Struktur, bei der die gleichen Ereignisse in jedem Band aus der Sicht einer anderen Erzählinstanz wiedergegeben werden, deren jeweilige psychologische Disposition und Werte- und Normensystem sich radikal voneinander unterscheiden. In seiner ersten Trilogie, zu der die Romane *Herself Surprised* (1941), *To be a Pilgrim* (1942) und *The Horse's Mouth* (1944) gehören, relativieren sich die drei Darstellungen wechselseitig. Zugleich kommt es durch die unvermittelte Kontrastierung der konträren Versionen zu einer unfreiwilligen Selbstenthüllung der drei Ich-Erzähler, der vitalen Sara Monday, die sich aus der Rückschau Rechenschaft über ihr ereignisreiches Leben ablegt, des Anwalts Thomas Wilcher und des Malers Gulley Jimson, die sich alle als mehr oder weniger unzuverlässige Erzähler entpuppen.

Henry Green

Zu den wichtigsten Neuerungen in den experimentellen Romanen der 30er und 40er Jahre zählen die Marginalisierung und Fragmentarisierung des ‚großen' historischen Geschehens, an dessen Stelle die Darstellung von erlebter Geschichte tritt. Neben JOYCE, WOOLF und CARY sind es vor allem Autoren wie HENRY GREEN, MALCOLM LOWRY und RICHARD HUGHES, die in ihren Werken das Interesse auf die Wahrnehmung von historischen Prozessen im Bewusstsein durchschnittlicher Figuren richten. Diese in der Tradition der modernistischen Innovationen stehenden Tendenzen zeigen sich etwa in den handlungsarmen Romanen von GREEN, einem der experimentierfreudigsten englischen Autoren der ersten Jahrhunderthälfte. So macht GREEN in den zur Zeit des Zweiten Weltkriegs spielenden Romanen *Caught* (1943) und *Loving* (1945), in denen der Einfluss FREUDS und KAFKAS erkennbar ist, ausgiebig Gebrauch von erlebter Rede und symbolischen Darstellungsverfahren. Im Zentrum des autobiographisch geprägten *Caught* stehen die Kriegserfahrungen des zum Feuerwehrdienst einberufenen Richard Roe, der in London Zeuge der Bombenangriffe wird und Geschichte im wahrsten Sinne des Wortes ‚von unten' erlebt. Ebenso wie in GREENS Romanen aus der Vorkriegszeit, *Living* (1929) und *Party-Going* (1939), die das Leben von Arbeitern bzw. einer Gruppe von reichen und vergnügungssüchtigen jungen Leuten schildern, sowie in seinen fast ganz aus Dialogen bestehenden späten Romanen (*Concluding*, 1948; *Nothing*, 1950;

Doting, 1952) liegt der Akzent auf der subtilen Schilderung der Beziehungen, Gefühle und Spannungen zwischen den Figuren, die in einer bestimmten Situation in einem relativ abgeschlossenen Raum ‚gefangen‘ sind.

Malcolm Lowry

Ebenso wie CARY und GREEN führte LOWRY in seinen Romanen die erzähltechnischen Experimente von JOYCE und WOOLF weiter. Auch LOWRY präsentiert Geschichte dominant als subjektiv wahrgenommenes Geschehen aus der Sicht von Individuen. Sein autobiographisch geprägtes Hauptwerk, der erfolgreich verfilmte Roman *Under the Volcano* (1947), verlagert den Akzent durch die erzählerische Vermittlung auf die Perzeption historischer Vorgänge. Dieser multiperspektivische Roman schildert den letzten Tag im Leben eines ehemaligen britischen Konsuls, der dem Alkohol verfallen ist. Die Existenz des Protagonisten, der sein Leben nur im selbstzerstörerischen Rausch erträgt, symbolisiert den Identitätsverlust und die Einsamkeit des modernen Menschen vor dem Hintergrund des Werteverfalls im 20. Jh. Zu den formalen Markenzeichen von LOWRYS experimenteller Erzählkunst zählen symbolreiche Landschaftsbeschreibung, assoziative Bewusstseinsdarstellung, komplexe Zeitstruktur und eine Vielzahl literarischer Anspielungen.

Richard Hughes

Deutlich wird der anhaltende Einfluss des modernistischen Erbes auch in den Romanen von HUGHES, die historische Ereignisse mit den im *modernism* entwickelten Erzähltechniken vergegenwärtigen. So stellt HUGHES in *A High Wind in Jamaica* (1929) kindliche Wirklichkeitserfahrungen ähnlich differenziert dar wie ELIZABETH BOWEN und ROSAMOND LEHMANN. In dem historischen Roman *The Fox in the Attic* (1961) beleuchtet HUGHES die mentalitätsgeschichtlichen Hintergründe, die zum Aufstieg des deutschen Faschismus führten, aus der begrenzten Wahrnehmungs- und Bewusstseinsperspektive des jungen englischen Adligen Augustine Pentry-Herbert, der zur Zeit von Hitlers Münchener Putschversuch im November 1923 eine befreundete Familie in Bayern besucht. Mittels modernistischer Erzähltechniken wie variabler interner Fokalisierung und multiperspektivischer Erzählweise entlarvt HUGHES die komplexen Verwicklungen von individuellem Erleben und politischen Verhältnissen.

Fazit

Der anhaltende Einfluss der modernistischen Innovationen beweist, dass auch die experimentelle Entwicklungslinie im englischen Roman eine gewisse Kontinuität aufweist. Obgleich sie in der Phase von etwa 1930 bis Ende der 50er Jahre nicht die vor-

---

31 Beckett, *Watt*. London: John Calder 1976, S. 74.

herrschende Tendenz ist, brechen die Experimente mit neuen Erzählformen nie ab. Sowohl die Traditionslinie des *female modernism* als auch die Romane von Autoren wie BECKETT, CARY, GREEN, LOWRY und HUGHES (man könnte noch LAWRENCE DURRELL, L. P. HARTLEY, ALDOUS HUXLEY, WYNDHAM LEWIS und FLANN O'BRIEN hinzufügen) bezeugen vielmehr, dass die Suche nach neuen literarischen Ausdrucksmöglichkeiten in jeder Entwicklungsphase mit unterschiedlicher Intensität betrieben wurde.

Gerade das Fortwirken modernistischer Tendenzen in den 30er und 40er Jahren verdeutlicht, dass die verbreitete Deutung des *modernism* als einer Flucht vor gesellschaftlichen Problemen erheblich zu kurz greift. Die modernistischen Formexperimente erweisen sich allein schon deshalb keineswegs als eskapistisch, weil sie die politischen Konflikte der 30er Jahre und die militärischen Ereignisse der Kriegsjahre keineswegs ausblenden. Vielmehr werden sie dadurch integriert, dass die geschichtlichen Wirklichkeitserfahrungen durchschnittlicher Menschen mit innovativen Darstellungstechniken als Bewusstseinsinhalte der Figuren perspektivisch gebrochen vermittelt werden. Letztlich schlägt sich daher auch in den modernistischen Romanen von scheinbar so unpolitischen Autorinnen und Autoren wie VIRGINIA WOOLF, ELIZABETH BOWEN und STEVIE SMITH oder JOYCE CARY, HENRY GREEN, MALCOLM LOWRY und RICHARD HUGHES jene epochenspezifische Politisierung des englischen Romans in den 30er und 40er Jahren nieder, die in den dokumentarischen, allegorischen oder utopischen Werken der als typisch geltenden *„Writers of the Thirties"* sehr viel direkter zum Ausdruck kommt. Auf je unterschiedliche Weise decken die Repräsentanten der verschiedenen Entwicklungslinien jene unheilvolle Durchdringung des Privaten und Politischen auf, die diese Phase zu einem kollektiven *„public nightmare"* und *„private nightmare"*[32] der europäischen Geschichte werden ließ. Als dieser Alptraum mit dem Ende des Zweiten Weltkriegs vorüber war, veränderte sich nicht nur die Themenwahl, sondern auch die Entwicklung der Erzählformen.

---

32 Hughes, *The Fox in the Attic*. London: Chatto & Windus 1992, S. 108.

5 KAPITEL Die Abkehr vom experimentellen Erzählen im realistischen Roman der 50er Jahre

In the 'fifties there was a strong feeling that this [the realistic novel] was the main road, the central tradition, of the English novel, coming down through the Victorians and Edwardians, temporarily diverted by modernist experimentalism, but subsequently restored [...] to its true course.

DAVID LODGE, The Novelist at the Crossroads[1]

1 „The Reaction against Experiment": Die Rückkehr zum Realismus

Verzicht auf Experimente

Wenn der Literaturkritiker und Romancier DAVID LODGE in dem vorangestellten Zitat bemerkt, der realistische Roman sei die für die 50er Jahre vorherrschende Gattungsausprägung, so bringt er damit eines der wichtigsten Merkmale dieser Phase zum Ausdruck: Die primär mit den sozialen Problemen der Gegenwart beschäftigten Romane der 50er Jahre haben überwiegend realistischen Charakter. Die Haupttendenzen dieser Phase sind die Rückkehr zum Erzählen und zu traditionellen Darstellungskonventionen, die Bevorzugung eines schlichten, an der Alltagssprache orientierten Stils sowie ein dominanter Gegenwartsbezug.[2] In dem weitgehenden Verzicht auf Experimente mit der Form manifestiert sich die Abkehr einer ganzen Generation von jungen Autoren vom Roman des Modernismus und eine Hinwendung zu einer konservativeren Erzählweise. Thematisch zeichnen sich die meisten Romane dieser Phase durch eine Auseinandersetzung mit den sozialen und moralischen Problemen der englischen Klassengesellschaft sowie eine weitgehende Abwendung von der Geschichte aus. Dass es sich dabei um ein zeitspezifisches Phänomen handelt, wird schon an den Parallelen zur Entwicklung des Dramas deutlich, das sich in dieser Dekade ebenfalls primär mit der zeitgenössischen Gesellschaft auseinandersetzte.

Entwicklungslinien

Besonders deutlich werden die realistischen Tendenzen in den Romanen der als *Angry Young Men* bezeichneten Autoren, deren Werke vielfach dem Genre des neopikaresken Romans angehören

---

1 Lodge, *The Novelist...*, S. 18.
2 Zum englischen Roman der 50er Jahre vgl. die Studien von Rabinovitz, Gindin, *Postwar...* und Schleussner.

und sozial- und gesellschaftskritischen Charakter haben (vgl. Kap. 5.2. und 5.3.). Eine Bevorzugung traditioneller Erzählformen kennzeichnet auch die in dieser Phase sehr populären realistischen Romanzyklen von Autoren wie C. P. SNOW und ANTHONY POWELL (5.4.). Neben der stark ausgeprägten realistischen Entwicklungslinie setzen sich jedoch auch experimentelle Tendenzen fort, die an den *modernism* anknüpfen und auf die weitere Entwicklung des englischen Romans in den 60er und 70er Jahren vorausweisen (5.5.).

② Der Mythos der *Angry Young Men*: Familienähnlichkeiten ihrer neopikaresken Romane

Angry Young Men

Als typische Vertreter dieser Phase gelten jene Autoren, die von der Literaturkritik unter dem Etikett *Angry Young Men* subsumiert werden. Diese Bezeichnung geht auf den zornigen Antihelden Jimmy Porter aus JOHN OSBORNES einflussreichem Bühnenstück *Look Back in Anger* (1956) zurück. Zur Gruppe der *Angry Young Men* werden Autoren wie KINGSLEY AMIS, JOHN BRAINE, ALAN SILLITOE, ANDREW SINCLAIR, JOHN WAIN und KEITH WATERHOUSE gerechnet, die in ihren antibürgerlichen Romanen Kritik am Establishment üben.[3] Dass bisweilen auch IRIS MURDOCH und DORIS LESSING zu den *Angry Young Men* gezählt werden, entbehrt nicht einer gewissen Komik und verdeutlicht beispielhaft die Fragwürdigkeit, die der Konstruktion literarischer Gruppen und Strömungen durch die Literaturkritik bisweilen anhaftet.

Gruppen-identität

Obgleich die Gruppenidentität der *Angry Young Men* umstritten ist, repräsentieren die antibürgerlichen Romane der mit diesem Begriff bezeichneten Autoren typische Tendenzen in der Entwicklung des englischen Romans in den 50er Jahren. In Romanen wie AMIS' *Lucky Jim* (1954), BRAINES *Room at the Top* (1957), SILLITOES *Saturday Night and Sunday Morning* (1958), SINCLAIRS *My Friend Judas* (1959), WAINS *Hurry on Down* (1953) und WATERHOUSES *Billy Liar* (1959) verliehen vermeintlich ‚zornige junge Männer' ihrer Protesthaltung gegenüber bürgerlichen Wertmaßstäben durch unkonventionelle Antihelden und deren Durchbrechung tradierter Tabus Ausdruck.

Familienähnlichkeiten der Werke der *Angry Young Men*

Der Mythos der *Angry Young Men* hat auch deshalb eine gewisse Berechtigung, weil die Werke der genannten Autoren eine Reihe deutlicher Familienähnlichkeiten aufweisen. Diese gründen in dem ausgeprägt mimetischen Charakter dieser Romane, der für den literarischen Realismus generell kennzeichnend ist: in dem Bemühen, die zeitgenössische Wirklichkeit möglichst naturgetreu, lebensecht und detailliert nachzuahmen. Diese generelle Tendenz

findet ihren Niederschlag in so unterschiedlichen Bereichen wie der Raumdarstellung, der Figurencharakterisierung sowie im Hinblick auf Sprache und Stil.

Raum-darstellung

Die Raumdarstellung dient primär dazu, das erzählte Geschehen wie einen Ausschnitt aus der zeitgenössischen Wirklichkeit erscheinen zu lassen. Zur Erweckung dieser Illusion tragen vor allem die präzise lokale Situierung der erzählten Welt, eine Vielzahl spezifischer Realitätsreferenzen sowie die ausführliche Beschreibung der Schauplätze, Innenräume und vieler Gegenstände des alltäglichen Lebens bei. Dieser Detailrealismus erzeugt nicht nur den für realistische Romane generell kennzeichnenden Eindruck von großer Wirklichkeitsnähe, sondern er fungiert auch als implizites Mittel der Figurencharakterisierung, weil er Hinweise auf die gesellschaftliche Stellung und materiellen Lebensverhältnisse der Figuren enthält.

Figuren-darstellung

Im Bereich der Figurendarstellung schlägt sich das mimetische Grundprinzip in der Individualisierung der meist männlichen Hauptfiguren nieder, die durch psychologische und soziologische Merkmale charakterisiert werden. Eine Tendenz zur Typisierung dominiert hingegen bei der Konzeption der Nebenfiguren, die oft eine soziale Schicht, eine Berufsgruppe oder einen bestimmten Charaktertyp repräsentieren. Zu den weiteren Grundprinzipien der Figurencharakterisierung gehören die präzise sozio-kulturelle Situierung der Figuren sowie eine realistische, psychologisch oder gesellschaftlich nachvollziehbare, Motivierung ihrer Handlungen und ihrer alters-, geschlechts- und klassenspezifischen Einstellungen. Darin schlägt sich der enge Bezug der realistischen Romane der 50er Jahre zur zeitgenössischen Klassengesellschaft nieder. Im Gegensatz zum psychologischen Realismus modernistischer Autoren verzichten die *Angry Young Men* jedoch auf ausführliche Bewusstseinsdarstellung. Der Akzent liegt auf der meist ereignishaften, handlungsreichen und spannenden Geschichte.

Stil

In stilistischer Hinsicht zeichnen sich die Romane der *Angry Young Men* dadurch aus, dass sie die gesprochene Alltagssprache nachahmen und Gebrauch von Slang, Kolloquialismen sowie Dialekten und Soziolekten machen. Die Sprache der Figuren ist ihrer jeweiligen familiären Herkunft und dem gesellschaftlichen und beruflichen Milieu angepasst. Trotz der damit verbundenen soziologischen Typisierung ist die Sprache in der Regel so stark individualisiert, dass sie der Perspektive der einzelnen Figur entspricht.

---

3 Als Einführung in die Romane dieser Autoren vgl. die informativen Darstellungen von Wolfgang Rothermel (zu Amis und Wain), Karl-Heinz Stoll (zu Braine), Sonja Bahn (zu Sillitoe) und Bruno Schleussner (zu Waterhouse) in dem von Drescher herausgegebenen Sammelband.

Themen-selektion	Verstärkt wird der Eindruck einer Familienähnlichkeit der Romane der *Angry Young Men* durch thematische Parallelen. Zu den bevorzugt behandelten Themen zählt die kritische Auseinandersetzung mit den sozialen, materiellen und ideologischen Problemen der englischen Klassengesellschaft in der Nachkriegszeit. Den thematischen Fokus bildet vielfach der soziale Aufstieg eines intellektuell interessierten jungen Mannes aus einfachen Verhältnissen oder zumindest dessen Streben nach Erfolg, Reichtum und Anerkennung.
Genre: neopikaresker Roman	Außerdem beruht die Ähnlichkeit der Werke der *Angry Young Men* darauf, dass sie dem Genre des neopikaresken Romans angehören, der in der Tradition des spanischen Schelmenromans und der pikaresken Abenteuerromane des 18. Jh.s (z. B. DANIEL DEFOES und HENRY FIELDINGS) steht.[4] Zu den Konventionen des neopikaresken Romans zählen die Figur des Antihelden, die episodische Handlungsstruktur, der häufige Zusammenstoß zwischen dem Protagonisten und Vertretern verschiedener Gesellschaftsschichten sowie die Ich-Erzählsituation.
Protagonist	Als Protagonist fungiert meist ein jugendlicher Antiheld, der aus kleinbürgerlichen Verhältnissen stammt, der Gesellschaft kritisch gegenübersteht und sich als Opfer fühlt. Zu seinen typischen Eigenschaften zählen Passivität, Unentschlossenheit und moralische Gleichgültigkeit. Diese Antihelden charakterisieren sich als Außenseiter und Nonkonformisten, die gegen die bürgerliche Gesellschaft innerlich rebellieren und ihr entfliehen wollen. Durch den Handlungsverlauf wird allerdings oft der Gegensatz hervorgehoben, der zwischen der anfänglichen Rebellion und der späteren Anpassung der Protagonisten an gesellschaftliche Normen besteht.
Struktur-prinzipien	Strukturprinzipien des neopikaresken Romans sind der ständige Ortswechsel des Helden, die (in der Tradition des pikaresken Romans stehende) Episodenhaftigkeit des meist einsträngigen, linearen und chronologisch wiedergegebenen Handlungsverlaufs, die szenische Erzählweise sowie das Muster von Wiederholung und Variation. Im Zentrum der kausal verknüpften Handlung steht ein Entwicklungsprozess, den die Protagonisten durchlaufen und bei dem Liebesbeziehungen eine Rolle spielen. Das erzählte Geschehen besteht aus einer Folge von harmlosen Abenteuern, in deren Verlauf der Protagonist in komische Situationen gerät. Die nur lose aneinandergereihten Episoden, die primär durch die Figur des Antihelden verknüpft sind, ermöglichen es, ein breites Spektrum komisch gezeichneter Typen einzuführen. Die Episoden enthalten vielfach treffende Milieuschilderungen, die sich zu einem satirischen Sittenbild der Zeit zusammenfügen.

Erzähl-verfahren	Zu den bevorzugten Erzählverfahren zählen die Ich-Erzählsituation, die Verwendung von humoristischen Dialogen sowie die szenische Schilderung von komischen Episoden. Die monoperspektivische Darstellung der fiktionalen Welt resultiert aus der für die Ich-Erzählsituation üblichen Beschränkung der Bewusstseinsdarstellung auf die Gedanken und Gefühle des Erzählers. Doch auch in Romanen mit einer personalen Erzählsituation wie AMIS' *Lucky Jim* und WAINS *Hurry on Down* werden die Informationen aus der Perspektive männlicher Protagonisten vergeben, die als Reflektorfiguren fungieren.
Frauen-darstellung	Außerdem ist eine Tendenz zu misogyner Frauendarstellung unübersehbar. Die Frauenfiguren in den Romanen der *Angry Young Men* werden aus männlicher Perspektive dargestellt und als passiv, dümmlich und fremdbestimmt gezeichnet. Besonders deutlich zeigt sich dies in den Werken von KINGSLEY AMIS, allen voran in dem unverblümt sexistischen Roman *Take a Girl Like You* (1960). Aber auch in BRAINES, SILLITOES, SINCLAIRS, WAINS und WATERHOUSES Romanen kommt die Darstellung der Frauenfiguren, die kaum mehr als Projektionen männlicher Phantasien sind, nicht über Weiblichkeitsstereotypen hinaus. Meist werden sie einem der herkömmlichen Frauenbilder zugeordnet und als dämonisierte Hure, Heilige, ‚alte Jungfer', idealisierte oder berechnende Geliebte, jungfräuliche Erlöserin oder dekoratives, aber unbedeutendes Anhängsel charakterisiert.
Sozialkritik	Die Romane der 50er Jahre entwerfen insgesamt ein von Komik und milder Sozialkritik geprägtes Bild der englischen Gesellschaft. Die satirische Grundtendenz wird dadurch relativiert, dass die Protagonisten die Werte und Normen der bürgerlichen Gesellschaft, gegen die sich die Satire primär richtet, letztlich akzeptieren. Die anfängliche Weigerung der Antihelden, sich in die Klassengesellschaft einzugliedern, bekundet zwar ein gewisses Maß an kritischem Engagement, aber dennoch ist die sozialkritische Tendenz, die den Werken der *Angry Young Men* bisweilen zugeschrieben wird, nicht überzubewerten. Lediglich bei WAIN und SILLITOE steht der Protest der Antihelden gegen die Normen des Establishments im Dienste moralisch-aufklärerischer Absichten. Hingegen erschöpft er sich bei AMIS, BRAINE, SINCLAIR und WATERHOUSE meist in oberflächlicher Komik und milder Sozialkritik, ohne dass ein alternatives Werte- und Normensystem deutlich würde.

---

4 Vgl. zum folgenden Schleussner und Broich, S. 143–175, die die Merkmale dieses Genres prägnant herausgearbeitet haben.

3 Kingsley Amis, John Braine, Alan Sillitoe, Andrew Sinclair, John Wain und Keith Waterhouse

Kingsley Amis, Lucky Jim

Beispielhaft zeigen sich die für viele neopikareske Romane der 50er Jahre typischen Merkmale in zwei komischen Romanen, AMIS' Universitätsroman *Lucky Jim* (1954) und WATERHOUSES *Billy Liar* (1959). *Lucky Jim* gilt nicht zuletzt deshalb als „*the exemplary Fifties novel*",[5] weil der Protagonist jenen Typus des unkonventionellen jugendlichen Antihelden verkörpert, der aus der Arbeiterschicht bzw. unteren Mittelschicht stammt, mit Vorliebe tradierte Tabus durchbricht und sich über Vertreter des Establishments lustig macht. Die Affinität von *Lucky Jim* zu den Konventionen des neopikaresken Romans gründen vor allem in der Figur des im Mittelpunkt stehenden Jim Dixon. Dieser nicht eben strebsame junge Universitätsdozent bringt seinem Fach, der mittelalterlichen Geschichte, keinerlei Interesse entgegen und fürchtet zu Recht um seine Stelle. In Jims Respektlosigkeit gegenüber traditionellem Bildungsgut und den Werten des Bildungsbürgertums, wie sie der komisch überzeichnete Professor Welch repräsentiert, sowie in der kolloquialen Ausdrucksweise manifestiert sich die Protesthaltung des unkonventionellen Protagonisten. Das Porträt dieses Antihelden weist viele der Züge auf, die Autoren wie AMIS, OSBORNE, SINCLAIR und WAIN die Bezeichnung ‚zornige junge Männer' eintrugen. Obgleich Jim im Verlaufe der episodisch strukturierten Handlung durch zahlreiche (zumeist unfreiwillige) Entgleisungen und Streiche scheinbar alles dafür tut, um seiner Universitätskarriere ein baldiges Ende zu bereiten, erweist er sich am Ende tatsächlich als ein Glückspilz. Allein wegen glücklicher äußerer Umstände (personifiziert in dem Kunstmäzen Gore-Urquhart, der als *deus ex machina* fungiert) wird er mit der Liebe einer attraktiven jungen Frau und einem lukrativen Sekretärsposten belohnt.

Komik

Komik und Gesellschaftssatire beruhen in *Lucky Jim* vor allem auf der monoperspektivischen erzählerischen Vermittlung. Das gesamte Geschehen wird durch Jims kritische Wahrnehmungs- und Bewusstseinsperspektive gefiltert; der Rezipient erhält dadurch Einblick in die oft grotesken Wunsch- und Phantasievorstellungen des Protagonisten. Dieser profiliert sich mehr durch sein Talent zum Schneiden von Grimassen als durch akademische Taten. Außerdem ist der Roman reich an Situationskomik und verbaler Komik. Mit der karikaturistischen Überzeichnung des reaktionären Universitätsbetriebs, dem komischen Antihelden und der Betonung der Abgeschlossenheit der Universität gegenüber der übrigen Gesellschaft weist *Lucky Jim* zudem typische Merkmale des im anglo-amerikanischen Kulturkreis populären Genres des Universitätsromans auf.[6]

**Keith
Waterhouse,
Billy Liar**

Repräsentativ für die thematischen und formalen Tendenzen dieser Phase ist auch WATERHOUSES *Billy Liar* (1959), der zu einem der bekanntesten humoristischen Romane der Nachkriegszeit avancierte. Mit seiner Konzentration auf das Schicksal eines einsamen Außenseiters, der amüsanten Erzählweise und der realistisch-satirischen Darstellung der englischen Klassengesellschaft entspricht *Billy Liar* den Haupttendenzen des englischen Romans der 50er Jahre. Im Mittelpunkt des in den 50er Jahren angesiedelten Geschehens steht der aus kleinbürgerlichen Verhältnissen stammende jugendliche Antiheld Billy Fisher, dem seine notorische Neigung zur Unwahrheit im Verlauf der auf einen Samstag beschränkten Handlung zum Verhängnis wird. Der als Ich-Erzähler fungierende Billy charakterisiert sich als Außenseiter, der des eintönigen Lebens in der fiktiven nordenglischen Kleinstadt Stradhoughton, in der er als Angestellter eines Bestattungsunternehmens tätig ist, überdrüssig ist. Er trägt sich deshalb mit der Absicht, die verhasste Provinz zu verlassen, um in London *gag-writer* bei einem Komiker zu werden. Aus seinem monotonen Alltag flüchtet der mit einer ausgeprägten Einbildungskraft ausgestattete Billy immer wieder in eine positiv besetzte Phantasiewelt, ein imaginäres Land namens ,Ambrosia', in dem er all jene glanzvollen Hauptrollen spielen kann, die ihm in der Realität verwehrt bleiben. Durch seine unkontrollierte Fabulierlust gerät Billy in zahlreiche unangenehme Situationen, aus denen der Roman auch einen Großteil seiner Komik bezieht. In einer Folge von komischen Episoden werden Billys Lügen, Unterschlagungen und Täuschungsmanöver nacheinander aufgedeckt, bis er schließlich vor seinen Eltern, seinem Chef und seinen beiden Verlobten und Freunden als der Lügner des Titels entlarvt ist. Orientierungslos und einmal mehr in Phantasievorstellungen versunken, verzichtet Billy am Ende des Romans darauf, seinen Entschluss, in London neue Möglichkeiten der Selbstverwirklichung zu suchen, in die Tat umzusetzen, und kehrt statt dessen in sein Elternhaus zurück. Der analytisch strukturierte Roman verdankt seine unterhaltsame und komische Wirkung vor allem der von Teenagerslang, Witz und Kolloquialismen geprägten Sprache des Erzählers, auf der auch die Komik der Figurendarstellung beruht.

**Andrew
Sinclair, My
Friend Judas**

Dem Strukturmuster des neopikaresken Romans folgt auch SIN-CLAIRS *My Friend Judas* (1959), der das Leben von Studenten an der Universität Cambridge Mitte der 50er Jahre schildert. Im Zentrum steht der Reifungsprozess des 21-jährigen Antihelden und Ich-Erzählers Benjamin Birt, dem ein Stipendium sein Studium ermög-

---

5 Bradbury, *The Modern*..., S. 320.
6 Vgl. zum Universitätsroman die Studien von Antor und Weiß.

licht. Im Verlauf der Handlung, die sich auf die Woche vor dem Abschlussexamen beschränkt, muss Ben seine anfangs rein an Äußerlichkeiten orientierte Einschätzung seiner Freunde und Bekannten revidieren. Nach einem theatralischen Selbstmordversuch verlässt er Cambridge in dem Bewusstsein, dass ihm sein mit mäßigem Erfolg absolviertes Studium nur bescheidene Berufsperspektiven eröffnet.

John Braine, Room at the Top

Durch einen noch stärker ausgeprägten Bezug zur zeitgenössischen Wirklichkeit zeichnen sich BRAINES Romane aus, von denen der erste, *Room at the Top* (1957), Züge des neopikaresken Romans aufweist. Wie viele Werke dieser Dekade kreist dieser Roman um den gesellschaftlichen Aufstieg eines aus der Arbeiterschicht stammenden Protagonisten, der zugleich als Ich-Erzähler fungiert. Im Gegensatz zu anderen Antihelden hat der ehrgeizige 25-jährige Joe Lampton, der rücksichtslos und egoistisch nach Erfolg strebt, die Werte und Normen der bürgerlichen Gesellschaft völlig internalisiert. Er hat sich zum Ziel gesetzt, durch berufliche Karriere seine bescheidende Herkunft zu überwinden, Reichtum und Statussymbole zu erlangen und an die Spitze zu kommen, was ihm durch die Heirat mit der Tochter eines reichen Industriellen auch gelingt. Die Titel des Romans und des als Fortsetzung konzipierten *Life at the Top* (1962), in dem Joes desillusioniertes Leben mit seiner Frau und seinen zwei Kindern dargestellt wird, verweisen auf die auf einem Hügel über der Stadt gelegene edle Wohngegend der wohlhabenden Schicht, die das Ziel seiner Träume war.

John Wain

Thematische und strukturelle Ähnlichkeiten mit den Romanen von AMIS, WATERHOUSE, SINCLAIR und BRAINE weisen auch die Werke WAINS auf. Vor allem sein Erstling *Hurry on Down* (1953), in dem modernistische Darstellungsverfahren parodiert werden, entspricht trotz der personalen Erzählsituation vielen Konventionen des neopikaresken Romans. Dies zeigt sich etwa in der Charakterisierung des Antihelden Charles Lumley, der die Doppelmoral der bürgerlichen Gesellschaft ablehnt, dem Thema des sozialen Aufstiegs aus kleinbürgerlichen Verhältnissen, der präzisen sozio-kulturellen Situierung der Hauptfiguren und der episodischen Handlungsstruktur. Auch WAINS nachfolgende Romane (*Living in the present*, 1955; *The Contenders*, 1955; *A Travelling Woman*, 1959) kreisen um für die 50er Jahre typische Themen wie Klassenbewusstsein, Konkurrenzkampf, Besitzstreben und Kritik an bürgerlichen Wertvorstellungen. Im Vergleich zu WAINS frühen Werken zeichnet sich der thematisch und formal ausgereiftere Roman *Strike the Father Dead* (1962), in dem ein Vater-Sohn-Konflikt aus der Rückschau und alternierend aus verschiedenen Perspektiven dargestellt wird, durch eine schlüssigere Handlung und eine komplexere Erzählstruktur aus. WAIN unterscheidet sich von den anderen

Angry Young Men durch sein stärker ausgeprägtes moralisches, humanitäres und gesellschaftskritisches Engagement. Seine Überzeugung, dass Künstler zu den zentralen Fragen ihrer Zeit Stellung zu beziehen haben und dass Literatur einen Beitrag zur Humanisierung leisten kann, und die auch in seinen späteren Romanen (*A Winter in the Hills*, 1970; *The Pardoner's Tale*, 1978) vorherrschende realistische Erzählweise stellen ihn in die Tradition der großen englischen Romanciers des 18. und 19. Jh.s.

Allan Sillitoe

Ebenfalls zu den ‚zornigen jungen Männern' der Nachkriegsliteratur wird der aus der Arbeiterschicht stammende SILLITOE gezählt, der als der bedeutendste zeitgenössische Vertreter der sozialkritischen Arbeiterliteratur in England gilt. Im Zentrum seiner umgangssprachlich erzählten, episodisch strukturierten und naturalistisch dargestellten Geschichten stehen das triste Alltagsleben und die auf das Wochenende konzentrierten Freizeitvergnügungen von nordenglischen Fabrikarbeitern.[7] Diese haben ein ausgeprägtes Bewusstsein ihrer Klassenzugehörigkeit, das in dem häufig verwendeten Wort ‚us' zum Ausdruck kommt, und stehen allen Institutionen und Vertretern der Obrigkeit (‚them') ablehnend und misstrauisch gegenüber. SILLITOES bekanntester und erfolgreich verfilmter Roman, *Saturday Night and Sunday Morning* (1958), kreist um die Auflehnung des jugendlichen Arbeiters Arthur Seaton gegen die Monotonie des mechanisierten Arbeitsalltags, die Obrigkeit und die Normen der etablierten Gesellschaft. Während sich Arthurs antibürgerliche Verweigerungshaltung primär in alkoholischen und sexuellen Ausschweifungen entlädt, schildert SILLITOE in *Key to the Door* (1961) anhand von Arthurs Bruder Brian die Entwicklung eines Intellektuellen aus der Arbeiterschicht.

Pamela Hansford Johnson

Obgleich das in Literaturgeschichten entworfene Bild vom englischen Roman der 50er Jahre vor allem vom Mythos der *Angry Young Men* geprägt ist, gibt es auch einige Autorinnen, in deren Werken sich die Abwendung vom Modernismus zeigt. So entsprechen HANSFORD JOHNSONS Romane mit ihrer konservativen Erzählweise und ihrer realistischen Darstellung menschlicher Beziehungen den Haupttendenzen des englischen Romans der 50er Jahre. Ein typisches Beispiel dafür ist etwa ihr satirischer Roman *The Unspeakable Skipton* (1959). Im Zentrum steht der 50-jährige Titelheld Daniel Skipton, ein paranoider Egozentriker, der sich selbst für einen großen, zu Unrecht verkannten Schriftsteller hält. Dieser freud- und freundlose Misanthrop, eine der zahlreichen Künst-

---

7 Eine ähnlich realistische Milieudarstellung prägt auch den ersten Roman des ebenfalls der Arbeiterschicht entstammenden David Storey, *This Sporting Life* (1960).

lergestalten der Autorin, leidet unter maßloser Selbstüberschätzung und chronischen finanziellen Schwierigkeiten. Der einsträngige und lineare Handlungsverlauf wird aus der das Geschehen verzerrenden Perspektive von Skipton vermittelt, dessen stimmungsabhängige Fehleinschätzungen seiner Umwelt zu einer unfreiwilligen Selbstentlarvung führen.

Doris Lessing

Der realistischen Erzähltradition sind auch LESSINGS frühe Werke zuzuordnen, die aufgrund ihrer sozialistischen Tendenz eine gewisse Affinität zu SILLITOES sozialkritischen Werken haben. Sowohl LESSINGS Romanerstling *The Grass is Singing* (1950) als auch die ersten drei Romane ihrer fünfbändigen Romanfolge „Children of Violence" (1952–1969), *Martha Quest* (1952), *A Proper Marriage* (1954) und *A Ripple from the Storm* (1958), die die Entwicklung der anfangs 15-jährigen Martha Quest in chronologischer Folge schildern, weisen sämtliche der oben genannten Konventionen realistischer Erzählkunst auf. Allerdings unterscheiden sich LESSINGS Werke dadurch von den Romanen der *Angry Young Men*, dass sie durch die Themenwahl und erzählerische Vermittlung weibliche Sehweisen privilegieren. Zudem liefern ihre dem Genre des weiblichen Bildungsromans angehörenden frühen Werke ein Korrektiv zur misogynen Frauendarstellung der *Angry Young Men*, indem sie den Subjekt-Status und die Diskriminierung der Frau in der patriarchalischen Gesellschaft betonen.

4 Englische Geschichte vom Ersten Weltkrieg bis zur Nachkriegszeit im Spiegel realistischer Romanzyklen: C. P. Snow und Anthony Powell

Romanzyklen

Die für die 50er Jahre typischen realistischen Tendenzen zeigen sich auch in der damals großen Popularität von Romanzyklen, einem Genre, dem auch LESSINGS „Children of Violence"-Zyklus angehört. Solche bisweilen auch als *saga novel* bzw. *roman-fleuve* bezeichneten Romanfolgen bestehen aus in sich abgeschlossenen und selbständigen Romanen, die durch thematische und formale Merkmale miteinander verbunden sind. Zu den kohärenzstiftenden Elementen zählen Figuren oder Erzähler, wiederkehrende Szenen, Themen und Motive, gleichbleibende Schauplätze sowie Erinnerungen an und Anspielungen auf frühere Ereignisse.

C. P. Snow, Anthony Powell

Die beiden bekanntesten dieser Romanzyklen sind CHARLES PERCY SNOWS elfbändige Romanfolge „Strangers and Brothers"(1940–1970) und ANTHONY POWELLS zwölfbändiger Zyklus „A Dance to the Music of Time" (1951–1975).[8] Zwischen diesen beiden Monumentalwerken gibt es zahlreiche thematische und formale Gemeinsamkeiten, die nochmals die wichtigsten Epochenmerkmale des Romans der 50er Jahre verdeutlichen. Snows und Powells Zyklen zeichnen sich durch einen schlichten Stil, eine relativ konventionelle Erzählweise und einen stark ausgeprägten Wirklichkeitsbezug auf, der durch eine Vielzahl spezifischer Realitätsreferenzen unterstrichen wird.

Konservativer Standpunkt

Im Vergleich zu den Werken der *Angry Young Men* sind Snows und Powells Romanzyklen jedoch weit weniger sozial- und gesellschaftskritisch. Vielmehr sind sie Ausdruck eines konservativen politischen Standpunktes, den auch die meisten Hauptfiguren in den beiden Romanfolgen repräsentieren. Zudem stammen die Figuren in Snows und Powells Werken vornehmlich aus der *upper middle class* und *upper class*. Während zum Personal von Snows Werken vor allem Adlige, hochstehende Regierungsbeamte, Parlamentsabgeordnete, Wissenschaftler, Intellektuelle und wohlhabende Bürger gehören, bezieht Powell auch Bohemiens und unbürgerliche Exzentriker ein. Ein weiterer Unterschied zu den *Angry Young Men* betrifft die – für das Genre des *roman-fleuve* generell charakteristische – epische Breite von Snows und Powells Romanzyklen.

Themenselektion

In thematischer Hinsicht ähneln sich Snows und Powells Romanfolgen insofern, als beide sehr figurenreich sind und ein historisch in etwa gleich breit angelegtes Panorama der englischen Gesellschaft von Beginn des Ersten Weltkriegs bis in die 60er Jahre entwerfen. Im Falle von Snows Zyklus erstreckt sich das erzählte Geschehen von 1914 bis 1968. Powell behandelt in seiner Alltagschronik in etwa die gleiche Zeitspanne, rückt jedoch die soziale Umstrukturierung der englischen Gesellschaft und den Niedergang traditioneller Werte stärker in den Mittelpunkt. Thematisch steht in beiden Romanzyklen der Konflikt zwischen dem Streben nach Macht, Erfolg und Ansehen und dem Gewissen und Verantwortungsbewusstsein des Einzelnen im Vordergrund.

Form

Die wichtigsten formalen Gemeinsamkeiten zwischen den beiden Zyklen betreffen die Rückkehr zum Realismus, die dominant szenische Erzählweise sowie die Wahl der Ich-Erzählsituation. In beiden Fällen wird das gesamte Geschehen aus der Perspektive eines Ich-Erzählers wiedergegeben, dessen Lebensweg neben einem Geflecht von thematischen Entsprechungen das wichtigste kohärenzstiftende Element ist, das die Romane verbindet. In Snows Zyklus fungiert der intelligente Jurist Lewis Eliot, ein Philanthrop,

---

8 Vgl. zu Snows und Powells Romanzyklen die Beiträge von Otto Oppertshäuser und Erwin Stürzl in dem von Drescher herausgegebenen Sammelband; zu Powell vgl. auch den Aufsatz von Walter T. Rix in dem von Bock und Wertheim herausgegebenen Band.

der über eine genaue Beobachtungsgabe verfügt, als sachlicher und zuverlässiger Berichterstatter. Auch die Romane von POWELLS Zyklus werden maßgeblich durch die Präsenz des Ich-Erzählers, Nicholas Jenkins, zusammengehalten, dessen Perspektive jedoch vergleichsweise subjektiver gefärbt erscheint.

Snow, „Strangers and Brothers"

SNOWS „Strangers and Brothers"-Zyklus ist im Vergleich zu POWELLS Werken thematisch stärker auf den öffentlichen und politischen Bereich konzentriert. Seine Romane kreisen um Themen wie Unterhauswahlen, die Frage der englischen Rüstungspolitik oder das atomare Wettrüsten zwischen den USA und der UdSSR. Im Zentrum steht „'high' politics", wie es in der *Author's Note* zur Erstausgabe des Romans *Corridors of Power* (1964) heißt, dessen Titel zu einem geflügelten Wort für die Manipulation politischer Macht geworden ist. Während im (bezogen auf das erzählte Geschehen) ersten (*Time of Hope*, 1949), mittleren (*Homecomings*, 1956) und letzten Roman (*Last Things*, 1970) von SNOWS Folge die persönliche Entwicklung und das innere Erleben des Protagonisten im Vordergrund steht, wird in den übrigen acht das Leben seiner Freunde und Bekannten aus seiner Perspektive geschildert. Darüber hinaus geht es SNOW in seinen didaktisch orientierten Romanen, die in der Tradition des politischen Romans und des Ideenromans stehen, auch darum, jene Kluft zwischen ‚den zwei Kulturen' zu überbrücken, in die England aus seiner Sicht zerfallen war und die er in seinem berühmten Vortrag *The Two Cultures and the Scientific Revolution* (1959) behandelte: die Kluft zwischen einer traditionsverhafteten Kultur und einer neuen Kultur, die das Ergebnis naturwissenschaftlicher Revolution ist.

Powell, „A Dance to the Music of Time"

Die Besonderheiten von POWELLS „A Dance to the Music of Time"-Zyklus bestehen darin, dass dieser im Vergleich zu SNOWS Romanen mehr an der privaten Lebenssphäre der Figuren interessiert ist. Im Zentrum der vier Trilogien, die POWELLS Romanfolge konstituieren, stehen die wesentlichen Lebensabschnitte des Protagonisten, dessen schreckliche Erlebnisse im Zweiten Weltkrieg Fokus der dritten Trilogie sind. Außerdem sind POWELLS vergangenheitsorientierte Romane, in denen das Walten des Zufalls bzw. der Glücksgöttin Fortuna eine große Rolle spielt, zudem weniger plotorientiert, und die Ereignischronologie wird häufiger durch Erinnerungen, Rückwendungen und Kommentare des Erzählers durchbrochen. Zudem zeichnet sich POWELLS Erzählweise durch einen subtilen Humor aus, der sich unter anderem in der an CHARLES DICKENS erinnernden Vorliebe für exzentrische Figuren zeigt. Dies rückt POWELLS Romane in die Nähe des komischen Sitten- und Gesellschaftsromans (*novel of manners*), ein Genre, dem neben EVELYN WAUGHS Werken auch POWELLS Zeitromane aus der Vorkriegszeit (z. B. *Afternoon Men*, 1931; *Venusberg*, 1932) angehören.

Entfernung von der realistischen Darstellungs- konvention	Darüber hinaus entfernt sich POWELLS Erzählweise im Gegensatz zu SNOWS Romanfolge im Verlauf des Zyklus zunehmend von realistischen Darstellungskonventionen. Dies zeigt sich etwa darin, dass wiederkehrende Mythen (allen voran der des Sisyphus) sowie die Leitmotive ‚Tanz‘ und ‚Musik‘ zu den kohärenzstiftenden Elementen der Romanfolge zählen, in der mythische, künstlerische und visuelle Elemente eine tragende Rolle spielen. Der Bezug des Titels des Zyklus zu dem POUSSIN-Gemälde „Die vier Jahreszeiten" (1663), das zu Anfang des ersten Romans der Folge (*A Question of Upbringing*, 1951) ausführlich beschrieben wird, enthält implizite Hinweise auf die dominanten Strukturprinzipien: das Element des Zyklischen, die Wiederholung und Variation wiederkehrender Grundsituationen und Konstellationen sowie das Kommen und Gehen der Figuren im zyklischen ‚Tanz der Zeit‘.
Weitere Romanzyklen	Neben SNOWS und POWELLS Romanen bezeugen auch die Werke anderer Autoren die für diese Phase typische Popularität realistisch erzählter Romanzyklen. Ein Beispiel dafür ist etwa HENRY WILLIAMSONS fünfzehnbändige Romanfolge „A Chronicle of Ancient Sunlight" (1951–1969), die bis in die 1880er Jahre zurückreichende fiktive Autobiographie eines Phillip Maddison, die aufgrund ihrer weit ausholenden Erzählweise und ihrer faschistischen Tendenzen nicht die gleiche Resonanz gefunden hat wie SNOWS und POWELLS Zyklen. Drei Trilogien, die sich schwerpunktmäßig mit der Geschichte des Zweiten Weltkriegs beschäftigen, sind EVELYN WAUGHS autobiographisch geprägte *The Sword Of Honour Trilogy* (1952–1961) sowie OLIVIA MANNINGS *The Balkan Trilogy* (1962–1965) und *The Levant Trilogy* (1977–1980).
Themati- sierung des 2. Weltkriegs	Darüber hinaus gibt es eine Vielzahl weiterer Autoren, deren Werke um die Vorgeschichte, den Verlauf und die Auswirkungen des Zweiten Weltkriegs kreisen.[9] Stellvertretend für viele andere seien etwa ELIZABETH BOWEN (*The Heat of the Day*, 1949), LEN DEIGHTON (*SS-GB: Nazi Occupied Britain 1941*, 1978) und LESLIE THOMAS (*The Magic Army*, 1981; *The Dearest and the Best: A Novel of 1940*, 1984) genannt. Im Vergleich zu der konventionellen Erzählweise, die in diesen Werken und den genannten Romanzyklen und Trilogien vorherrscht, haben vor allem MAUREEN DUFFY (*Change*, 1987), J. G. FARRELL (*The Singapore Grip*, 1973) und J. G. BALLARD (*Empire of the Sun*, 1984) dem Genre des Kriegsromans innovative Impulse gegeben.

---

9 Den besten Überblick darüber gibt Munton; vgl. auch Kap. 4 in Stevenson, *A Reader's*...

5 Gemäßigt experimentelle Tendenzen: Angus Wilson, Iris Murdoch, William Golding, Muriel Spark und Lawrence Durrell

Kontinuität des Modernismus

Trotz der Dominanz realistischer Tendenzen darf nicht übersehen werden, dass es in den Jahren nach dem Ende des Zweiten Weltkriegs auch gegenläufige Strömungen gab, die von einer gewissen Kontinuität in der Gattungsentwicklung zeugen. Dies liegt zum Teil daran, dass viele Autorinnen und Autoren der Vorkriegszeit auch nach 1945 weiterhin Romane veröffentlichten, die gängige literaturgeschichtliche Kategorisierungs- und Periodisierungsversuche durchkreuzen, weil sie keineswegs dem konventionellen Bild vom englischen Roman der 50er Jahre entsprechen. Stellvertretend für einige andere seien etwa die Werke von SAMUEL BECKETT, JOYCE CARY, GRAHAM GREENE, ALDOUS HUXLEY, CHRISTOPHER ISHERWOOD, GEORGE ORWELL, REX WARNER und EVELYN WAUGH genannt (vgl. Kap. 4). Zudem wirkten auch jene Tendenzen, die unter dem Etikett des *modernism* subsumiert werden, in den 40er, 50er und 60er Jahren fort. Besonders deutlich wird dies etwa in der Traditionslinie des *female modernism* (vgl. Kap. 4.5.). Diese wird in den 50er Jahren etwa durch ELIZABETH BOWEN (*A World of Love*, 1955), IVY COMPTON-BURNETT (*A Heritage and its History*, 1959), ROSAMOND LEHMANN (*The Echoing Grove*, 1953), BARBARA PYM (*Excellent Women*, 1952) und ELIZABETH TAYLOR (*Angel*, 1957) fortgeführt.

Bindeglieder zwischen *modernism* und 60er Jahren

Als Bindeglied zwischen der Phase des *modernism* und dem erneuten Aufschwung experimenteller Erzählverfahren ab den 60er Jahren sind außerdem einige Autorinnen und Autoren zu nennen, deren Werke keineswegs der recht konservativen Erzählweise entsprechen, die im realistischen Roman der 50er Jahre vorherrschend war. Dazu zählen JOHN BERGER, ANTHONY BURGESS (vgl. Kap. 6.6), ANGUS WILSON, IRIS MURDOCH und WILLIAM GOLDING, die in dieser Dekade ihre ersten Romane veröffentlichten.[10] Auch MURIEL SPARK und LAWRENCE DURRELL knüpfen in ihren Romanen mit metafiktionalen Verfahren, Techniken der Bewusstseinsdarstellung, anachronischen Zeitstrukturen und allegorischen Erzählverfahren an erzählerische Experimente des Modernismus an.[11]

Angus Wilson

Ungeachtet einiger Parallelen zu den oben beschriebenen Tendenzen des Realismus wird der anhaltende Einfluss des *modernism* in WILSONS Romanen der 50er Jahre deutlich, die Merkmale beider Entwicklungslinien verbinden. Einerseits stehen WILSONS Romane in thematischer und formaler Hinsicht in der Tradition der großen realistischen Erzähler des 19. Jh.s. Dies zeigt sich etwa in der humanistischen Themenwahl (z. B. Identitätssuche, Freiheit, Toleranz, Verlust verbindlicher Werte und Normen sowie Missbrauch von Macht), der ebenso detaillierten wie panoramisch breiten Raum- und Milieudarstellung, der Charakterisierung der oftmals exzentrischen Figuren, der genauen zeitgeschichtlichen Situierung des Geschehens, der mehrsträngigen Handlungsführung sowie der Schlussgebung. Andererseits knüpfen WILSONS Romane mit der ebenso ausführlichen wie differenzierten Bewusstseinsdarstellung, der anachronischen Zeitdarstellung (z. B. in *Anglo-Saxon Attitudes*, 1956), der multiperspektivischen Erzählweise und dem metaphernreichen Stil an formale Innovationen des Modernismus an. Drei weitere Merkmale, die WILSONS Romane von denen der *Angry Young Men* unterscheiden, sind ihre literarische Selbstreflexivität, die differenzierte Darstellung weiblicher Wirklichkeitserfahrung sowie die (auch bei MURDOCH und DURRELL zu findende) Auseinandersetzung mit dem Thema der Homosexualität und mit etablierten männlichen Rollenbildern. Das erste dieser Charakteristika manifestiert sich sowohl in der ausgiebigen Verwendung intertextueller Anspielungen (z. B. auf die Romane JANE AUSTENS und GEORGE ELIOTS) und der Adaption literarischer Vorlagen als auch in der Darstellung von Künstlern wie dem Schriftsteller Bernard Sands in *Hemlock and After* (1952). Beispielhaft für die zweite Besonderheit sind etwa die einfühlsamen Charakterisierungen von Meg Eliot in *The Middle Age of Mrs Eliot* (1958) und Sylvia Calvert in *Late Call* (1964), die nach dem Tod ihres Mannes bzw. in Sylvias Fall nach ihrer Verabschiedung als Leiterin eines kleinen Hotels einen Neuanfang und ein selbständiges Leben zu führen versuchen.

Iris Murdoch

Obgleich MURDOCH, die mit ihrem über 25 Romane umfassenden Œuvre eine der erfolgreichsten und produktivsten britischen Schriftstellerinnen der Nachkriegszeit ist, ebenfalls an Konventionen der realistischen Erzähltradition (allen voran an die lebensechte Figurendarstellung) anknüpft, stehen in ihren Werken nicht Aspekte der zeitgenössischen Wirklichkeit im Vordergrund, sondern anthropologische und philosophische Grundprobleme. Einerseits stellt MURDOCH in ihren spannend erzählten Geschichten, die meist in der englischen Mittelschicht spielen, menschliche Ver-

---

10 Zu Wilsons, Murdochs und Goldings Romanen vgl. die informativen Beiträge von Elmar Lehmann, Erhard Reckwitz und Ulrich Broich in dem von Imhof und Maack herausgegebenen Band *Der englische...* sowie die Aufsätze von Brigitte Scheer-Schäzler und Bernd Kahrmann in dem von Drescher herausgegebenen Sammelband.

11 Vgl. als Einführungen in Sparks und Durrells Romane die Beiträge von Günther Jarfe und Hartwig Isernhagen in Imhof/Maack sowie die Darstellungen von Norbert Müller und Wiklef Hoops in Dreschers Sammelband.

haltensweisen, Beziehungen, Werte, Ängste und Gefühle psychologisch nachvollziehbar dar. Andererseits werden ihre Romane durch magische Elemente, Mythen, bizarre Ereignisse und ein Netzwerk von Symbolen (oft verkörpert von Gegenständen und Orten) leitmotivisch durchzogen. Dass sich MURDOCH, die von 1948 bis 1963 als Dozentin für Philosophie tätig war, auch als Verfasserin von Essays und philosophischen Schriften (u. a. über SARTRE) einen Namen gemacht hat, schlägt sich in der Thematik ihrer Romane nieder. Diese beschäftigen sich mit menschlichen und philosophischen Grundfragen wie Liebe, der Suche nach Wahrheit, den Grenzen menschlicher Freiheit sowie Gegensätzen wie denen zwischen Gut und Böse, zwischen Kontingenz und Notwendigkeit oder zwischen anderen semantischen Oppositionen, die oft bereits durch die Titel hervorgehoben werden (z. B. *The Red and the Green*, 1965; *The Nice and the Good*, 1968; *Nuns and Soldiers*, 1980).

Besonderheiten von Murdochs Romanen

Trotz einiger struktureller und inhaltlicher Parallelen (z. B. Ich-Erzählsituation, episodische Handlungsstruktur, Suche nach Identität und Situationskomik) unterscheiden sich MURDOCHs Romane aus den 50er Jahren deutlich von der Tradition des neopikaresken Romans bzw. des realistischen Unterhaltungsromans, zu der sie oft gezählt werden. Der Titel ihres ersten Romans, *Under the Net* (1954), weist auf jenes Thema hin, das im Zentrum ihrer Werke steht: das Spannungsverhältnis, das zwischen dem selbstgesponnenen Netz egoistischer Wunschvorstellungen und der tatsächlichen Komplexität und Kontingenz der Wirklichkeit besteht. Die von Zufällen und Überraschungsmomenten geprägten Handlungsverläufe von MURDOCHs Romanen kreisen um die Zerstörung von falschen Selbstbildern, Ideologien und Theorien. Am Ende steht oft die nach einem Wandlungsprozess oder Bekehrungserlebnis gewonnene Einsicht von Figuren, dass die Illusionen, die sie über sich, über andere Figuren und über die Welt hatten, der Alterität der anderen und dem Leben nicht entsprechen. Typisch für MURDOCHs Romane ist außerdem eine bereits durch die Wahl des Schauplatzes begünstigte Konzentration auf eine kleine, nach außen weitgehend abgeschlossene Gesellschaft, wie sie sich auch in GOLDINGs und SPARKs Romanen oft findet. Beispielhaft dafür ist etwa die abgeschieden lebende religiöse Laiengemeinschaft in MURDOCHs *The Bell* (1958), die sich am Ende auflöst.

William Golding

Auch GOLDING, der 1983 den Literatur-Nobelpreis erhielt, entwickelte in den 50er Jahren eine originelle Erzählkunst, die jenseits der Hauptströmungen des englischen Nachkriegsromans angesiedelt ist. Sie wird von der Kritik als ein Versuch zu einer Synthese von realistischem Roman und allegorischer Sinngebung interpretiert. GOLDINGs didaktisch und metaphysisch geprägte

Romane, die meist in einem eng umgrenzten Raum spielen, behandeln zeitlose Grundprobleme der menschlichen Existenz. Seine allegorisch konzipierten frühen Romane *Lord of the Flies* (1954), *The Inheritors* (1955) und *Pincher Martin* (1956) setzen sich mit überzeitlichen moralischen und metaphysischen Problemen, vor allem dem Bösen im Menschen, auseinander. Formal zeichnen sich GOLDINGS zum Teil recht experimentelle Romane durch strenge Konstruktion, symbolreiche Sprache, anachronische Zeitstruktur und allegorische Darstellungstechniken aus. Die für seine Werke typische Distanz zur zeitgenössischen Wirklichkeit wird in einigen Romanen dadurch hervorgehoben, dass das fiktive Geschehen zeitlich oder räumlich weit entrückt ist. Während die in *The Inheritors* überwiegend aus der Sicht eines Neandertalers geschilderte Vernichtung eines Neandertalerstammes durch den Homo Sapiens in der Prähistorie angesiedelt ist, spielt die Handlung von *Lord of the Flies* in der Zukunft.

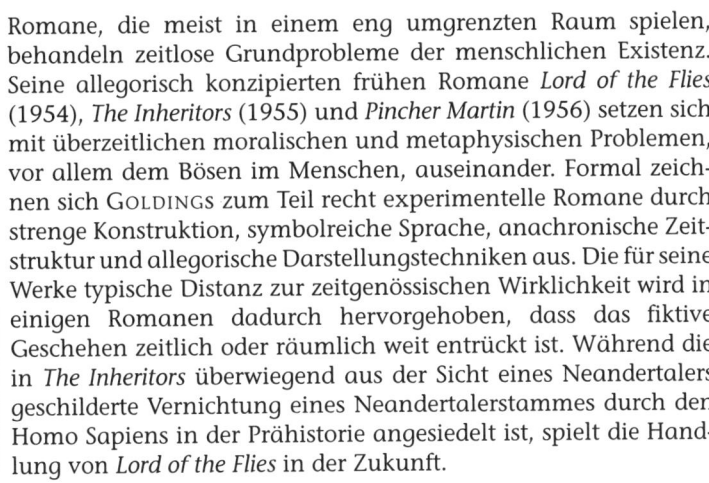

Lord of the Flies

Wie viele seiner kulturpessimistischen Werke kreist auch GOLDINGS bekanntester Roman, *Lord of the Flies*, um die Frage nach dem Wesen des Menschen, um den Verlust seiner Unschuld und um das Problem von Schuld und Sünde. Der Roman schildert die Geschichte einer Gruppe von Jungen, die nach der weitgehenden Zerstörung Englands bei einem Atomkrieg und dem Abschuss ihres Flugzeugs auf einer einsamen und unbewohnten Insel im Indischen Ozean gestrandet sind. Das anfänglich demokratische Verhalten der Kinder weicht im Handlungsverlauf einer diktatorisch-brutalen Lebensweise, die einem Rückfall in einen barbarischen Naturzustand gleichkommt.

Anti-Robinsonade

Ebenso wie GOLDINGS experimenteller Roman *Pincher Martin* zählt *Lord of the Flies* zum Genre der Anti-Robinsonade.[12] Einerseits steht *Lord of the Flies* aufgrund seiner thematischen, motivlichen und strukturellen Parallelen mit DANIEL DEFOES *Robinson Crusoe* (1719) und R. M. BALLANTYNES *The Coral Island* (1857) in der Tradition der Robinsonade. Andererseits unterscheidet sich GOLDINGS Roman mit seiner auktorialen Erzählsituation, der analytischen Vermittlung der Vorgeschichte und dem Scheitern der von den Kindern aufgebauten Inselzivilisation von den Konventionen dieses Genres, in dem üblicherweise die Ich-Erzählsituation, die chronologische Abfolge der durch das Reisemotiv vorgegebenen Handlungsschritte sowie der Sieg der Zivilisation vorherrschen.

Free Fall

Deutliche Abweichungen von den realistischen Erzählmustern der neopikaresken Romane der *Angry Young Men* finden sich auch in GOLDINGS *Free Fall* (1959), der um das Problem des Verlustes von

---

12 Zu den Merkmalen dieses Genres vgl. Broich, S. 57–93.

Freiheit und Unschuld kreist. Ähnlich wie in vielen Romanen des *modernism* wird darin das Spannungsverhältnis zwischen dem linearen Kontinuum der Uhrzeit und dem subjektiven Zeitempfinden der Hauptfigur betont. In *Free Fall* lenkt der Ich-Erzähler Sammy Mountjoy gleich zu Beginn die Aufmerksamkeit auf die Inkommensurabilität zwischen der linearen Abfolge der Ereignisse, die seine Lebensgeschichte konstituieren, und der erinnerten Zeit. Mit seiner analytischen und anachronischen Erzählstruktur und dem Aufweis der Subjektivität retrospektiver Sinnstiftungen erteilt *Free Fall* Prämissen neopikaresker Romane wie etwa der progressiven Zeitkonzeption, die durch das Bild der geraden Linie verkörpert wird, eine dezidierte Absage.

Muriel Spark

Die frühen Romane SPARKS zeichnen sich primär durch ein Spiel mit Fiktion und Wirklichkeit aus. SPARK, die auch Biographien, Lyrik und Kurzgeschichten veröffentlicht hat, verbindet in ihren durch stoffliche und erzählerische Ökonomie geprägten Kurzromanen realistische und experimentelle Darstellungsverfahren zu einer spielerischen Auseinandersetzung mit den Konventionen des Realismus. Die 1954 zum Katholizismus konvertierte Autorin, die daher ebenso wie EVELYN WAUGH und GRAHAM GREENE bisweilen als *catholic novelist* bezeichnet wird, entwirft in ihren Werken ein katholisches Welt- und Menschenbild. Das breite Spektrum der Themen reicht von den Problemen Heranwachsender in *The Prime of Miss Jean Brodie* (1961) bzw. älterer, vom Tod bedrohter Menschen in *Memento Mori* (1959) bis zur Frage nach der Authentizität des Lebens im Zeitalter der Medien im Roman *The Public Image* (1968). Ähnlich wie MURDOCH und GOLDING bevorzugt SPARK eine Beschränkung auf eine eng begrenzte und abgeschlossene Gesellschaft (z. B. die Sphäre eines Londoner Altersheims in *Memento Mori* oder eines Wohnheims für junge Stenotypistinnen in *The Girls of Slender Means*, 1963), die im Handlungsverlauf durch Einflüsse von außen in Aufruhr gebracht wird. Darüber hinaus gehören die ausgiebige Verwendung von Dialogen, eine zwischen verschiedenen Zeitebenen alternierende Erzählweise, spannungsreduzierende Vorausdeutungen, intertextuelle Anspielungen, ein oft phantastischer Handlungsverlauf, Ironie und Satire, der Rückgriff auf Aspekte des Übernatürlichen und grotesker Humor zu SPARKS bevorzugten Darstellungsmitteln.

The Comforters

Von SPARKS frühen Werken zeichnet sich neben der Anti-Robinsonade *Robinson* (1958) vor allem der metafiktionale Roman *The Comforters* (1957) durch eine gemäßigt experimentelle Erzählweise aus.[13] Im Mittelpunkt dieses Romans steht die Schriftstellerin Caroline Rose, die an einer literaturkritischen Studie über das Thema „Form in the Modern Novel" schreibt und die bezeichnenderweise Probleme mit dem Kapitel über den literarischen

Realismus hat. Einerseits knüpft dieser Roman an die realistische Erzähltradition an, indem er zunächst eine scheinbar konventionelle Geschichte erzählt. Diese enthält lebensecht wirkende, wenngleich satirisch überzeichnete Figuren, einen spannenden, aber von unwahrscheinlichen Zufällen durchzogenen Handlungsverlauf und thematische Ingredienzen eines Kriminalromans (z. B. Schmuggel, Erpressung und geheimnisvolle Begebenheiten). Andererseits findet sich in *The Comforters* bereits ein breites Spektrum von selbstreflexiven und metafiktionalen Erzählstrategien, die zur Illusionsstörung beitragen. Diese reichen von vielen motivierten Bezügen auf Literatur im Figurendialog über das – qua realistischer Konvention unmögliche – Fiktionsbewusstsein der Protagonistin, die Stimmen und die Geräusche einer Schreibmaschine hört und zunehmend den Eindruck gewinnt, eine der Figuren eines Romans zu sein, bis zu expliziten Formen von Metafiktion wie dem folgenden illusionsdurchbrechenden Erzählerkommentar: *„At this point in the narrative, it might be as well to state that the characters in this novel are all fictitious, and do not refer to any living persons whatsoever."*[14]

Lawrence Durrell

Obgleich solche Formen der Illusionszerstörung in DURRELLS umfangreichem Romanwerk fehlen, zeichnet sich dieses durch ausgeprägte formale Experimentierfreudigkeit und noch stärkere Abweichungen von realistischen Konventionen aus. In thematischer Hinsicht kreisen seine Werke um einige wiederkehrende Themen wie Kunst, Liebe, Sexualität und Erotik, die Problematik des Künstlerdaseins und Identitätsfindung. Formal knüpfen DURRELLS Romane z. B. mit ihrer differenzierten Bewusstseinsdarstellung, der impressionistischen und subjektiv gefärbten Raum-, Figuren- und Wirklichkeitsdarstellung, der multiperspektivischen Auffächerung des erzählten Geschehens, der Ersetzung der Chronologie durch andere Kohärenzprinzipien, der leitmotivischen Verwendung von Metaphern sowie dem hohen Grad an Intertextualität und Rückbezüglichkeit an die Experimente des *modernism* an.

The Alexandria Quartet

In seinem berühmtesten Werk, der als *The Alexandria Quartet* (1957–1960) bekannten Romantetralogie, verbindet DURRELL Merkmale des Künstler-, Entwicklungs-, Ideen- und Großstadtromans, um das Verhältnis zwischen Fiktion und Wirklichkeit einer grundlegenden Überprüfung zu unterziehen. Programmatisch verkündet DURRELL in dem der Gesamtausgabe vorangestellten Vorwort,

---

13 Zur literaturgeschichtlichen Bedeutung dieses Romans vgl. Wolf, *Ästhetische...*, S. 699–718.
14 Spark, *The Comforters*. Harmondsworth: Penguin 1963, S. 69; vgl. auch ebd., S. 137, 181 und 202.

dass das *Alexandria Quartet* als ein literarischer Versuch konzipiert sei, eine auf der Relativitätstheorie basierende Prosaform zu entwickeln, die als Alternative zur Struktur konventioneller Romanzyklen (dem *roman-fleuve*) intendiert sei:

> *In trying to work out my form I adopted, as a rough analogy, the relativity proposition. The first three were related in an intercalary fashion, being 'siblings' of each other and not 'sequels'; only the last novel was intended to be a true sequel and to unleash the time dimension. The whole was intended as a challenge to the serial form of the conventional novel: the time-saturated novel of the day.*[15]

Perspektivenstruktur

Diese Absicht findet in den vier Romanen ihren Niederschlag in einer multiperspektivischen Erzählstruktur, durch die dieselben Ereignisse auf jeweils anderen Raum- und Zeitebenen sowie aus unterschiedlichen Perspektiven vermittelt werden. In den ersten drei Romanen, *Justine* (1957), *Balthazar* (1958) und dem auktorial erzählten *Mountolive* (1958), werden die gleichen Ereignisse aus jeweils unterschiedlichen Figuren- bzw. Erzählerperspektiven geschildert. Chronologisch fortgeführt wird die Erzählung in *Clea* (1960), dem letzten Roman der Tetralogie, die DURRELL als eine Untersuchung über die moderne Liebe charakterisiert. Der Protagonist Darley, der in den ersten beiden Romanen und in *Clea* als Ich-Erzähler fungiert, muss immer wieder einsehen, dass er die Liebesbeziehungen zwischen Justine und sich (sowie einigen anderen Figuren) völlig falsch eingeschätzt hat. Darleys Desillusionierung führt zur Einsicht in die Subjektivität, Perspektivität und Relativität jeder Wirklichkeitssicht und Erfahrung. Durch die auf die Postmoderne vorausweisende Raum- und Zeitstruktur, die fragmentarische, montagehafte und intertextuelle Form, die Auflösung des festen Charakters sowie die Perspektivenvielfalt werden herkömmliche Vorstellungen von Wirklichkeit, Wahrheit, Erkenntnis und Identität relativiert.

6 Ausblick: Die Kontinuität realistischen und experimentellen Erzählens

realistische Erzählweise

Es ist bezeichnend für die Kontinuität beider Entwicklungslinien, des realistischen und des experimentellen Erzählens, dass die meisten der in diesem Kapitel behandelten Autorinnen und Autoren ihrer einmal gewählten Erzählweise auch in ihren späteren Werken treu blieben.[16] Von vereinzelten Ausnahmen abgesehen halten sowohl KINGSLEY AMIS, JOHN BRAINE, ALAN SILLITOE, JOHN WAIN und KEITH WATERHOUSE als auch C. P. SNOW und ANTHONY POWELL in ihren Romanen der 60er und 70er Jahre an realistischen Konventionen fest. Beispielhaft zeigt sich dies anhand der

Romane von KINGSLEY AMIS, der zwar mit seinen nachfolgenden Werken (*That Uncertain Feeling*, 1955; *I Like It Here*, 1958; *One Fat Englishman*, 1963; *I Want It Now*, 1968; *Girl, 20*, 1971) nicht an den großen Erfolg von *Lucky Jim* anknüpfen konnte, aber noch in dem 1986 mit dem *Booker Prize* ausgezeichneten Gesellschaftsroman *The Old Devils* auf die in den meisten seiner Romane vorherrschende realistische Erzählweise zurückgriff.[17]

Gemäßigte formale Experimente

Ebenso setzen ANGUS WILSON, IRIS MURDOCH, WILLIAM GOLDING, MURIEL SPARK und LAWRENCE DURRELL in den 60er und 70er Jahren ihre zumeist gemäßigten formalen Experimente fort. Dies zeigt sich etwa anhand folgender Beispiele: WILSONS Verwendung innovativer Darstellungsverfahren wie multiperspektivischem Erzählen und Spiel mit literarischen Parodien in *No Laughing Matter* (1967) und *As If By Magic* (1973); MURDOCHS Relativierung von Wahrheit durch die Kontrastierung einander widersprechender Perspektiven in *The Black Prince* (1973); SPARKS Auseinandersetzung mit dem Verhältnis von Fiktion und Wirklichkeit in *Loitering with Intent* (1981); GOLDINGS Experimente mit wechselnden Erzählperspektiven in *Darkness Visible* (1979); sowie der anachronischen und multiperspektivischen Struktur von DURRELLS fünfbändigem Romanzyklus *The Avignon Quintet* (1974–1985).

Experimentelles Erzählen

Allerdings dürfte es kaum ein Zufall sein, dass die meisten der Autoren, deren Romane der Entwicklungslinie des experimentellen Erzählens von den 30er bis zu den 60er Jahren Kontinuität verleihen, nicht in England geboren sind (z. B. die in Irland geborenen BECKETT, ELIZABETH BOWEN, CARY und FLANN O'BRIEN), dort nie recht heimisch wurden (z. B. DURRELL, LOWRY und JEAN RHYS) bzw. mit ihren Romanen beim englischen Lesepublikum zunächst wenig Resonanz fanden (z. B. GREEN, HUGHES, CHARLES MORGAN und STEVIE SMITH). Dieser Umstand ist vielmehr bezeichnend dafür, dass die realistische Erzähltradition für die englische Literatur bis weit in das 20. Jh. hinein vorherrschend geblieben ist.

---

15 Durrell, *The Alexandria Quartet*, S. 9.
16 Signifikante Ausnahmen sind etwa Doris Lessing, Andrew Sinclair und David Storey; vgl. dazu Kap. 6.6. und 6.7.
17 Nicht ganz der realistischen Erzähltradition entsprechende Ausnahmen im Romanwerk von Kingsley Amis sind der dystopische Spionagethriller *The Anti-Death League* (1966), die Geistergeschichte *The Green Man* (1969), der Detektivroman *The Riverside Villas Murder* (1973) sowie die parahistorischen Romane *The Alteration* (1976) und *Russian Hide And Seek* (1980), in denen Amis Konventionen populärer Genres adaptierte.

Synchrones Spektrum	Im synchronen Spektrum der Romanproduktion der 50er Jahre stellen experimentelle Romane, die in der Tradition des *modernism* stehen oder auf innovative Weise das Verhältnis zwischen Fiktion und Wirklichkeit ausloten, insgesamt eher eine Randerscheinung als einen signifikanten Trend dar. Gleichwohl relativiert das Fortleben experimentellen Erzählens, das nicht nur die Romane SPARKS, GOLDINGS und DURRELLS, sondern auch BECKETTS, CARYS, GREENS und LOWRYS Werke repräsentieren, doch erheblich das einseitige Bild, das die Literaturkritik mit der These von der vermeintlichen ‚Rückkehr zum Realismus' als dem zentralen Merkmal der 50er Jahre entworfen hat.[18] Die experimentellen Tendenzen zeugen von einer gewissen Kontinuität in der literarischen Evolution und von dem dauerhaften Einfluss, den die Formexperimente des *modernism* ausübten. Außerdem weisen sie voraus auf die weiteren Entwicklungslinien des englischen Romans in den 60er und 70er Jahren, die im folgenden Kapitel nachgezeichnet werden.

---

18 Zu einer ähnlich modifizierten Einschätzung des Romans der 50er Jahre vgl. Bradbury, *The Modern...*, S. 264–334 sowie Wolf, „Radikalität...", S. 36–41.

Formexperimente und Geschichtsrevision im Roman der 60er und 70er Jahre

KAPITEL

'It's a special form of scholarly neurosis,' said Camel.
'He's no longer able to distinguish between life and literature.'
'Oh yes I can,' said Adam. 'Literature is mostly about having sex and not much about having children. Life is the other way round.'

DAVID LODGE, *The British Museum is Falling Down*[1]

1 Thematische und formale Tendenzen

Epochen-spezifische Tendenzen

Das vorangestellte Bonmot aus LODGES parodistischem Roman *The British Museum is Falling Down* (1965) lässt gleich in mehrfacher Hinsicht epochenspezifische Tendenzen des englischen Romans der 60er und 70er Jahre erkennen.[2] Die für diese Phase typische Dissoziation von Erotik und Moral sowie die freizügigere Darstellung von Sexualität sind als Reflex der Liberalisierung sexueller Gepflogenheiten in der *permissive society* zu sehen.[3] Außerdem wird das in den 50er Jahren nur vereinzelt problematisierte Verhältnis zwischen Fiktion und Wirklichkeit nun zu einem zentralen Thema vieler Romane. Diese zunehmende ästhetische Selbstreflexivität, die von einer veränderten Haltung gegenüber etablierten literarischen Konventionen zeugt, ist eines der wichtigsten Merkmale der Romanentwicklung in dieser Phase:

The developments of British fiction over the Sixties [. . .] show a changed attitude to the familiar constituents of a fiction – a new obsession with the nature of a genre, the status of a text, the shape of a plot, the weight of a character, the burden of narrative, the sense of an ending. [. . .] British fiction in the Sixties was going through a period of rising self-consciousness.[4]

Experimentierfreudigkeit

Die bis Ende der 50er Jahre vorherrschenden realistischen Konventionen werden in den folgenden Dekaden durch experimentelle und metafiktionale Tendenzen überlagert. Durch die größere

---

1 Lodge, *The British Museum is Falling Down*. Harmondsworth: Penguin 1983, S. 56.
2 Als Einführung in die Romanentwicklung in dieser Phase vgl. Bergonzi, Bradbury, *The Modern...*, S. 353–393, Lengeler, Massie und Stevenson, *A Reader's...*, S. 98–125.
3 Zur Darstellung von Sexualität im englischen Roman seit 1945 vgl. das Kapitel „Sex and Sensibility" in Taylor, S. 216–238.
4 Bradbury, *The Modern...*, S. 350, 374.

Experimentierfreudigkeit kommt es zu einer Pluralisierung der Themen, Erzählformen und Genres. Diese lassen sich nicht mehr zu ein oder zwei Entwicklungstrends bündeln, sondern verlangen eine differenziertere typologische Herangehensweise. Zunächst werden daher in diesem Kapitel mit LODGES Metapher vom *novelist at the crossroads* (6.2.) und mit der Abstufung verschiedener Ausprägungen des Romans zwischen den Polen der ästhetischen Illusionsbildung und Illusionsverweigerung (6.3.) zwei Modelle vorgestellt, die es ermöglichen, mit literaturwissenschaftlichen Mitteln Ordnung in die zunehmend unübersichtliche Entwicklung des Romans seit den 60er Jahren zu bringen.

Neue Themenbereiche

Trotz der großen Bandbreite gibt es einige Erscheinungsformen des Romans, die in thematischer bzw. formaler Hinsicht besonders typisch sind für diese Entwicklungsphase. Sieht man einmal ab von jenen Problemen, die bereits in Romanen der 50er Jahre im Zentrum standen und mit denen sich auch viele Romane seit den 60er Jahren beschäftigen, so fallen vor allem zwei Themenbereiche ins Auge, die in dieser Phase bevorzugt behandelt werden: zum einen die dominant realistische und kritische Auseinandersetzung mit der Stellung der Frau in der zeitgenössischen Gesellschaft aus feministischer Perspektive – eine Tendenz, die in engem Zusammenhang mit der Geschichte der Frauenbewegung steht, die in dieser Zeit ebenfalls einen neuen Aufschwung erlebte (6.4.); zum anderen die Rückbesinnung auf geschichtliche Stoffe, die zu einer Renaissance des historischen Romans geführt hat und die sich vor allem an Romanen zeigt, die sich mit dem Niedergang der britischen Herrschaft in Indien beschäftigen (6.5.).

Experimentelle Erzählverfahren

Diese thematischen Präferenzen gehen in Romanen der 60er und 70er Jahre einher mit innovativen Tendenzen im Bereich der Darstellungsformen. In dieser Phase wird die realistische Erzählweise zunehmend überlagert durch ein breiter werdendes Spektrum experimenteller Verfahren. Dieses reicht von gemäßigten Varianten, die sich durch eine Verbindung realistischer, innovativer und metafiktionaler Verfahren auszeichnen (6.6.), bis zu radikalen Formen experimentellen Erzählens (6.7.).

2 „The Novelist at the Crossroads"

Modell des englischen Gegenwartsromans

Das wohl bekannteste Modell des englischen Gegenwartsromans ist die anschauliche Metapher vom *novelist at the crossroads*, die der Literaturkritiker und Romanautor LODGE im Jahre 1969 prägte. LODGE geht dabei von den unterschiedlichen Schreibweisen aus, durch die sich verschiedene Ausprägungen des Romans unterscheiden lassen. Der zeitgenössische Romancier, so LODGE,

befinde sich gleichsam an einer Wegkreuzung, die ihm folgende Möglichkeiten zur Fortsetzung seiner schriftstellerischen Reise anbiete: Er oder sie könne auf der Hauptstraße des traditionellen realistischen Romans bleiben oder eine der beiden Abzweigungen zu nehmen, die vom realistischen Roman wegführen. Als Nebenstraßen nennt LODGE den dokumentarischen Modus der *non-fiction novel* und die experimentellen Erzählverfahren, die unter dem von SCHOLES geprägten Begriff *fabulation* zusammengefasst werden.

Non-fiction novel

Das konstitutive Merkmal dokumentarischer Spielarten des Romans besteht darin, dass sie um Authentizität bemüht sind. Dies schlägt sich darin nieder, dass sie überwiegend historisch belegte Ereignisse schildern, dass viele Elemente ihres Textrepertoires direkt referentialisierbar sind und dass sie sich journalistischer Schreibweisen bedienen. Diese Tendenzen hin zu einem dokumentarischen Realismus werden durch Oxymora wie *non-fiction novel* oder *faction* auf ebenso paradoxe wie treffende Weise bezeichnet.[5]

Fabulation

Im Gegensatz dazu sind die mit dem Begriff *fabulation* bezeichneten experimentellen Erzählformen im Grenzbereich zwischen Fiktion, Mythos und Geschichte angesiedelt.[6] Deren Verwendung in den Romanen von ANTHONY BURGESS, ANGELA CARTER, SALMAN RUSHDIE und D. M. THOMAS ist zu Recht mit dem *magic realism* lateinamerikanischer Provenienz in Verbindung gebracht worden. Zur Kategorie der *fabulation* sind darüber hinaus auch populäre nichtrealistische Romangenres wie Science Fiction und Fantasy-Romane zu zählen.

Problematic novel

Darüber hinaus gibt es LODGE zufolge aber noch eine weitere Möglichkeit: Anstatt sich für einen dieser Wege zu entscheiden, können Romanautoren auch an der Wegkreuzung innehalten und die Reflexion über die verschiedenen Optionen zum Thema des Romans machen. Das Ergebnis sind Spielarten des selbstreflexiven bzw. metafiktionalen Romans, die Lodge unter dem Begriff *problematic novel* subsumiert.

Tragweite von Lodges Metapher

Obgleich das von LODGE entworfene Bild zu vage ist, um die Vielfalt der Erscheinungsformen des Romans differenziert erfassen zu können, hat seine Bestandsaufnahme von 1969 aus der Rückschau betrachtet einen erstaunlich prognostischen Charakter: Sie steckt auf anschauliche Weise die Richtungen ab, in denen die Ent-

---

5 Zum Begriff *documentary realism* vgl. die gleichnamige Studie von Sauerberg; einen Überblick über die neuere Forschungsliteratur zur *non-fiction novel* und zu ähnlichen Genres gibt Nünning, „Mapping...".
6 Zu diesen experimentellen Tendenzen vgl. die beiden Studien von Scholes, *Structural...* und *Fabulation...* sowie Maack, *Der experimentelle...*

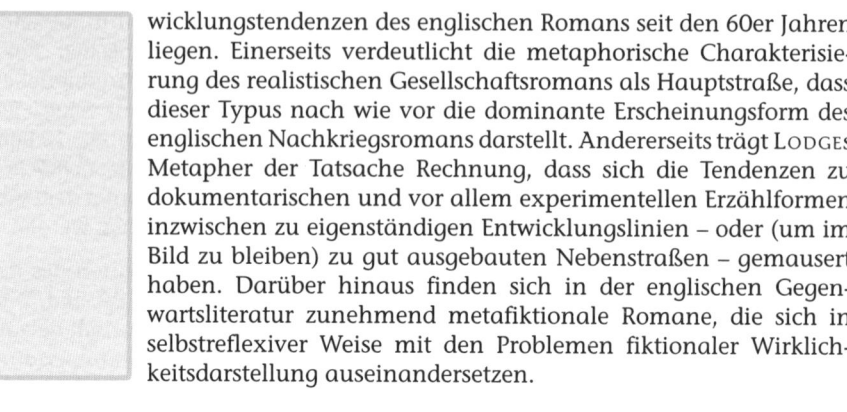

wicklungstendenzen des englischen Romans seit den 60er Jahren liegen. Einerseits verdeutlicht die metaphorische Charakterisierung des realistischen Gesellschaftsromans als Hauptstraße, dass dieser Typus nach wie vor die dominante Erscheinungsform des englischen Nachkriegsromans darstellt. Andererseits trägt LODGES Metapher der Tatsache Rechnung, dass sich die Tendenzen zu dokumentarischen und vor allem experimentellen Erzählformen inzwischen zu eigenständigen Entwicklungslinien – oder (um im Bild zu bleiben) zu gut ausgebauten Nebenstraßen – gemausert haben. Darüber hinaus finden sich in der englischen Gegenwartsliteratur zunehmend metafiktionale Romane, die sich in selbstreflexiver Weise mit den Problemen fiktionaler Wirklichkeitsdarstellung auseinandersetzen.

3 Erscheinungsformen des Romans zwischen Illusionsbildung und Illusionsverweigerung

Varianten des experimentellen Erzählens

Hilfreich für eine über LODGES Bild hinausreichende typologische Systematisierung des Romans ist die Unterscheidung zwischen einer radikalen und einer gemäßigten Variante des experimentellen Erzählens.[7] Typisch für die gemäßigte Form ist ein intertextuelles Spiel mit den Konventionen populärer Genres, *„in dem sich parodistische Distanz und nostalgische Wiederinszenierung"*[8] verbinden. Im Gegensatz dazu zeichnet sich die radikalere Spielart des Postmodernismus durch einen hohen Grad an Metafiktionalität, konsequente Durchbrechung oder Verweigerung der Illusionsbildung und die Häufung experimenteller Darstellungsverfahren aus, die die Kohärenz der erzählten Geschichte entwerten.

Skalierung von Typen des Erzählens

Diese Unterscheidung zwischen einer radikalen und einer gemäßigten Variante des experimentellen Erzählens verdeutlicht, dass sich zwischen den Polen der realistischen Erzähltradition und der experimentellen Poetik des Postmodernismus eine breite Skala unterschiedlicher Erscheinungsformen des Romans entfaltet. Wie eine weitere Differenzierung aussehen könnte, verdeutlicht WERNER WOLFS wegweisende Skalierung verschiedener Typen des Erzählens gemäß des wirkungsästhetischen Kriteriums, in welchem Maße die ästhetische Illusion aufrechterhalten oder gestört wird. Obgleich WOLF konzediert, dass es auf der Skala zwischen den Polen der ausgeprägten Illusionsbildung, wie sie für den realistischen Roman charakteristisch ist, und der Illusionsverweigerung, wie sie sich in einigen radikal experimentellen Romanen findet, kontinuierliche Übergänge und zahlreiche Zwischenstufen gibt, schlägt er eine sinnvolle Aufteilung des Kontinuums in fünf Bereiche vor.

Grad der Illusionsbildung

Die Pole dieses Spektrums werden von den Typen der konsequenten Illusionsbildung, die als ‚*hard illusion*' bezeichnet wird, und der Illusionsverweigerung als einer Extremform antiillusionistischen Erzählens markiert. Zwischen diesen Polen befinden sich drei weitere Typen: Texte, die eine leicht gebrochene Illusion (‚*soft illusion*') vermitteln, Romane, die durchaus Illusionsbildung ermöglichen, aber zugleich gemäßigte Formen von antiillusionistischem Erzählen (‚*soft anti-illusion*') enthalten, und experimentelle Werke, die sich durch dezidierte Illusionsstörung (‚*hard anti-illusion*') auszeichnen. Die folgende schematische Darstellung verdeutlicht dieses Stufenmodell, bei dem von links nach rechts der Grad an Illusionsbildung geringer wird, während das Potential an Illusionsstörung zunimmt. Eine solche wirkungsästhetische Abstufung verschiedener Typen des Erzählens ermöglicht eine differenzierte Klassifikation von Romanen auf einer einheitlichen Skala:

Illusionsbildung	gemäßigte Illusionsbildung	gemäßigte Illusionsstörung	starke Illusionsstörung	Illusionsverweigerung
Angry Young Men	W. Golding	A. Burgess	J. Berger	Ch. Brooke-Rose
C. P. Snow	I. Murdoch	L. Durrell	B. Brophy	G. Josipovici
A. Powell	A. Wilson	J. Fowles	A. Carter	
A. Brookner	J. G. Farrell	M. Spark	F. Figes	
M. Drabble	P. Scott	D. Lodge	B. S. Johnson	
E. O'Brien	A. S. Byatt		A. Sinclair	
B. Pym	P. Lively		S. Rushdie	
E. Taylor			D. M. Thomas	
			J. Winterson	

Ausgeprägte Illusionsbildung

Darüber hinaus liefert eine solche Skala Anhaltspunkte, um das vorherrschende Bild vom englischen Roman der Nachkriegszeit zu korrigieren. Die Mehrzahl der englischen Romane ist auch seit den 60er Jahren den Typen der *hard illusion* oder *soft illusion* zuzuordnen. Zu den realistischen Romanen, die sich durch eine ausgeprägte Illusionsbildung auszeichnen, zählen neben den im vorigen Kapitel behandelten neopikaresken Romanen der *Angry Young Men* und den realistischen Romanzyklen C. P. Snows und Anthony Powells etwa traditionell erzählte Gesellschaftsromane, die große Zahl der Spionage-, Agenten- und Kriminalromane sowie viele Universitätsromane und traditionelle historische Romane.[9]

---

7 Zur Unterscheidung zwischen einer radikalen und einer gemäßigten Variante des postmodernen englischen Romans vgl. Wolf, *Ästhetische*..., S. 662ff., Wolf, „Radikalität..." und Maack, „Deconstruction...".

8 Wolf, *Ästhetische*..., S. 704; vgl. zum folgenden ebd., S. 480ff.

Ebenfalls dominant realistisch sind viele konventionell erzählte Frauenromane, etwa die von ANITA BROOKNER, MARGARET DRABBLE, EDNA O'BRIEN, BARBARA PYM oder ELIZABETH TAYLOR (vgl. Kap. 6.4.).

Gemäßigte Illusionsbildung

Im Gegensatz dazu finden sich in den Romanen anderer Autorinnen und Autoren trotz der Dominanz der Illusionsbildung durchaus auch milde Formen der Illusionsstörung. Beispiele für diesen Typus der *soft illusion* sind etwa die meisten Romane von WILLIAM GOLDING, IRIS MURDOCH und ANGUS WILSON (vgl. Kap. 5.5.), die historischen Romane JAMES GORDON FARRELLS und PAUL SCOTTS (vgl. Kap. 6.5.) sowie ANTONIA S. BYATTS, MAUREEN DUFFYS und PENELOPE LIVELYS Romane.

Gemäßigte Illusionsstörung

Als Beispiele für die gemäßigte Variante des postmodernen Romans (*soft anti-illusion*), in denen ein gewisser Grad an Illusionsbildung durch Formen von antiillusionistischem Erzählen überlagert wird, seien etwa viele der Werke von ANTHONY BURGESS, ANGELA CARTER, LAWRENCE DURRELL, JOHN FOWLES, MURIEL SPARK und DAVID LODGE genannt, den BRADBURY treffend als *„an experimental realist"* bezeichnet.[10] In gemäßigt experimentellen Romanen wie SPARKS *The Comforters* (1957) oder FOWLES' *A Maggot* (1985) werden *„unter einer weithin realistisch und illusionistisch erscheinenden Oberfläche bereits eine ganze Reihe illusionsstörender Verfahren angewendet"*.[11]

Starke Illusionsstörung

Eine deutlich stärkere Störung der nur noch rudimentär vorhandenen Figuren- und Geschehensillusion findet sich in einigen Romanen seit den 60er Jahren. Frühe Beispiele dafür sind etwa JOHN BERGERS *A Painter of Our Time* (1959), BRIGID BROPHYS *In Transit* (1969), EVA FIGES' *Equinox* (1966), B. S. JOHNSONS *Albert Angelo* (1964) und ANDREW SINCLAIRS *Gog* (1967). In den 80er Jahren sind SALMAN RUSHDIES, D. M. THOMAS' und JEANETTE WINTERSONS Romane paradigmatisch für radikalere Formen der Illusionsstörung.

Illusionsverweigerung

Im Gegensatz zur amerikanischen Literatur sind Romane, die jegliche Illusionsbildung konsequent verweigern, in England bislang relativ seltene Ausnahmen. Beispiele für eine weitgehende Illusionsverweigerung verkörpern etwa die sehr experimentellen Werke von CHRISTINE BROOKE-ROSE und GABRIEL JOSIPOVICI. Deren Romane sind dem Typus *hard anti-illusion* zuzurechnen und gelten als Paradigmen antiillusionistischen Erzählens (vgl. Kap. 6.7.).

4 Realistische Auseinandersetzung mit der Stellung der Frau in der Gesellschaft: Margaret Drabble, Elizabeth Taylor und Fay Weldon

Merkmale des ‚Frauenromans'

Stellvertretend für viele andere Romane lässt sich die Entwicklung des realistischen Gesellschaftsromans anhand einiger Werke von Autorinnen verdeutlichen, die sich aus feministischer Sicht kritisch mit der Stellung der Frau in der heutigen Gesellschaft auseinandersetzen. Zahlreiche Romane englischer Autorinnen weisen so viele Gemeinsamkeiten auf, dass sie bisweilen unter dem – keineswegs unproblematischen – Gattungsbegriff ‚Frauenroman' zusammengefasst werden.[12] Wie bereits die etwas explizitere Bezeichnung ‚Romane von Frauen über Frauen' erkennen lässt, handelt es sich um literarische Erzähltexte, die von Autorinnen verfasst sind und in denen die Wirklichkeitserfahrung weiblicher Figuren im Zentrum stehen. Zu den häufig wiederkehrenden Themen zählen weibliche Sozialisation, Liebe und Ehe, Schwangerschaft und Geburt, die Beziehung zwischen den Geschlechtern sowie die Schwierigkeit von Frauen, häusliche Pflichten, persönliche Bedürfnisse und Beruf in Einklang zu bringen.

Erzählperspektive

Durch die Gestaltung der Erzählperspektive werden in solchen Romanen vielfach das subjektive Erleben, die Erfahrungen und die Probleme junger Frauen formal akzentuiert. Das Geschehen wird entweder aus der Sicht von intelligenten, oft auch beruflich erfolgreichen weiblichen Figuren erzählt, oder diese fungieren als Reflektorfiguren. Durch die Verwendung der Ich-Erzählsituation und der personalen Erzählsituation rücken Autorinnen weibliche Wirklichkeitserfahrungen in den Mittelpunkt.

Kritik an Geschlechtsstereotypen

Viele Frauenromane üben Kritik an der Diskriminierung der Frau und an Geschlechtsstereotypen. Dieser Begriff bezeichnet stark vereinfachte und weit verbreitete Vorstellungen von Weiblichkeit und Männlichkeit. Sie beruhen auf der geschlechtsspezifischen Zuweisung von Eigenschaften und schlagen sich in literarischen Texten in Frauen- und Männerbildern nieder. Dem Mann werden in der Regel positiv besetzte Attribute wie Aktivität, Rationalität, Intelligenz, Stärke, Egoismus, hohes Selbstwertgefühl, Unabhängigkeit und Konzentration auf öffentliche Tätigkeiten zugeschrieben. Hingegen werden Frauen Merkmale zugeordnet wie Passi-

---

9 Vgl. zu diesen Genres die Aufsätze in Maack/Imhof.
10 Bradbury, The Modern..., S. 377; vgl. auch Kap. 6.5. des vorliegenden Bandes.
11 Wolf, Ästhetische..., S. 707.
12 Vgl. zu diesem Gattungsbegriff und zur Entwicklung dieses Genres im 20. Jh. den Überblicksartikel von Würzbach.

vität, Emotionalität, Intuition, Schwäche, Altruismus, Unsicherheit, Abhängigkeit und Beschränkung auf private Aufgaben.

Margaret Drabble

Typische Beispiele für die realistische Darstellung der Probleme junger Frauen sind die frühen Werke von DRABBLE, die mit mehr als zwölf Romanen zu den bedeutendsten englischen Autorinnen der Gegenwart zählt.[13] Vor allem in ihrer frühen Phase knüpfte sie an den materialistischen Realismus ARNOLD BENNETTS an. DRABBLES Romane zeichnen sich durch genaue Detailschilderungen sowie realistische Figuren-, Raum- und Gesellschaftsdarstellung aus. DRABBLES frühe Romane konzentrieren sich auf das alltägliche Leben von Frauen und kreisen um die Schwierigkeiten weiblicher Identitätsfindung. Im Mittelpunkt von *The Garrick Year* (1964) und *The Millstone* (1965) stehen die Stellung der Frau in der modernen Gesellschaft und die Probleme weiblichen Selbstverständnisses. Stets darum bemüht, ihre eigenen Gefühle und Bedürfnisse zu unterdrücken, ist das Bestreben der Protagonistinnen darauf gerichtet, sich an gesellschaftlichen Normen zu orientieren und den Anforderungen anderer zu entsprechen. Wie viele englische Frauenromane der Gegenwart zeigt DRABBLE in *The Millstone*, wie schwierig es für Frauen aufgrund ihrer Sozialisation ist, sich über die internalisierten Normen hinwegzusetzen und dem gesellschaftlichen Druck zu widerstehen. Trotz ihrer Intelligenz mangelt es Rosamund Stacey, der Protagonistin und Ich-Erzählerin dieses Romans, an Selbstvertrauen und Durchsetzungsvermögen. Obgleich sie als emanzipierte und unabhängige Frau erzogen wird, hat sie emotionale und sexuelle Schwierigkeiten im Umgang mit Männern. Durch eine ungewollte Schwangerschaft lernt sie die Schwierigkeiten kennen, in die eine alleinstehende Frau mit akademischen Ambitionen durch die Doppelbelastung geraten kann.

In DRABBLES späteren, breiter angelegten Romanen wird die Handlung von auktorialen Erzählern vermittelt, die bisweilen die Illusion durchbrechen und auf die Fiktionalität der Erzählungen hinweisen. Die Erweiterung des thematischen Spektrums zeigt sich etwa in dem auch landeskundlich aufschlussreichen Roman *The Ice Age* (1977). In dieser *condition-of-England novel* liegt die Betonung weniger auf individuellen Problemen von Frauen als auf gesellschaftlichen Tendenzen im England der siebziger Jahre. *The Middle Ground* (1980) beschäftigt sich ebenfalls mit sozialen und kulturellen Problemen, beschreibt das Geschehen aber weitgehend in der Spiegelung des Bewusstseins der Charaktere. DRABBLES neuere und sehr umfangreiche Romane, *A Natural Curiosity* (1989) und *The Gates of Ivory* (1992), beziehen ein noch breiteres Spektrum von Figuren, politischen Entwicklungen und Schauplätzen ein.

Formexperimente und Geschichtsrevision im Roman der 60er und 70er Jahre

Elizabeth Taylor	Obgleich die Romane von TAYLOR weniger stark auf aktuelle und frauenspezifische Probleme konzentriert sind als etwa DRABBLES frühe Werke, behandeln sie ähnliche Themen. Von ihrem ersten Roman, *At Mrs Lippincote's* (1945), bis zu dem postum veröffentlichten *Blaming* (1976) weisen TAYLORS zwölf Romane eine große inhaltliche und formale Konstanz auf. Im Zentrum ihrer Werke stehen zeitlose Themen wie die Beziehung zwischen den Geschlechtern, das Mutter-Sohn-Verhältnis, das Aufbegehren gegen einengende Normen und das Problem des adäquaten Verhaltens in der modernen Konsumgesellschaft. In TAYLORS Romanen liegt der Akzent weniger auf dem äußeren Handlungsverlauf als auf der psychologisch einfühlsamen Darstellung der Figuren und auf der subtilen Analyse der komplexen Beziehungen zwischen ihnen. Obwohl das Geschehen überwiegend szenisch und in Form von Bewusstseinsdarstellung vermittelt wird, tragen die Kommentare der übergeordneten Erzählinstanzen wesentlich dazu bei, die Irrtümer und Selbsttäuschungen der Figuren zu entlarven.
The Wedding Group	Wie die meisten von TAYLORS Romanen ist auch *The Wedding Group* (1968), der neben *Angel* (1957) zu den bedeutendsten Romanen der Autorin gezählt wird, in der Welt der Mittelschicht im wohlhabenden Südosten Englands angesiedelt. Die Struktur dieses Romans wird durch die Gegenüberstellung von zwei Familiengruppen mit völlig entgegengesetzten Lebensformen bestimmt. Im Mittelpunkt stehen die Beziehung zwischen Cressida McPhail, einer naiven jungen Frau, und dem einige Jahre älteren Journalisten David Little, einem überzeugten Junggesellen, sowie Davids ambivalentes Verhältnis zu seiner Mutter Midge. Cressy wächst in einer von der Außenwelt völlig isolierten katholischen Gemeinschaft namens Quayne auf, die vor allem für Frauen einengend ist. Deren ursprünglich-alternative Lebensweise mit selbstgebackenem Brot und handgefertigter Kleidung hat in ihr eine ausgeprägte Sehnsucht nach allen Errungenschaften der Konsumgesellschaft erzeugt. Durch die Begegnung mit David und seiner Mutter lernt Cressy eine mit Quayne kontrastierende moderne Welt kennen, die auf sie eine starke Faszination ausübt. Der erste Teil des Romans schildert Cressys Rebellion gegen die rigiden Werte und Normen von Quayne. Im Zentrum des zweiten Teils steht die fortschreitende Zerrüttung der Ehe von Cressy und David. Am Ende des von Desillusionierung geprägten Romans versuchen David und Cressy mit ihrem Entschluss, fortan in London zu leben, sich dem Einfluss von Midge zu entziehen und ihre Ehe zu retten.

---

13 Vgl. zu Drabbles Romanen die informativen Aufsätze von Stephan Kohl in Imhof/Maack und Irmgard Maassen in Maassen/Stuby.

Realistische Frauen-romane	Zu den Autorinnen, die in ihren Romanen frauenspezifische Themen (wie weibliche Identitäts- und Rollenprobleme) in dominant realistischer Weise behandeln, zählen MAUREEN DUFFY, PENELOPE LIVELY, PENELOPE MORTIMER, EDNA O'BRIEN und BARBARA PYM. Deren Werke zeichnen sich durch lebhafte psychologische Figurencharakterisierung und durch kritische Darstellung der patriarchalischen Gesellschaft aus. Hauptthema ihrer Werke ist der Reifungsprozess junger und intelligenter Frauen im Spannungsfeld zwischen gesellschaftlichen Normen und eigenen Bedürfnissen. Im Zentrum von O'BRIENS ersten drei Romanen, *The Country Girls* (1960), *The Girl with Green Eyes* (1962), *Girls in Their Married Bliss* (1964), die durch Figuren und Themen verknüpft sind, steht das konfliktreiche Streben der weiblichen Hauptfiguren nach Emanzipation und Selbständigkeit.
Fay Weldon	Im Gegensatz zu den weitgehend konventionellen Erzählstrategien, die die Werke von DRABBLE, TAYLOR und O'BRIEN prägen, zeichnen sich WELDONS Romane durch einen höheren Grad an formaler Experimentierfreudigkeit und eine stärker ausgeprägte feministische Perspektive aus. Ebenso wie in DRABBLES *The Waterfall* (1969) wird das Geschehen in WELDONS Romanen *Down Among the Women* (1971) und *Praxis* (1978) teils in der ersten und teils in der dritten Person wiedergegeben. Dadurch werden die Identitätsprobleme der weiblichen Hauptfiguren auch formal akzentuiert. In WELDONS formal innovativem Roman *Female Friends* (1975) signalisiert bereits der Titel, dass Beziehungen zwischen Frauen im Zentrum stehen.
Fortsetzung der weiblichen Traditionslinie	Auch in den 80er und 90er Jahren wird die weibliche Traditionslinie innerhalb des englischen Romans des 20. Jh.s fortgesetzt.[14] Allerdings verschieben sich die Dominanzverhältnisse zunehmend vom Pol des realistischen Erzählens, dem in den 80er Jahren etwa die Romane PAT BARKERS, ANITA BROOKNERS, ZOË FAIRBAIRNS' und PENELOPE FITZGERALDS nahestehen, hin zu stärker experimentellen Erzählverfahren. Abgesehen von einigen Vorläuferinnen, zu denen vor allem DORIS LESSING und ANGELA CARTER zählen, verbinden erst einige Autorinnen in den 80er Jahren die Behandlung frauenspezifischer Themen mit der Erprobung innovativer Erzählverfahren. Stellvertretend für einige andere seien MAUREEN DUFFY, EVA FIGES, MAGGIE GEE, EMMA TENNANT, MARINA WARNER und JEANETTE WINTERSON genannt. Mit ihrer experimentellen Erzählweise knüpfen diese Autorinnen an die Einsicht VIRGINIA WOOLFS an, dass die Darstellung einer gewandelten Wirklichkeitssicht neuer literarischer Ausdrucksformen bedarf. Ein Bereich, in dem sich diese innovativen Tendenzen besonders deutlich zeigen, ist die in historischen Frauenromanen zum Ausdruck kommende feministische Gesellschaftskritik und Geschichtsrevision (vgl. Kap. 7.3.).

5 Revisionistische Auseinandersetzung mit dem Niedergang des Britischen Empire: Paul Scott, J. G. Farrell und Ruth Prawer Jhabvala

Thematisierung des Kolonialismus

Aus dem breiten Spektrum der historischen Stoffe zählen vor allem die Entwicklung des Kolonialismus und die Geschichte des Britischen Weltreichs zu jenen Themen, die in der englischen Literatur seit den 60er Jahren in allen literarischen Gattungen, vor allem aber im Roman, häufig behandelt werden. Kein Ereignis hat das Selbstverständnis der englischen Nation im 20. Jh. wohl so nachhaltig erschüttert wie der Niedergang des ehemaligen Britischen Weltreichs. Im Gegensatz zur lange vorherrschenden nostalgischen Verklärung der kolonialen Vergangenheit dominiert in Romanen der Nachkriegszeit eine kritische Haltung gegenüber dem Empire und dem kolonialen Erbe. Allein in den 70er Jahren gewannen drei Romane, die sich mit dem Niedergang der britischen Herrschaft in Indien beschäftigen, – J. G. FARRELLS *The Siege of Krishnapur* (1973), RUTH PRAWER JHABVALAS *Heat and Dust* (1975) und PAUL SCOTTS *Staying On* (1977) – in kurzem Abstand den *Booker Prize*.

Metonymische Darstellungsverfahren

Komplexe Prozesse wie der Niedergang des britischen Empire werden in FARRELLS, SCOTTS und JHABVALAS Romanen durch metonymische Darstellungsverfahren zur Anschauung gebracht, die zu einer Individualisierung und Partikularisierung von Geschichte führen. Vor allem die erzählerische Vermittlung und die Semantisierung von Räumen und Gegenständen zu symbolischen Ausdruckssträgern tragen zu einer Subjektivierung und Dezentralisierung der Geschichtsdarstellung bei.[15] Die Akzentverlagerung von der Ebene des ‚großen‘ historischen Geschehens auf die subjektiven Erfahrungen durchschnittlicher Figuren schlägt sich formal in einem relativ hohen Anteil an Bewusstseinsdarstellung nieder. Auch die multiperspektivische Orchestrierung der Themen, die Metaphorik sowie die Konkretisierung von Abstraktionen unterstützen die revisionistische Darstellung des Niedergangs des Empire.

Paul Scott, *The Raj Quartet*

Mit großer Detailtreue entwirft SCOTT in der Tetralogie *The Raj Quartet* (1966–1975) eine fiktionale Alltagschronik der britischen Kolonialgeschichte in Indien während des Zweiten Weltkriegs. Seine Romane spüren den kulturellen und sozioökonomischen

---

14 Zu neueren Tendenzen im Bereich des Romans englischer Autorinnen vgl. die Studien von F. Alexander, Kenyon, Palmer und Sage sowie die von Anderson, Friedman/Fuchs, Hosmer bzw. Maassen/Stuby herausgegebenen Sammelbände.

15 Vgl. dazu und zur Neubewertung des modernen historischen Romans die Studien von Higdon, *Shadows...*, Neumann, Nünning, *Von historischer...*, Bd 2, Scanlan und Wesseling.

Ursachen nach, die zum Zerfall des Britischen Weltreichs und zum Ende der britischen Herrschaft in Indien geführt haben. Obgleich SCOTT das politische Geschehen weitgehend ausblendet, gelingt es ihm, die Hintergründe des Niedergangs der britischen Herrschaft in Indien freizulegen, indem er die politischen Konflikte auf die private Ebene der fiktionalen Handlung projiziert.

Perspektivenstruktur

Die multiperspektivische Auffächerung des Geschehens trägt in *The Raj Quartet* dazu bei, die Vielfalt individuell und kulturell bedingter Geschichtserfahrungen zu betonen. Durch die Kontrastierung eines breiten Spektrums von Textsorten und Sichtweisen illustrieren SCOTTs historische Romane, wie interkulturelle Kommunikation von Missverständnissen und unterschiedlichen Interpretationen beeinträchtigt wird. Die montagehafte und anachronische Gesamtstruktur der Tetralogie ist Ausdruck der Einsicht in die Notwendigkeit, dass sich ein so vielschichtiges Phänomen wie die anglo-indischen Beziehungen nur dann erschließen lässt, wenn verschiedene individuelle, kollektive, zeitliche und räumliche Perspektiven berücksichtigt werden. Das erzählte Geschehen wird durch die multiperspektivische Struktur derart stark aufgefächert, dass stets nur subjektive Ansichten verschiedener Beobachter erkennbar werden. Da die Perspektiven keinen gemeinsamen Fluchtpunkt aufweisen, unterminiert die Erzählstruktur den Glauben an die Vorstellung, dass es eine objektive Darstellung geschichtlicher Ereignisse geben könne.

J. G. Farrell

In FARRELLS Romanen beruht die Darstellung der Ursachen, die zur Auflösung des Britischen Weltreichs führten, weniger auf der Orchestrierung von Themen als auf metonymischen Erzählformen wie der Semantisierung von Räumen und Gegenständen zu symbolischen Ausdrucksträgern.[16] Seine historischen Romane *Troubles* (1970), *The Siege of Krishnapur* (1973) und *The Singapore Grip* (1978), unterziehen die Auswirkungen und ideologischen Rechtfertigungen der imperialen Expansion sowie herkömmliche Geschichtsbilder einer kritischen Analyse. FARRELLS Empire-Romane reduzieren das abstrakte Phänomen der Kolonialherrschaft auf Miniaturgröße, indem sie sich jeweils auf einen begrenzten, exemplarischen Ausschnitt aus der Geschichte beschränken und das ‚große‘ historische Geschehen konsequent marginalisieren bzw. individualisieren. Ebenso wie SCOTT stellt FARRELL Ereignisse ins Zentrum seiner Romane, die entscheidende Einschnitte in der Geschichte des Weltreichs markieren. In *Troubles* bilden die irischen Unruhen von 1919–21 den geschichtlichen Kontext der fiktiven Handlung. Hingegen behandeln *The Siege of Krishnapur* mit dem indischen Aufstand gegen die britische Herrschaft im Jahre 1857 und *The Singapore Grip* mit dem Verlust von Singapur 1942 folgenschwere historische Zäsuren, deren ambivalentes Erbe bis heute im kollektiven Gedächtnis Großbritanniens tiefe Spuren hinterlassen hat.

The Siege of Krishnapur

In *The Siege of Krishnapur* schildert FARRELL die Belagerung der fiktiven Garnisonsstadt Krishnapur, wobei er Berichte von verschiedenen Aufständen zu einem dramatischen fiktionalen Geschehen verdichtet. Wie in seinen anderen Romanen bildet eine umfassende Technik der Inversion das Grundmerkmal der Handlung, in deren Verlauf sich die Rollen und Machtverhältnisse umkehren. Zunächst wird der dekadente koloniale Lebensstil in der britischen Enklave, wo sich die Figuren bei prächtigen Bällen, Kricketspielen und Festessen amüsieren, mit Nachrichten von den unaufhaltsam näherrückenden Unruhen kontrastiert. Mit dem Anbruch der Belagerung sind die Kolonisten unter dem Ansturm der indischen Sepoys gezwungen, sich auf einen immer kleiner werdenden Flucht- und Schutzraum zurückzuziehen. Mit beißender Ironie schildert FARRELL, wie die Belagerten krampfhaft an ihren religiösen, moralischen und sozialen Vorurteilen sowie an gesellschaftlichen Konventionen festhalten. Einen grotesken Höhepunkt erreicht die Technik der Umkehrung, als die idealisierten Kulturgüter als Kanonenkugeln eingesetzt werden, wobei sich ihr Nutzen nur noch an ihrer ballistischen Funktionalität bemisst.

Dekonstruktion imperialistischer Mythen

Obwohl die Thematik und der chronologische Aufbau von FARRELLS Romanen an den Konventionen des traditionellen historischen Romans orientiert sind, liegt der Akzent weniger auf dem überschaubaren äußeren Handlungsverlauf als auf der nuancierten Schilderung der psychologischen Auswirkungen der Krisensituation auf die Belagerten. Durch die detaillierte Schilderung des von Nahrungs- und Munitionsmangel, Seuchen und Tod geprägten Alltagslebens während der Belagerung dekonstruiert FARRELL die imperialistische Entlastungsideologie von einer gerechten, im Dienst der Zivilisation stehenden Mission. Er entlarvt eine der Mythen des Viktorianismus, der die Belagerung der britischen Residenz in Lucknow im Jahre 1857 trotz der hohen Verluste der Engländer zu einem Inbegriff englischen Heldentums hochstilisierte, als Fiktion einer teleologischen Nationalgeschichte. Das Eigentümliche von FARRELLS Erzählweise resultiert aus dem für das Groteske konstitutiven Spannungsverhältnis von Komik und Grauen. Das Grundprinzip der Inkongruenz manifestiert sich etwa in der unvermittelten Gegenüberstellung von wirklichkeitsentrückten Diskussionen über den Sinn des Kolonialismus und den minutiös geschilderten, grausamen Kampfszenen.

---

16 Vgl. Nünning, *Von historischer...*, Bd. 2, S. 158–179.

Ruth Prawer Jhabvala	Ähnlich wie SCOTT und FARRELL entwirft auch JHABVALA in ihren Romanen ein desillusioniertes Bild vom *British Empire*. Die in Köln geboren Autorin, die polnisch-jüdischer Abstammung ist, 1939 nach England emigrierte, dort einen Inder heiratete und selbst lange in Indien lebte, beschreibt in vielen ihrer Romane die Erfahrungen europäischer Frauen in einer fremden Kultur. In *Heat and Dust* (1975) kontrastiert JHABVALA das Leben der Briten in Indien in den 1920er Jahren mit der postkolonialen Situation während der 70er Jahre. Sie schildert beide Phasen aus der Perspektive junger Frauen, die unter dem unerträglichen Klima ebenso leiden wie unter den Normen der Gesellschaft. Am Beispiel zweier Liebesbeziehungen zwischen englischen Frauen und indischen Männern stellt JHABVALA die Schwierigkeiten und Folgen kultureller und moralischer Grenzüberschreitungen dar. Die Erzählerin führt die Diskriminierung und Ostrakisierung von Olivia in den 20er Jahren aufgrund ihrer außerehelichen Liebesbeziehung zu einem Inder auf die Normen einer misogynen Gesellschaft zurück, die keine Abweichungen vom traditionellen Frauenbild duldet.

6 Experimentelle Realisten und Metafiktion: Doris Lessing, Anthony Burgess, John Fowles und John Berger

Zwei Entwicklungstendenzen	Trotz der nach wie vor starken realistischen Traditionslinie lassen sich zwei Entwicklungstendenzen erkennen, die die Variationsbreite des englischen Romans seit 1960 entscheidend erweitert haben. Zum einen kommt es zu einer allmählichen Überlagerung der realistischen Romantradition durch verschiedene Formen des experimentellen Erzählens. Zum anderen ist ein anhaltender Aufschwung metafiktionaler Darstellungsformen unverkennbar, der auf die Poetik des Postmodernismus vorausweist.
Metafiktion	Seit den 60er Jahren wird die Konventionalität literarischer Verfahren in englischen Romanen vielfach thematisiert. Die Bewusstmachung, Parodierung und Durchbrechung literarischer Konventionen ist geradezu zum Markenzeichen jener Form von postmoderner Literatur geworden, die als ‚Metafiktion‘ bezeichnet wird. Dabei handelt es sich um Romane, die den künstlerischen Schaffensprozess oder erzählerische Verfahren thematisieren und damit zugleich ihren eigenen Status als Literatur bloßlegen. Zur Gruppe der metafiktionalen Romane, die einige der selbstreflexiven Darstellungsverfahren von Romanen der 80er Jahre vorwegnehmen, zählen in dieser Phase etwa DORIS LESSINGS *The Golden Notebook* (1962), ANTHONY BURGESS' *Nothing Like the Sun: A Story of Shakespeare's Love-Life* (1964), JOHN FOWLES' *The French Lieute-*

nant's Woman (1969), JOHN BERGERS G. (1972) sowie die Werke
B. S. JOHNSONS.

Modifikation realistischer Erzählverfahren

Zu jenen Schriftstellern, die in ihren Romanen realistische Erzählverfahren modifizieren, durchbrechen oder in metafiktionaler Form bloßlegen, gehören LESSING, BURGESS,[17] FOWLES und BERGER. Im Kontext der angelsächsischen Postmoderne nehmen diese Autoren daher eine ambivalente Position ein: Einerseits verbindet sie das Interesse an philosophischen, humanistischen und moralischen Fragen sowie die erzählerische Konstruktion von kausal und psychologisch nachvollziehbaren Geschichten mit den großen Romanautoren der realistischen Erzähltradition des 18. und 19. Jh.s. Andererseits finden sich in ihren Romanen einige typische Kennzeichen postmodernen Erzählens. Dazu zählen etwa der Wechsel von Fiktionsebenen, die anachronische, montagehafte und oft zirkuläre Struktur, die Selbstthematisierung literarischer Konventionen oder der hohe Grad an intertextuellen Bezügen. Die Besonderheit ihrer Erzählweise beruht daher auf der Synthese ‚traditioneller‘, ‚moderner‘ und ‚postmoderner‘ Textverfahren.

Doris Lessing

Die Weiterentwicklung der realistischen Erzähltradition durch die Integration experimenteller Elemente lässt sich beispielhaft anhand des Romanwerks von LESSING nachvollziehen, das mit zahlreichen Literaturpreisen ausgezeichnet worden ist. Ihr erzählerisches Werk zeichnet sich durch thematische Vielfalt und eine große Bandbreite von Erzählverfahren aus. Wie viele ihrer frühen Werke sind auch die ersten vier Bände ihres fünfbändigen Romanzyklus „Children of Violence" (1952–1969) von LESSINGS Jugenderfahrungen in Südafrika geprägt. Zu den bevorzugten Themen ihrer autobiographisch geprägten Romane, die die Aufmerksamkeit durch die Erzählperspektive auf weibliche Wirklichkeitserfahrung lenken, gehören die Auseinandersetzung mit den oft gewalttätigen Konflikten, die sich aus der Zugehörigkeit zu rassischen Minderheiten und politischen Gruppen ergeben, der Kommunismus, die Bedrohung durch die Atombombe sowie der Kampf der Frau um Selbständigkeit und Freiheit in einer vom Mann dominierten Gesellschaft.

The Golden Notebook

Überblickt man LESSINGS Gesamtwerk, das mehr als zwanzig Romane und mehrere Kurzgeschichtenbände umfasst, so wird deutlich, dass die in ihren frühen Romanen vorherrschende realistische Erzählweise in den 60er und 70er Jahren zunehmend zugunsten innovativer Techniken in den Hintergrund tritt. In der Entwick-

---

17 Zu den Romanen von Lessing und Burgess vgl. die ausgezeichneten Beiträge von Annegret Maack und Manfred Beyer in Imhof/Maack.

lung experimenteller Erzählformen in der englischen Literatur der Nachkriegszeit nimmt vor allem Lessings *The Golden Notebook* (1962) aus der Rückschau betrachtet eine Schlüsselstellung ein. In diesem unkonventionellen Roman, der anfangs einseitig als feministisches Manifest im *sex war* der 60er Jahre gedeutet wurde, kommt es insofern zu einer Semantisierung von Erzählformen, als die komplexe Struktur des Werkes dessen zentrale Themen reflektiert. Wie viele von Lessings Werken kreist *The Golden Notebook* um den sozialen Zerfall der Gesellschaft und die psychische Desintegration des Bewusstseins, die beide Ausdruck jener allgemeinen Fragmentarisierung der Wirklichkeitserfahrung sind, über die die Protagonistin des Romans, die fiktive Schriftstellerin Anna Wulf, reflektiert: *„The novel has become a function of the fragmented society, the fragmented consciousness. Human beings are so divided, are becoming more and more divided, and more subdivided in themselves, reflecting the world [. . .]“* Anna scheitert an dem Versuch, diese Zersplitterung in ihrem Roman „Free Woman", an dem sie arbeitet, zu verarbeiten und bewältigen: *„Yet I am incapable of writing the only kind of novel which interests me: a book powered with an intellectual or moral passion strong enough to create order, to create a new way of looking at life."*[18]

Struktur

Ebenso wie Annas Scheitern ist die montagehafte Struktur von *The Golden Notebook* Ausdruck der Einsicht, dass die Konventionen des realistischen Erzählens die fragmentarisierte moderne Wirklichkeit nicht mehr zu erfassen vermögen. Der Roman ist in voneinander abgegrenzte Erzählblöcke unterteilt, die in gleichbleibender Reihenfolge bestimmte Teilansichten von Annas komplexer Wirklichkeit wiedergeben. Im Anschluss an Passagen aus Annas Roman folgen jeweils Aufzeichnungen aus ihren vier nach den Farben der Einbände benannten ‚Notizbüchern', die ihrerseits verschiedene Textsorten (z. B. Tagebucheintragungen, journalistische Artikel, Rezensionen, Filmscripts, Erzählungen, metafiktionale Reflexionen) enthalten. Das *Black Notebook* kreist um Annas Jugenderinnerungen an Südafrika, das *Red Notebook* schildert ihre Erfahrungen in der kommunistischen Partei, das *Yellow Notebook* besteht aus fiktiven Entwürfen zu einem neuen Roman, und im *Blue Notebook* hält Anna tagebuchartig ihre persönlichen Erlebnisse fest. Zur Zusammenfügung der verschiedenen Perspektiven kommt es erst in dem abschließenden fünften Notizbuch, dem „*Golden Notebook*", das ein Teil des gleichnamigen Romans ist. Die komplexe Form von *The Golden Notebook* versinnbildlicht somit nicht nur die Identitätskrise der Hauptfigur, sondern sie ist auch Ausdruck des für Lessings Werke zentralen Themas, dem Versuch der Auflösung von Gegensätzen und der Herstellung einer Ganzheit aus verschiedenen Teilen.

The Summer before the Dark, Memoirs of a Survivor	Auch in ihren späteren Werken durchbricht LESSING realistische Erzählkonventionen, indem sie auf innovative Erzählformen und Verfahren nichtrealistischer Genres wie der Dystopie und Science Fiction zurückgreift. Im Zentrum des weiblichen Entwicklungsromans *The Summer before the Dark* (1973), der wie viele von LESSINGS Werken von tiefenpsychologischen Theorien (C. G. JUNG, R. D. LAING) und von der Mystik des islamischen Sufismus beeinflusst ist, steht die *midlife crisis* und der Prozess der Selbstfindung der weiblichen Hauptfigur. Die Dystopie *Memoirs of a Survivor* (1974) schildert den apokalyptischen Zustand der Zivilisation, die als Folge von sozialer und moralischer Desintegration ebenso kurz vor dem Zusammenbruch steht wie viele der Protagonistinnen in Lessings didaktisch ausgerichteten Romanen.
Anthony Burgess	Eine ähnliche Verlagerung der Dominanzverhältnisse von realistischen hin zu experimentellen Verfahren kennzeichnet auch die Entwicklung von BURGESS. Im Gegensatz zu seinen autobiographisch gefärbten realistischen Frühwerken lassen sich BURGESS' spätere Romane nicht einer Entwicklungslinie oder einem bestimmten Genre zuordnen. Einerseits sind seine antithetisch strukturierten Romane nicht nur im Hinblick auf die Bevorzugung der Ich-Erzählsituation durchaus konventionell, sondern auch in bezug auf die wiederkehrenden Themen, die MANFRED BEYER prägnant zusammenfasst: *„1. die Freiheit des Menschen, die [...] die Existenz von Gut und Böse voraussetzt, 2. [...] die Annahme eines manichäischen Weltbildes, [...] 3. ein ethisches Programm, [...] 4. ein [...] zyklisches Geschichtsverständnis, [...] 5. das Verhältnis von Individuum und Gesellschaft, 6. eine Kritik am schleichenden Moral- und Kulturverfall der westlichen Welt und 7. die Auseinandersetzung mit traditionellen Tabubereichen wie Sexualität und Gewalt.“*[19]
Durchbrechung von mimetischen Prinzipien	Andererseits werden die mimetischen Prinzipien der Lebensechtheit oder Wahrscheinlichkeit in BURGESS' Romanen durch die Vielzahl komischer, grotesker, satirischer und selbstreflexiver Elemente durchkreuzt. Zudem zeugen seine von Fabulierlust überschäumenden Werke in stilistischer und formaler Hinsicht von großer Experimentierfreudigkeit. Dies zeigt sich etwa in dem Teenager-Slang Nadsat, den der jugendliche Ich-Erzähler Alex in der Anti-Utopie *A Clockwork Orange* (1962) verwendet. Darüber hinaus greift BURGESS in seinen von vielen intertextuellen und mythologischen Anspielungen durchzogenen Romanen auf Konventionen verschiedener Genres und Künste zurück, die er zugleich parodiert. Beispiele dafür sind das Spiel mit den Konventionen der fiktiven Biographie

---

18 Lessing, *The Golden Notebook*. London: Granada 1973, S. 79, 80.
19 Beyer, S. 69.

in *Nothing Like the Sun: A Story of Shakespeare's Love-Life* (1964), der Utopie bzw. Dystopie in *1985* (1978), verschiedener Mythen in *MF* (1971) und der fiktiven Autobiographie in *Earthly Powers* (1980) sowie die literarische Adaption musikalischer Kompositionsformen durch Strukturanalogien in *Napoleon Symphony* (1974) und die intermedialen Referenzen in *The End of the World News: An Entertainment* (1982). Die Vielzahl der Einzeltext- und Gattungsreferenzen, intermedialen Strukturprinzipien und dichtungstheoretischen Reflexionen überlagern die realistischen Elemente und reduzieren den Wirklichkeitsbezug von BURGESS' Romanen erheblich.

John Fowles

Sehr deutlich zeigt sich die für den englischen Roman der 60er und 70er Jahre typische allmähliche Überlagerung der realistischen Erzähltradition durch experimentelle Entwicklungstendenzen an den zum Teil spannend erzählten und vom Existentialismus beeinflussten Romanen von FOWLES. In seinem Erstling *The Collector* (1963), in dem die Entführung einer jungen Frau durch einen Psychopathen aus den diametral entgegengesetzten Perspektiven der beiden Hauptfiguren geschildert wird, greift FOWLES auf die Konventionen verschiedener populärer Genres wie des Thrillers, der Romanze und der Detektivgeschichte zurück. Thematische Schwerpunkte seiner Romane sind die Beziehung zwischen den Geschlechtern, Probleme menschlicher Freiheit, Verantwortung und Toleranz sowie das Verhältnis zwischen Realität und Illusion. Die Häufigkeit, mit der nicht aufgedeckte Geheimnisse, Kommunikationsprobleme und das Verhältnis zwischen Wirklichkeit und menschlichem Wissen in seinen Romanen figurieren, verweist auf die große Bedeutung erkenntnistheoretischer Fragen in seinen Werken. In FOWLES' größtem Erfolg, dem Roman *The Magus* (1966, rev. 1977), wird die Vorstellung einer erfahrungsunabhängigen Welt durch den Entwicklungsprozess des Protagonisten radikal in Zweifel gezogen.

Adaption literarischer Vorlagen

Mit ihrer intertextuellen Verarbeitung mythologischer und literarischer Vorlagen repräsentieren FOWLES' Romane eine weitere erzählerische Neuerung, die für den englischen Roman seit den 60er Jahren kennzeichnend ist.[20] Die Renaissance der Mythen zeigt sich etwa beispielhaft in FOWLES' *The Magus* und ANDREW SINCLAIRS *Gog* (1967) und *Magog* (1972). Weitere Beispiele für die epochenspezifische Tendenz zur Adaption literarischer Vorlagen sind etwa Romane wie ANGUS WILSONS *No Laughing Matter* (1967) und *As If By Magic* (1973), ANTHONY BURGESS' *Napoleon Symphony* (1974), ANTONIA S. BYATTS *The Virgin in the Garden* (1978) und ROBERT NYES fiktionale Biographien.

The French Lieutenant's Woman

FOWLES' Romane widersetzen sich einer eindeutigen Kategorisierung, weil sie realistische Darstellungskonventionen mit postmodernen Erzählverfahren verbinden. Vor allem sein historischer

Roman *The French Lieutenant's Woman* (1969), ein internationaler Bestseller, der inzwischen als früher Klassiker der angelsächsischen Postmoderne gilt, ist paradigmatisch für die allmähliche Verschiebung der Dominanzverhältnisse von der realistischen Erzähltradition zugunsten der experimentellen und metafiktionalen Poetik des Postmodernismus. Einerseits greift FOWLES in diesem Roman mit der Wahl eines auktorialen Erzählers, der das fiktive Geschehen aus der Rückschau und einer Distanz von etwa 100 Jahren schildert, dem linearen, logisch verknüpften Plot, der dominant chronologischen Zeitstruktur sowie der realistischen Milieu- und Figurendarstellung auf typische Erzählkonventionen des viktorianischen Gesellschaftsromans zurück. Andererseits nimmt dieser Roman mit der auffälligen erzählerischen Vermittlung, den alternativen Romanschlüssen, dem komplexen intertextuellen Bezugsfeld, der Häufung von metanarrativen und metafiktionalen Äußerungen sowie anderen Formen von Illusionsdurchbrechung zugleich viele Kennzeichen postmodernen Erzählens vorweg.

Meta-fiktionale Reflexion

Die Darstellung der viktorianischen Epoche ist in *The French Lieutenant's Woman* in so starkem Maße mit Kommentaren des Erzählers über das Erzählen und die Fiktionalität des fiktiven Geschehens verknüpft, dass die Ebene der Figuren wiederholt hinter die illusionsdurchbrechenden Reflexionen des expliziten Erzählers zurücktritt. Eines der bekanntesten Beispiele für metafiktionale Reflexionen über das Erzählen, die Fiktionalität des Romans und die Historizität von Erzählkonventionen ist der Anfang des berühmten dreizehnten Kapitels von *The French Lieutenant's Woman*. Dort durchbricht der Erzähler erstmals die Illusion des Lesers, die bis dahin erzählte Geschichte könne sich wirklich so ereignet haben. Der Erzähler distanziert sich mit seiner Behauptung, er kenne die undurchschaubare ‚Geliebte des französischen Leutnants‘ und ihre Vorgeschichte nicht, von jenen auktorialen Erzählkonventionen, die unter dem Begriff des ‚allwissenden Erzählers‘ (*omniscient narrator*) zusammengefasst werden und die er für nicht mehr zeitgemäß hält:

I do not know. This story I am telling is all imagination. These characters I create never existed outside my own mind. If I have pretended until now to know my characters' minds and innermost thoughts, it is because I am writing in (just as I have assumed some of the vocabulary and 'voice' of) a convention universally accepted at the time of my story: that the novelist stands next to God. He may not know all, yet he tries to pre-

---

20 Vgl. die Kapitel „Renaissance der Mythen“ und „Adaptation literarischer Vorlagen“ in Maack, *Der experimentelle...*, S. 67–103 sowie das Kap. 7.5. des vorliegenden Bandes.

tend that he does. But I live in the age of Alain Robbe-Grillet and Roland Barthes; if this is a novel, it cannot be a novel in the modern sense of the word.[21]

Mantissa, A Maggot

In seinen jüngsten Romanen experimentiert FOWLES mit verschiedenen Formen und Gattungen. Der metafiktionale Roman *Mantissa* (1982), in dem das Gehirn des Schriftstellers Miles Green der Ort des fiktiven Geschehens ist, übt in selbstreflexiver Weise Kritik am postmodernen Roman. In *A Maggot* (1985), der auf Konventionen des historischen Romans und des Kriminalromans zurückgreift und in dem das Geschehen im Jahre 1736 angesiedelt ist, werden alle Themen, Ereignisse und Figuren dadurch ‚orchestriert‘, dass jeweils unterschiedliche Perspektiven miteinander kontrastiert werden. Der Versuch der Rekonstruktion eines in der Vergangenheit liegenden Mordes oder Selbstmordes wird durch das multiperspektivische Darstellungsverfahren als Konstruktionsprozess entlarvt. Dadurch löst sich die vermeintliche Objektivität von Wirklichkeit und Geschichte(n) in subjektive Ansichten einzelner Beobachter auf.

John Berger, G.

In noch stärkerem Maße als LESSING, BURGESS und FOWLES verzichtet BERGER in seinen Romanen auf konventionelle Verfahren des linearen Erzählens. Viele der Werke dieses ebenso vielseitigen wie produktiven Autors, der auch als Essayist und Kunstkritiker hervorgetreten ist, sind mit ihren diskursiv-didaktischen Passagen im Grenzbereich von essayistischer Abhandlung und Fiktion angesiedelt. Ein typisches Beispiel dafür ist BERGERS historischer Roman *G.* (1972), der durch die montagehafte Struktur und die metanarrativen Reflexionen des Erzählers zentrale Konzepte realistischen Erzählens und positivistischer Historiographie wie Kontinuität, Kausalität, Diachronie und lineare Teleologie in Zweifel zieht. Die Anordnung des Erzählten durchkreuzt herkömmliche Erwartungen an Kohärenz und Einheit, weil sie in anachronischer und diskontinuierlicher Abfolge heterogene Elemente unvermittelt nebeneinanderstellt. Das Geschehen erstreckt sich von der Geburt des Protagonisten G. im Jahre 1886 bis zu seinem Tod am 24. Mai 1915. Darüber hinaus werden im Zuge der expositorischen Informationsvergabe die bis in die 1840er Jahre zurückreichenden Lebensgeschichten seines italienischen Vaters Umberto und seiner amerikanischen Mutter Laura geschildert. Im Mittelpunkt der Handlung stehen die sexuellen Abenteuer des Protagonisten, der bis fast zur Hälfte des Romans namenlos bleibt und erst spät in einem illusionsdurchbrechenden Erzählerkommentar vorgestellt wird. Die Auswahl und Anordnung des Geschehens ist durch das subjektive Zeitempfinden der Titelfigur geprägt. Der Roman verknüpft Fragmente aus Vergangenheit und Gegenwart sowie aus G.s Leben und der kollektiven Geschichte Italiens. In

loser Folge werden sozialgeschichtliche und politische Fakten erwähnt und kontrapunktartig den Erlebnissen der fiktiven Titelfigur gegenübergestellt. Die durchgängige Verknüpfung von individueller und kollektiver Geschichte stellt das moderne Subjekt als ein entfremdetes, aber um Selbstverwirklichung bemühtes Individuum und als Mitglied einer Gemeinschaft dar.

Kohärenz-prinzipien

Das Montageprinzip und die anachronische Erzählweise durchbrechen herkömmliche Kohärenzprinzipien und Kontinuitätsvorstellungen und haben zur Folge, dass geschichtliches Geschehen in G. als eine diskontinuierliche Abfolge synchroner Querschnitte erscheint. Unterstrichen wird das Prinzip der diskontinuierlichen Reihung heterogener Elemente durch die typographische Anordnung des Erzählten in Form von Textblöcken, die in vielen Fällen nicht einmal durch fortlaufende Themen oder gemeinsame Motive miteinander verbunden sind. Darüber hinaus trägt die Bevorzugung des Präsens als dominantem Erzähltempus dazu bei, dass das diachrone Schema von alternativen Formen der Verknüpfung überlagert und verdrängt wird.

Into Their Labours

Durch eine fragmentarische Form zeichnen sich auch BERGERS neuere Werke aus, in denen Einzelschicksale und Textsorten in loser Folge aneinandergereiht werden. In der Trilogie *Into Their Labours*, die aus den Romanen *Pig Earth* (1979), *Once in Europa* (1989) und *Lilac and Flag* (1990) besteht, entwirft BERGER ein detailliertes Panorama des langsamen Wandels der alltäglichen Lebensverhältnisse von Bauern in einem Dorf in den französischen Alpen. Die beiden zentralen Themen, die den einzelnen Geschichten und der Trilogie als ganzer Kohärenz verleihen, sind der seit Jahrhunderten wenig veränderte, gleichförmige Alltag der Landbevölkerung und die sozialen Veränderungen, die sich für deren Lebensweise im Zuge übergreifender sozioökonomischer Prozesse ergeben. Während die Thematik der drei Romane Parallelen zum Gegenstand der Alltagsgeschichte aufweist, unterscheidet sich die experimentelle Form der Trilogie grundlegend von herkömmlichen Erzählkonventionen. Mit ihrer Verbindung von narrativen, lyrischen und expositorischen Elementen ist BERGERS Trilogie ein typisches Beispiel für die Genreüberschreitungen im postmodernen Roman und für dessen zunehmende Hybridisierung.

---

21 Fowles, *The French Lieutenant's Woman*. London: Granada 1977, S. 85.

⑦ Radikale Formen experimentellen Erzählens: Andrew Sinclair, B. S. Johnson, Gabriel Josipovici und Christine Brooke-Rose

Verbreitung experimenteller Erzählformen

Der englische Roman der Gegenwart, der lange als ein der realistischen Hauptstraße verhaftetes Genre galt, das den ästhetischen Idealen der Moderne zuwiderzulaufen schien, hat inzwischen Anschluss gefunden an die postmoderne Literatur. Durch eine differenzierte Beschreibung der Weiterentwicklung traditioneller Erzählkonventionen im englischen Roman der Gegenwart und durch die Analyse verschiedener Spielarten des experimentellen Erzählens hat ANNEGRET MAACK erstmals den Nachweis dafür erbracht, dass der experimentelle Roman in der englischen Nachkriegsliteratur relativ weit verbreitet ist: So unterschiedliche Erzählverfahren wie die metafiktionale Reflexion des literarischen Schaffensprozesses, die Renaissance von Mythen, ein erhöhtes Maß an Intertextualität sowie die Sprachspiele der konkreten Literatur haben zur Herausbildung verschiedener Ausprägungen des experimentellen Romans geführt.[22]

Zu jenen Autoren, deren experimentelle Romane innovative formale und metafiktionale Tendenzen repräsentieren, zählen ANDREW SINCLAIR, B.S. JOHNSON, CHRISTINE BROOKE-ROSE und GABRIEL JOSIPOVICI.[23] Gemeinsam ist ihren Werken, dass sie die Grundlagen realistischer Wirklichkeitsdarstellung in Zweifel ziehen. Sie tun dies allerdings mit unterschiedlicher Radikalität und mit individuell verschiedenen Mitteln. Ihre literarischen Experimente zielen darauf ab, den Roman zu einer zeitgemäßen Ausdrucksform weiterzuentwickeln. Zielscheibe ihrer metafiktionalen Kritik sind die Prämissen, von denen der literarische Realismus abhängt und die RÜDIGER IMHOF prägnant zusammengefasst hat:

zum einen [von] der Prämisse, dass es ein zuverlässiges Konzept von Realität, von dem, was die Wirklichkeit ausmacht, gibt; und zum anderen von der Prämisse, dass ein Medium – in diesem Fall die Sprache – zur Verfügung steht, mit dessen Hilfe die so beschaffene Wirklichkeit mimetisch wiedergegeben, künstlerisch gestaltet werden kann.[24]

Andrew Sinclair, Gog

Ein unkonventioneller Roman, der diese Prämissen implizit durch eine Bandbreite von experimentellen Verfahren in Zweifel zieht, ist SINCLAIRS *Gog* (1967), der zusammen mit *Magog* (1972) und *King Ludd* (1988) die Trilogie „The Albion Triptych" bildet. SINCLAIR entgrenzt in *Gog* den historischen Roman zur Sage hin, indem er die dem Alten Testament und Geoffrey of Monmouths *Historia Regum Britanniae* entlehnten Mythen von den Riesen Gog und Magog und vom legendären Albion als Bezugs- und Deutungssysteme für die gesellschaftspolitischen Probleme der Nachkriegszeit verwendet. Unter Rückgriff auf Montagetechniken und die Konventionen unterschiedlicher Gattungen und Medien gestaltet SINCLAIR in dem allegorisch konzipierten *Gog* das zentrale Motiv vom ewigen Sieg der Mächtigen über die Schwachen in Auszügen aus nordischen Sagenfragmenten, einem Drehbuch eines Films über ‚The Battle of Hastings‘, einer Schilderung von Filmaufnahmen über die Schlacht von Marston Moor und einem Horrorcomic. Die thematische Funktion der zahlreichen intertextuellen Anspielungen, die von der keltischen Mythologie über mittelalterliche Mysterienspiele, Werke von CHAUCER, SHAKESPEARE, BLAKE und COLERIDGE bis zur literarischen Moderne reichen, besteht darin, dass sie *Gog* den Charakter einer ‚Echokammer‘ verleihen, in der zahllose Stimmen der englischen Kulturgeschichte widerhallen.

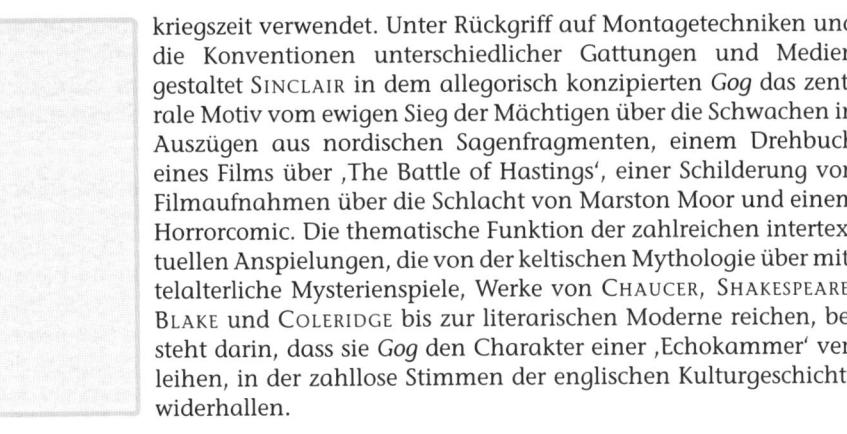

Kennzeichen post- modernen Erzählens

In *Gog* setzt SINCLAIR typische Kennzeichen postmodernen Erzählens wie Metafiktionalität und Intertextualität dazu ein, um Englands kulturelles Erbe und *Englishness* als Palimpsest darzustellen: Dieser Roman greift auf ein dichtes Netzwerk mythologischer Motive zurück, zieht die Grenze zwischen Fiktion und Historiographie in Zweifel und nimmt mit dem dauernden Wechsel der Fiktionsebenen viele Experimente der Postmoderne vorweg. Außerdem durchbricht *Gog* Beschränkungen, denen die Geschichtsdarstellung im traditionellen historischen Roman unterliegt, indem er mit proteischen Figuren den festen Charakter auflöst, Figuren aus unterschiedlichen ontologischen Bereichen zusammenführt und in dem von phantastischen Elementen durchsetzten Handlungsverlauf die Gesetze der Physik und der Logik außer Kraft setzt. Damit erscheint *Gog* aus der Rückschau wie ein Prototyp jener experimentellen und metafiktionalen Romane, die als ‚historiographische Metafiktion‘ bezeichnet werden (vgl. Kap. 7.4. bis 7.7.).

B. S. Johnson

Sehr viel expliziter ist die Kritik am literarischen Realismus in BRYAN STANLEY JOHNSONS experimentellen Romanen, die zu Recht als wegweisende Innovationen im englischen Roman der Nachkriegszeit gewürdigt werden. Romane wie JOHNSONS *Albert Angelo* (1964), *Christie Malry's Own Double Entry* (1973) und *See the Old Lady Decently* (1975) ziehen die Prämissen mimetischer Wirklichkeitsdarstellung radikal in Zweifel, indem sie zunächst herkömmliche

---

22 Zu den formalen und metafiktionalen Innovationen im englischen Roman vgl. Maack, *Der experimentelle . . .* sowie Imhofs vorzügliche Studie *Contemporary . . .*.
23 Zu Johnsons und Josipovicis Romanen vgl. die ausgezeichneten Aufsätze von Rüdiger Imhof in Imhof/Maack.
24 Imhof, „B. S. Johnson", S. 188.

Lesererwartungen etablieren, um sie dann zu durchbrechen und die Beliebigkeit von erzählerischen Verfahren zu demonstrieren. Mit ihren metafiktionalen Äußerungen und dem ständigen Bloßlegen literarischer Verfahren erschweren und verhindern JOHNSONS Romane die ästhetische Illusionsbildung.

Darstellungs-verfahren

Darüber hinaus gehen JOHNSONS Werke im Medium der Fiktion der Frage nach, ob und wie der moderne Roman überhaupt noch Wirklichkeit darstellen, Wahrheit vermitteln und Geschichten erzählen kann. In Anknüpfung an LAURENCE STERNE und JAMES JOYCE verwendet JOHNSON etwa in *Travelling People* (1963) ein breites Spektrum parodistischer Erzählstrategien, die die Obsoletheit konventioneller Darstellungsmittel und Genres, vor allem des pikaresken Romans, entlarven. Der noch experimentellere Roman *Albert Angelo*, im dem JOHNSON durch ein vorangestelltes Zitat aus BECKETTS *The Unnamable* (1953) auf eines seiner wichtigsten Vorbilder hinweist, besteht aus Erzählungen in der 1., 2. und 3. Person, Leseranreden, Digressionen, in Dramenform wiedergegebenen Dialogen, Gedichten, *stream-of-consciousness*-Passagen, fiktiven Stundenprotokollen, Zitaten aus einem Buch über gotische Architektur sowie einer Vielzahl literarischer Anspielungen. Zudem enthält er viele typographische Experimente wie in Kolumnen gedruckte Texte und Seiten mit Löchern, die einen Blick in die ‚Zukunft' ermöglichen.

Form

Die montagehafte Form von *Albert Angelo* kann als Versuch gedeutet werden, die Komplexität und Kontingenz von Wirklichkeit fiktional wiederzugeben. Dieser Versuch ist jedoch, wie der auktoriale Erzähler in dem ganz aus illusionsdurchbrechenden metafiktionalen Äußerungen bestehenden vierten Teil (der den bezeichnenden Titel „Disintegration" trägt) desillusioniert einräumt, aus mindestens drei Gründen zum Scheitern verurteilt: wegen der zunehmenden Fragmentarisierung des Lebens, der Selektivität, Subjektivität und Unzuverlässigkeit des Gedächtnisses sowie der Unfähigkeit des Mediums ‚Sprache', Bedeutung in einer intersubjektiv eindeutigen Art und Weise zu vermitteln. Angesichts der Unmöglichkeit, die Wahrheit über die Wirklichkeit in der Form des Romans auszudrücken, bleibt dem Erzähler nur noch die Option, dieser Einsicht und seiner eigenen Absicht, im Grunde den kreativen Prozess des Schreibens von Romanen in metafiktionalen Reflexionen darstellen zu wollen, Ausdruck zu verleihen:

– fuck all this lying look what im really trying to write about is writing not all this stuff about architecture trying to say something about writing about my writing [. . .] Im trying to say something not tell a story telling stories is telling lies and I want to tell the truth about me about my experience about my truth about my truth to reality [. . .].[25]

Gabriel Josipovici, Christine Brooke-Rose	Ähnlich radikale, wenngleich andere Spielarten des experimentellen Erzählens finden sich in den innovativen Werken von JOSIPOVICI und BROOKE-ROSE, die sämtliche Prämissen und Konventionen des literarischen Realismus dekonstruieren und zurückweisen. Im Zentrum ihrer kaum noch ‚romanhaften' Romane, die viele Gemeinsamkeiten mit dem französischen *nouveau roman* aufweisen, steht die metafiktionale Auseinandersetzung mit dem Romanschreiben. Mit Hilfe eines breiten Spektrums illusionszerstörender Verfahren legen JOSIPOVICIS und BROOKE-ROSES Romane ihre Fiktionalität offen und unterminieren die Prinzipien, auf denen ästhetische Illusionsbildung im realistischen Roman beruht.
Josipovici	JOSIPOVICIS Romane kreisen in selbstreflexiver Weise um den literarischen Schaffensprozess und zeugen von einem ausgeprägten epistemologischen Skeptizismus. Auf die für seine Werke typische Zurückweisung linearen Erzählens sowie den metasprachlichen und metafiktionalen Charakter weisen bereits die Titel seiner Werke (z. B. *The Inventory*, 1969; *Words*, 1971) hin, die die Aufmerksamkeit auf den Modus der Darstellung (die Form des Inventarisierens) bzw. auf Wörter als das sprachliche Material des Erzählens lenken. Auch in dem ganz im Präsens gehaltenen Roman *The Present* (1975) deutet der Titel an, dass der Akzent auf der Gegenwart des Erzählvorganges liegt.
Vorläufigkeit der Sinnstiftung	Anstatt eine bestimmte Geschichte zu erzählen, präsentieren JOSIPOVICIS Werke verschiedene Möglichkeiten, das gleiche Geschehen durch Wiederholung und Variation in variabler Weise, aus verschiedenen Perspektiven und in geänderter Reihenfolge zu schildern. Damit entwerten sie nicht nur das jeweils erzählte Geschehen, weil jede Variante als eine unter mehreren möglichen erscheint, sondern decken auch die Grenzen und die Vorläufigkeit jeder Sinnstiftung auf. Besonders deutlich ist dies in dem Roman *Conversations in Another Room: A Novel* (1984), der ebenso wie *The Echo Chamber* (1979) fast ausschließlich aus Dialogen besteht. In *Conversations in Another Room* weist der Erzähler im achten Kapitel in einem metafiktionalen Kommentar darauf hin, dass die bis dahin wiedergegebenen Gespräche lediglich in seiner Imagination existieren und dass Versuche literarischer Wirklichkeitsdarstellung über ständig neu ansetzende Annäherungen nicht hinauskommen.
Brooke-Rose	Ausdruck einer ähnlich anti-mimetischen Konzeption des Romans sind auch die sehr experimentellen Werke BROOKE-ROSES.

---

25 Johnson, *Albert Angelo*. New York: New Directions Book 1987, S. 167.

Die Parallelen zwischen Josipovicis und Brooke-Roses Romanen reichen von der weitgehenden Illusionsverweigerung über deren ausgeprägte metafiktionale und metasprachliche Selbstreferentialität bis zu sprachlichen Verfahren wie der Verwendung des Präsens in Brooke-Roses montagehaftem Roman *Thru* (1975). Allerdings ist die Reduktion des Wirklichkeitsbezugs in Brooke-Roses Werken *Out* (1964), *Between* (1968) und *Thru*, die ebenso wie ihre späteren Romane durch die Thematisierung ihres linguistischen Materials ihre eigene Textualität bloßlegen und dominant den Charakter von Sprachexperimenten haben, noch stärker ausgebildet als bei Josipovici. Dies ist zum Teil auf Brooke-Roses ausgiebige Experimente mit typographischen Verfahren und intertextuellen Anspielungen zurückzuführen. Brooke-Roses hochgradig metafiktionaler und intertextueller Roman *Textermination* (1991), in dem zahlreiche Figuren der Weltliteratur im Hilton Hotel in San Francisco aufeinander treffen, um auf der „annual Convention of Prayer for Being" für ihre dauerhafte Existenz im Bewusstsein moderner Leser zu beten, ist ein Musterbeispiel dafür, wie aus der Verarbeitung literarischer Werke ein neuer Text entsteht.

Ausblick Obgleich auch Brooke-Roses und Josipovicis spätere Werke von ausgeprägter formaler und sprachspielerischer Experimentierfreudigkeit zeugen,[26] stellt die von ihnen repräsentierte radikale Variante des Postmodernismus im englischen Roman eine vergleichsweise wenig befahrene Nebenstraße dar. Stellvertretend für einige andere Romane, die ebenfalls der experimentellen Entwicklungslinie zuzurechnen sind, seien etwa Brigid Brophys *In Transit* (1969), Alan Burns *Dreamerika!* (1972), Angela Carters *The Infernal Desire Machines of Dr Hoffmann* (1972) und *The Passion of New Eve* (1977), Maureen Duffys *Capital: A Fiction* (1975) sowie die Romane von Eva Figes, Michael Frayn, Giles Gordon, Rayner Heppenstall und Robert Nye genannt. Dass sich dennoch eine eher gemäßigte Variante des postmodernen Romans durchgesetzt hat, ist auf eine Reihe neuer Entwicklungen seit den 80er Jahren zurückzuführen. Kennzeichnend für diese Dekade sind eine Rückkehr zum Erzählen, eine Renaissance bzw. Hochkonjunktur der kulturellen Erinnerung sowie ein parodistisches Spiel mit literarischen Stoffen. Damit sind bereits die wichtigsten neuen Tendenzen im zeitgenössischen englischen Roman genannt, die im folgenden Kapitel skizziert werden.

---

26 Im Gegensatz dazu sind Andrew Sinclairs spätere Romane weniger experimentell gehalten als *Gog*; B. S. Johnsons Auseinandersetzung mit der Romanform fand mit seinem Freitod 1973 ein abruptes Ende.

Der Anschluss an die Postmoderne im Roman der 80er und 90er Jahre

KAPITEL

[T]he historical sense involves a perception, not only of the pastness of the past, but of its presence; the historical sense compels a man to write not merely with his own generation in his bones, but with a feeling that the whole of the literature of Europe from Homer and within it the whole of the literature of his own country has a simultaneous existence and composes a simultaneous order.

T. S. ELIOT, „Tradition and the Individual Talent"[1]

1 Geschichte im Zeitalter der Postmoderne

Pluralismus

Mehr denn je zuvor zeichnet sich der englische Roman seit Anfang der 80er Jahre dadurch aus, dass verschiedene Ausprägungen und Genres nebeneinander bestehen. Auf den ersten Blick besteht das Hauptkennzeichen der zeitgenössischen Romanproduktion in ihrem ausgeprägten Pluralismus, im gleichzeitigen Vorhandensein gegenläufiger Entwicklungen. Diese Vielgestaltigkeit zeigt sich darin, dass sämtliche der in den vorangegangenen beiden Kapiteln beschriebenen Tendenzen in den 80er und 90er Jahren fortwirken:

Tendenzen in den 80er und 90er Jahren

- der traditionell erzählte realistische Gesellschaftsroman nimmt zumindest in quantitativer Hinsicht nach wie vor eine vorherrschende Stellung ein, was wohl nicht zuletzt durch ökonomische Faktoren und die Präferenzen des Leserpublikums bedingt ist;
- es gibt weiterhin verschiedene Spielarten experimentellen und dokumentarischen Erzählens;
- die Zunahme der Metafiktion setzt sich im zeitgenössischen Roman fort;
- die kritische Auseinandersetzung mit der Stellung der Frau in der Gesellschaft, die Rückbesinnung auf die Geschichte und die Transformation literarischer Vorlagen zählen weiterhin zu den Hauptthemen bzw. Formen;
- das Spektrum populärer Romangenres, die keiner bestimmten Phase der Gattungsentwicklung zuzuordnen sind, ist – nicht zuletzt wegen der Tendenz zu neuen Gattungsmischungen – so breit wie nie zuvor.

---

1 T.S. Eliot, *The Sacred Wood: Essays on Poetry and Criticism.* London: Faber & Faber 1972 [1920], S. 49.

Trotz dieser Vielfalt ist unübersehbar, dass es darüber hinaus eine Reihe von neuen Entwicklungen gibt, die den zeitgenössischen Roman auszeichnen.[2] Will man diese Entwicklungen zu einigen Haupttendenzen bündeln, so lassen sie sich – in stichwortartiger Verkürzung – mit den Begriffen ‚Zeitkritik', ‚kulturelle Erinnerung', ‚historiographische Metafiktion' und ‚Rückkehr zum Erzählen' zusammenfassen. Wenn es trotz der thematischen Vielfalt des zeitgenössischen Romans ein Thema gibt, das fast zur Obsession geworden ist, so ist dies das Thema ‚kulturelle Erinnerung' bzw. ‚Geschichte', und zwar in allen Bedeutungen dieses mehrdeutigen Begriffes (d. h. Geschichte als Ereignis, Erzählung, Wissenschaft und Inhalt des kollektiven Gedächtnisses). Die Entwicklungstendenzen in der jüngsten Phase stehen im Zeichen einer Rückbesinnung auf das kulturelle Erbe und einer oft metafiktionalen Auseinandersetzung mit den epistemologischen Problemen der Historiographie. In verdichteter Form bringt der Kerngedanke aus T. S. ELIOTS Ästhetik, der diesem Kapitel als Zitat vorangestellt ist, jene Vorstellung von der Präsenz des kulturellen Erbes in der Gegenwart und von der in Bibliotheken verkörperten Gleichzeitigkeit des Ungleichzeitigen zum Ausdruck, die im Zentrum vieler englischer Romane der 80er und 90er Jahre steht und die von einem grundlegenden Wandel des Geschichtsbewusstseins zeugt.

Die Tendenz zur Zeitkritik manifestiert sich vor allem in der kritischen Auseinandersetzung mit dem Thatcherismus (vgl. Kap. 7.2.). Hingegen kommt der erhöhte Stellenwert der Geschichte in drei eng miteinander verknüpften Tendenzen zum Ausdruck: der Entdeckung der Frauengeschichte in historischen Romanen von Autorinnen (7.3.), der Renaissance und typologischen Vielfalt des historischen Romans (7.4.) und der intertextuellen, metafiktionalen und oftmals parodistischen Transformation literarischer Vorlagen (7.5.). Von einem veränderten Verhältnis zum kulturellen Erbe zeugen auch die Auseinandersetzung mit der Geschichte und Historiographie in einer neuen Ausprägung des historischen Romans, die als ‚historiographische Metafiktion' bezeichnet wird.[3] Dieser Begriff bezeichnet Romane, die ein hohes Maß an fiktionaler Rückbezüglichkeit mit der Erörterung historiographischer Fragen verbinden (7.6.). Auch die seit den 80er Jahren zu verzeichnende Rückkehr zum Erzählen ist Ausdruck einer für den zeitgenössischen englischen Roman charakteristischen Synthese aus Tradition und Innovation (7.7.).

2 Literarische Zeitkritik: Ian McEwan und Martin Amis

Thatcheris-mus

In den 80er Jahren avancierte die kritische Auseinandersetzung mit den als ‚Thatcherism' bezeichneten Auswirkungen der Politik der konservativen Regierung zu einem der bevorzugten Themen. Wohl kein anderer Premierminister vor oder nach ihr hat durch seine politischen Maßnahmen so viele und so negative literarische Reaktionen provoziert wie MARGARET THATCHER.[4] Besonders deutlich werden die kritische Haltung gegenüber dem Thatcherismus und die damit einhergehende Politisierung des englischen Romans etwa in PAT BARKERS *Union Street* (1982) und *The Century's Daughter* (1986), DAVID LODGES *Nice Work* (1988) sowie in den Romanen von MARGRET DRABBLE und FAY WELDON aus den 80er Jahren. Zu den Autoren, die sich kritisch mit dem *Thatcherism* auseinandersetzen, zählen Verfasser populärer Genres wie des Universitätsromans (vor allem MALCOLM BRADBURY und DAVID LODGE) oder des Agenten- und Spionageromans (JOHN LE CARRÉ). Zudem melden sich in den 80er Jahren verstärkt Repräsentanten ethnischer Minderheiten wie HANIF KUREISHI, TIMOTHY MO UND SALMAN RUSHDIE zu Worte.

Ian McEwan, Martin Amis

Zwei Autoren, die literarische Zeitkritik durch die Erschließung vormals tabuisierter Themenbereiche und die Erprobung neuer Erzählformen üben, sind IAN MCEWAN und MARTIN AMIS. Beide haben sich mit ihren frühen Werken als literarische *enfants terribles* einen Namen gemacht, gehören inzwischen aber zu den bedeutendsten Repräsentanten der jüngeren Generation englischer Prosaautoren. In ihren Romanen werden gesellschaftliche und moralische Tabus durchbrochen, anerkannte Normen umgekehrt oder außer Kraft gesetzt und ‚normale' Verhaltensweisen in Frage

---

2 Als Einführung in den zeitgenössischen englischen Roman vgl. Bradbury, *The Modern . . .*, S. 394–462, Connor, Gasiorek, die Beiträge in Maack/Imhof, *Radikalität . . .*, Massie und Nünning, *Von historischer . . .*, Bd. 2.

3 Vgl. dazu Hutcheon, Nünning, *Von historischer . . .* sowie Kap. 7.4. bis 7.7. des vorliegenden Bandes. Als ein erstes Indiz für den neuen Abschnitt, den der Aufschwung historiographischer Metafiktion markiert, mag die Auszeichnung von Salman Rushdies metahistoriographischem Roman *Midnight's Children* (1981) mit dem *Booker Prize* gelten. Zudem kamen im gleichen Jahr mit D. M. Thomas' Skandalerfolg *The White Hotel*, Doris Lessings als *space fiction* bezeichnetem *The Sirian Experiments*, Muriel Sparks metafiktionalem *Loitering with Intent* und Ian McEwans neo-gotischem *The Comfort of Strangers* gleich vier weitere experimentelle Romane in die engere Auswahl – ein Trend, der in den folgenden Jahren anhielt.

4 Vgl. Taylor, S. 265–288 und die Beiträge in dem von Riedel/Stein herausgegebenen Band, der eine gute Einführung in Grundprobleme der Thatcher-Ära und die literarischen Auseinandersetzungen mit dem Thatcherismus bietet.

gestellt. Sexuelle Themen werden in ihren Werken ohne Romantik, aber auch ohne jede pornographische Effekthascherei behandelt.

McEwan

Die Aktualität und die zeitkritische Dimension von MCEWANS Romanen und Kurzgeschichten, deren Schauplatz oft das London der Gegenwart ist, beruhen vor allem auf der Themenwahl. MCEWANS Werke behandeln Themen wie psychische Vereinsamung, Gewalt gegenüber Kindern, Inzest und Sadomasochismus. Zentrale Motive seiner Werke sind die Isolation des Individuums, der Zusammenbruch gesellschaftlicher Ordnungen sowie der Verlust verbindlicher Werte und Normen. Die Beziehungen zwischen den Figuren sind von Krisen, wechselseitigem Nichtverstehen und versteckten Grausamkeiten geprägt. Die Figuren leben in einer vom Menschen deformierten Welt und verkümmern zu isolierten Individuen, die zu normalen menschlichen Beziehungen unfähig sind. Zuspitzungen von gestörter Kommunikation wie die Liebe zu einer Schaufensterpuppe stellen ein groteskes Verfremdungsprinzip dar, durch das der Kontrast zwischen der vergeblichen Suche nach Kontakt und der Isolation der Figuren hervorgehoben wird.

The Cement Garden

Im Zentrum von MCEWANS Kurzgeschichten, die in den Sammlungen *First Love, Last Rites* (1975) und *In Between the Sheets* (1978) erschienen sind, und seinem ersten Roman, *The Cement Garden* (1978), stehen die psychischen und sexuellen Probleme des Erwachsenwerdens und die Suche nach geschlechtlicher Identität. Obwohl die Handlung vieler Geschichten ‚zwischen den Laken‘ stattfindet, kommt es weder zu befriedigenden sexuellen Vereinigungen noch zu Verständnis. In *The Cement Garden* entwirft MCEWAN ein düsteres Bild vom Zerfall einer Wohngegend und von der Auflösung einer Familie, die physisch und sozial von der Umwelt isoliert ist. Der Titel verweist auf den Plan des patriarchalischen Vaters, das in einem Abbruchviertel alleinstehende Haus der Familie mit einer Betonfläche zu umgeben. Nachdem der Vater, der bei der Ausführung des Plans einem Herzanfall erliegt, und die Mutter gestorben sind, wird der Zement in makabrer Weise zweckentfremdet: Gemeinsam mit seiner älteren Schwester Julie bestattet der Ich-Erzähler Jack die Mutter im Keller des Hauses in einer mit Zement gefüllten Blechkiste, um ihren Tod zu verheimlichen und die Geschwister zusammenzuhalten. Die Vereinsamung der vier Kinder nimmt danach weiter zu, und die Kommunikation unter ihnen bleibt gestört. Die Sehnsucht nach menschlichen Beziehungen wird meist ebenso negiert wie die Suche nach sinnvollen Tätigkeiten.

Themenselektion

In MCEWANS späteren Romanen verlagert sich die Thematik auf das Liebesleben von Erwachsenen und das Verhältnis zwischen den Geschlechtern sowie auf weitere feministische und politische Probleme. MCEWAN erfreut sich auch unter Feministinnen großer

Beliebtheit, weil er Geschlechtsstereotypen in Frage stellt und die Ungleichbehandlung von Frauen in sachlicher Weise und zum Teil mit grotesker Überspitzung schildert. In dem neo-gotischen Roman *The Comfort of Strangers* (1981), der durch den Schauplatz, die Atmosphäre und die dominanten Motive viele Anklänge an THOMAS MANNS Novelle *Der Tod in Venedig* (1912) aufweist, versuchen die vier Hauptfiguren vergeblich, ihre Isolation durch sadomasochistische Praktiken zu überwinden. Auch in MCEWANS neueren Romanen, etwa in *The Child in Time* (1987), *The Innocent: A Berlin Love Story* (1990), einer zur Zeit des Kalten Krieges spielenden Spionage- und Liebesgeschichte, und *Black Dogs* (1992), wird die morbide und groteske Atmosphäre der Romanwelten geprägt durch Bilder des Verfalls und der Isolation.

Martin Amis

In noch stärkerem Maße als MCEWAN hat MARTIN AMIS den als *Decade of Discontent* bezeichneten 80er Jahren mit Romanen wie *Money: A Suicide Note* (1984) und *London Fields* (1989) ein denkwürdiges, wenngleich wenig schmeichelhaftes literarisches Denkmal gesetzt. Seine postmodernen Werke, die sich kritisch mit den gesellschaftlichen Verhältnissen im England der Thatcher-Ära auseinandersetzen, kreisen vor allem um Geld, Sex, Pornographie und Macht. Ähnlich wie MCEWANS frühe Werke beschäftigen sich AMIS' erste drei Romane – die parodistische Initiationsgeschichte *The Rachel Papers* (1974), *Dead Babies* (1975), eine satirische Variation des Genres des *country house*-Romans, und *Success* (1978) – primär mit den psychischen und sexuellen Problemen des Erwachsenwerdens.

Money

In *Money* verbindet AMIS eine schonungslose Analyse der materialistischen Auswüchse der Thatcher-Ära und der dehumanisierenden Auswirkungen des Spätkapitalismus mit vielen der Erzählverfahren, die als Markenzeichen seiner Erzählkunst gelten: die auf Schockwirkung abzielende Missachtung moralischer und sexueller Tabus, seine ausgeprägte Experimentierfreudigkeit, sein parodistisches und satirisches Talent sowie seine große Vorliebe für Wortspiele und stilistische Virtuosität. In *Money* knüpft AMIS mit dem Rückgriff auf die Form des dramatischen Monologs in erzählerischer Hinsicht an *The Rachel Papers* und *Success* an.

Thematik

Im Mittelpunkt der episodenhaften Handlung von *Money* steht die wechselvolle Karriere des vulgären, skrupellosen, brutalen und materialistischen Antihelden John Self, dessen Hauptvorlieben Pornographie, Fast Food, Alkohol und käuflicher Sex sind. Der sprechende Name des 35-jährigen Protagonisten, der als Produzent von reißerischen Werbespots für das Fernsehen zu Geld gekommen ist, deutet an, dass dieser den Typus des egozentrischen Jedermanns verkörpert. Self wird als ein typischer Repräsentant des erfolgs-, sex- und geldsüchtigen Aufsteigers im England der

Thatcher-Ära dargestellt. Der Titel dieses satirischen Romans weist auf Selfs zentrale Obsession hin, denn alles in dessen Leben wird bestimmt von Geld und der Sucht nach mehr Geld.

Figuren

Ebenso wie in AMIS' anderen Werken sind die Hauptfiguren des Romans nicht mehr als ‚runde Charaktere' gezeichnet, sondern als fragmentierte, traumatisierte, vereinsamte, entwurzelte und abgestumpfte Individuen, die in materiellem Überfluss leben, aber zu Gefühlen oder menschlichen Beziehungen nicht mehr fähig sind. Wenn der unter Tinnitus leidende Self ständig vier konfligierende Stimmen hört (die Stimmen des Geldes, der Pornographie, des Älterwerdens und des Gewissens), so wird damit zugleich der moderne Mensch als dezentriertes Subjekt und als Schnittpunkt verschiedener Diskurse dargestellt. Das Prinzip der implizit charakterisierenden Namensgebung erstreckt sich über die Figuren hinaus auf Konsumartikel wie Autos, wobei der Markenname von Selfs fetischistisch geliebtem Sportwagen, ‚Fiasco', als passendes Motto über dem Leben seines Besitzers stehen könnte. Die kontrastierten Schauplätze der Handlung, die als Bedrohung erfahrenen und kollabierenden Großstädte London und New York, werden in *Money* zum Emblem von Korruption, Gewalt, Elend, Desillusionierung, Zerfall und globaler Krise.

Kennzeichen post- modernen Erzählens

Ebenso wie in AMIS' anderen Romanen finden sich in *Money* typische Kennzeichen postmodernen Erzählens. Dazu zählen der hohe Grad an metafiktionaler Rückbezüglichkeit, der Wechsel von Fiktionsebenen, die Auflösung des festen Charakters, die vielfachen Variationen des Doppelgängermotivs, die Selbstthematisierung von Literatur sowie eine Vielzahl von intertextuellen Bezügen. Der in *Money* evozierte Eindruck einer grotesk entstellten Welt und der daraus resultierende schwarze Humor des Romans beruhen vor allem darauf, dass das Geschehen ganz aus der subjektiv verzerrten Perspektive des Ich-Erzählers John Self wiedergegeben wird, der als unglaubwürdiger Erzähler (*unreliable narrator*) entlarvt wird. Dramatische Ironie resultiert aus der durchgängigen Diskrepanz zwischen Selfs expliziter und impliziter Selbstcharakterisierung, aus seiner Unkenntnis in bezug auf die Implikationen vieler Wörter und daraus, dass die literarischen Anspielungen sein begrenztes Auffassungsvermögen übersteigen. Da die erzählerische Vermittlung die Aufmerksamkeit auf das Widersinnige, Perverse und Absurde lenkt, das Self gleichwohl als subjektiv ‚normal' erscheint, führt sie zu einem völlig verschobenen Normalitätsbegriff und einer ironischen Umwertung aller Werte.

Amis' spätere Werke

In noch stärkerem Maße als in *Money* werden in AMIS' späteren Werken – etwa *Einstein's Monsters* (1987), einer Sammlung von fünf prä- bzw. postapokalyptischen Kurzgeschichten, und in dem

mehrsträngigen und figurenreichen Endzeitroman *London Fields* (1989) – anerkannte Normen umgekehrt oder außer Kraft gesetzt, Tabus durchbrochen, soziale Missstände und individuelle Untugenden (allen voran die hedonistische Gier nach Geld, Rausch und Sex) satirisch entlarvt und ‚normale' Verhaltensweisen in Frage gestellt. AMIS' fiktionale Werke sind literarisch selbstreflexiv und eminent gesellschaftskritisch, ohne explizit zu kritisieren, didaktisch zu belehren oder ästhetische Normen zu propagieren.

3 Feministische Gesellschaftskritik im historischen Frauenroman: Zoë Fairbairns, Pat Barker, Maureen Duffy, Eva Figes und Jeanette Winterson

Neue Entwicklungen

In Romanen englischer Autorinnen der Gegenwart lassen sich einige neue Entwicklungen feststellen, die von einer zunehmenden Differenzierung der Themen und Darstellungsverfahren zeugen.[5] Gleichwohl zeichnen sich einige thematische Schwerpunkte und formale Tendenzen ab, die sich verkürzt wie folgt charakterisieren lassen:

Schwerpunkte und formale Tendenzen im Frauenroman

- thematische Konzentration auf die Stellung der Frau in der Gesellschaft
- kritische Darstellung der Benachteiligung der Frau aus feministischer Sicht
- Bevorzugung realistischer Darstellungsverfahren
- Vorherrschen von ausgeprägter Illusionsbildung
- Adaption und intertextuelle Bearbeitung von literarischen Vorlagen

---

Historischer Frauenroman

Eine besonders innovative Entwicklungstendenz in zeitgenössischen Romanen englischer Autorinnen zeigt sich im Aufkommen einer neuen, thematisch definierten Ausprägung des historischen Romans, die aufgrund des Geschlechts der Autorinnen und der bevorzugten Themen als ‚historischer Frauenroman' bezeichnet werden kann. Dieses ideologiekritisch orientierte Genre ist von dem revisionistischen Bemühen geprägt, die ungeschriebene Geschichte von Frauen oder von marginalisierten Gruppen darzustellen. Ein Erzählerkommentar in SALMAN RUSHDIES *Shame* (1983)

---

5 Zu Besonderheiten zeitgenössischer Romane englischer Autorinnen vgl. die Studien von Alexander, Kenyon, Palmer und Sage sowie die von Anderson, Friedman/Fuchs, Hosmer bzw. Maassen/Stuby herausgegebenen Sammelbände.

fasst die im historischen Frauenroman zum Ausdruck kommende Tendenz treffend zusammen: *„But the women seem to have taken over; they marched in from the peripheries of the story to demand the inclusion of their own tragedies, histories and comedies, obliging me to couch my narrative in all manner of sinuous complexities, to see my 'male' plot refracted, so to speak, through the prisms of its reverse and 'female' side. It occurs to me that the women knew precisely what they were up to – that their stories explain, and even subsume, the men's."*[6]

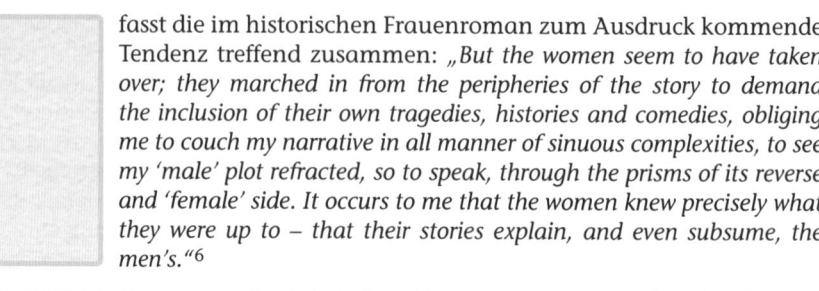

Auseinandersetzung mit der Ungleichbehandlung der Geschlechter

Von einem feministischen Vorverständnis ausgehend, schildern solche Romane historische Prozesse aus der Perspektive weiblicher Figuren und setzen sich kritisch mit der Ungleichbehandlung der Geschlechter in der Gesellschaft und in der traditionellen Geschichtsschreibung auseinander. Autorinnen wie PAT BARKER, MAUREEN DUFFY, ZOË FAIRBAIRNS, SARA MAITLAND, MICHÈLE ROBERTS und JEANETTE WINTERSON stellen den geschichtlichen Erfahrungsbereich der Frau in den Mittelpunkt. Sie sind bemüht, neben den sozialen und ökonomischen Schwierigkeiten auch die Leistungen von Frauen herauszustellen, um so ihre historische Rolle in der Gesellschaft und den Beitrag von Frauen zur Kultur mit den Mitteln der Fiktion zu evozieren. Das Spektrum der Texte, die zum Genre des historischen Frauenromans zu zählen sind, reicht von realistischer Frauendarstellung in ansonsten traditionellen historischen Romanen über revisionistische und experimentelle Formen der Wiedergabe weiblicher Geschichtserfahrung.[7]

Zoë Fairbairns, *Stand we at last*

Die historische Benachteiligung der Frau ist das zentrale Thema von FAIRBAIRNS' Familiensaga *Stand we at last* (1983), in der die Geschichte von fünf Generationen englischer Frauen chronologisch erzählt wird. Thematische Schwerpunkte des Romans, der die historischen Lebensumstände von Frauen in dem Zeitraum zwischen 1855 und 1972 sehr realistisch in Form einer fiktiven Alltagschronik darstellt, sind die Erfahrungen viktorianischer Frauen im Haushalt und in der Familie, die Stellung der Frau in der Öffentlichkeit und im Arbeitsleben sowie die Entwicklung der Frauenbewegung. Die für den historischen Frauenroman typische revisionistische Tendenz zeigt sich in der Marginalisierung politischer und militärischer Ereignisse, die nur beiläufig erwähnt werden, sofern sie das Leben der weiblichen Figuren tangieren.

Pat Barker, *The Century's Daughter*

Ein typisches Beispiel für eine feministisch orientierte Form von revisionistischer Geschichtsdarstellung ist BARKERS *The Century's Daughter* (1986). Dieser Roman verbindet eine anachronische Zeitstruktur mit einer überwiegend realistischen Erzählweise. Diese alterniert zwischen naturalistisch geschilderten Gegenwartspassagen, die im Jahr 1984 in einem Arbeiterviertel einer nordenglischen Stadt angesiedelt sind, und der retrospektiven Vermittlung erlebter Geschichte(n) in Form von Bewusstseinsdarstellung. Im Zentrum des Romans steht der Alltag einer Arbeiterfamilie in diesem Jh., der aus der Rückschau und gebrochen durch die Perspektive einer 84-jährigen Protagonistin vermittelt wird. *The Century's Daughter* schildert die Lebensgeschichte der eigenwilligen, willensstarken, durchsetzungsfähigen und selbstbewussten Liza Jarrett. Durch die Aufwertung des persönlichen und geschlechtsspezifischen Erlebens der Figuren gegenüber der Faktizität der Ereignisgeschichte entwirft der Roman vielschichtige Geschichtsbilder, die sich nicht mehr zu ‚einer' Geschichte bündeln lassen.

Innovative Erzählverfahren

Die revisionistische Tendenz historischer Frauenromane geht in einigen Werken mit der Erprobung innovativer Erzählverfahren einher, mit denen spezifisch weibliche Formen von Geschichtserfahrung dargestellt werden. Im Gegensatz zu jenen Autorinnen, die sich auf die Erschließung neuer Themenbereiche aus der Frauengeschichte beschränken, nutzen etwa MAUREEN DUFFY, EVA FIGES und JEANETTE WINTERSON in ihren stärker experimentellen Romanen die Privilegien der Fiktion zur literarischen Gestaltung weiblicher Geschichtserfahrung.

Maureen Duffy

DUFFY bezieht in ihren Romanen ein breites Spektrum alltags- und sozialgeschichtlicher Themen ein, um kollektive weibliche Geschichtserfahrungen zu evozieren. Vor allem in ihrer Trilogie über die Londoner Bevölkerung entwirft sie ein breitangelegtes Bild von den alltäglichen Lebensverhältnissen in der englischen Metropole. Im Gegensatz zu *Wounds* (1969) und *Londoners: An Elegy* (1983), in denen die Gegenwart im Vordergrund steht, entwirft DUFFY in *Capital* (1975) mit experimentellen Darstellungsmitteln ein verdichtetes Bild der diskontinuierlichen Entwicklung Londons von den ur- und frühgeschichtlichen Anfängen bis in die Gegenwart. Während die konkreten sozioökonomischen Lebensbedingungen von Prostituierten und Taschendieben detailliert geschildert und kollektive Geschichtserfahrungen wie Seuchen und Krieg durch Personifikationen evoziert werden, spielen historische Persönlichkeiten eine untergeordnete Rolle. Verstärkt wird das revisionistische Geschichtsbild in *Capital* durch den Versuch, die Form der Geschichtsdarstellung an die jeweils evozierten Epochen anzupassen. So wird etwa eine Sequenz, die Ereignisse aus dem Mittel-

---

6 Rushdie, *Shame*. London: Picador, Pan Books, 1984, S. 173.
7 Zu den verschiedenen Ausprägungen dieses Genres vgl. Nünning, *Von historischer...*, Bd. 2, S. 93–154.

alter behandelt, in annalistischer Form als Auszug aus einer fiktiven Chronik wiedergegeben. Auch in DUFFYS revisionistischem historischen Roman *Change* (1987), in dem sich das erzählte Geschehen von 1939 bis zum Ende des Krieges 1945 erstreckt, werden die Subjektivierung, Fragmentierung und Pluralisierung moderner Geschichtserfahrungen durch die multiperspektivische erzählerische Vermittlung formal akzentuiert, die die Stimmen der ‚kleinen Leute‘ hörbar macht. In *Change* löst DUFFY ‚die‘ Geschichte des Zweiten Weltkriegs auf in eine Vielfalt von scheinbar inkohärenten Bruchstücken, in denen heterogene Einzelheiten aus unterschiedlichen Perspektiven berichtet werden. Diese fügen sich mosaikartig zu einem großflächigen Bild der Lebensverhältnisse der englischen Bevölkerung zusammen.

Eva Figes,
The Seven
Ages

FIGES' experimenteller Roman *The Seven Ages* (1987) verkörpert einen Typus des revisionistischen historischen Frauenromans, der thematische Neuerungen mit der Erprobung experimenteller Erzählverfahren verbindet. FIGES verlagert den Akzent von individuellen Schicksalen auf die Frage, welche kollektiven Besonderheiten für die historischen Lebensweisen und Erlebnisse des weiblichen Geschlechts konstitutiv sind. Um die jahrhundertelange Diskriminierung der Frau aufzuweisen, werden in *The Seven Ages* Lebensumstände von Frauen seit dem Mittelalter aus der Perspektive verschiedener Figuren geschildert, die kaum individualisiert sind. In noch stärkerem Maße als in FAIRBAIRNS' *Stand we at last* werden Frauen in *The Seven Ages* als Unterdrückte und Opfer männlicher Aggression dargestellt. Vor allem Vergewaltigung, ungewollte Schwangerschaft, schwierige Geburten, Mutterschaft, Kindererziehung und das Heilen von Kranken zählen zu jenen Themen, die die Schicksale der Frauenfiguren aus verschiedenen Generationen verbinden. Auch die Semantisierung innovativer Darstellungsformen – vor allem die dominant mündliche und polyphone Geschichtsvermittlung, die De-Individualisierung der Erzählerinnen und Frauenfiguren aus verschiedenen Generationen, die Durchdringung unterschiedlicher Zeitebenen sowie die Betonung des Zyklischen – trägt dazu bei, kollektive weibliche Wirklichkeitserfahrung und die geringen Entfaltungsmöglichkeiten für Frauen vom Mittelalter bis zur Gegenwart zu evozieren.

Jeanette
Winterson

Ebenso wie FIGES verbindet WINTERSON in ihren formal und inhaltlich sehr unkonventionellen Romanen die feministisch orientierte Erschließung von Themen aus dem Bereich der Frauengeschichte mit experimentellen Erzähltechniken. WINTERSONS Romane *The Passion* (1987) und *Sexing the Cherry* (1989), deren Handlung zur Zeit der Napoleonischen Kriege bzw. der Englischen Revolution im 17. Jh. spielt, enthalten kontrafaktische Realitätsreferenzen, Anachronismen und Passagen, die logischen oder physikalischen

Gesetzen der empirischen Welt widersprechen. Die Einebnung des Gegensatzes zwischen *stories* und *history* geht einher mit einer thematischen Entgrenzung des Romans zu Mythen, Legenden und Märchen. Durch die Nivellierung dieser Oppositionen sowie die Kontrastierung von männlichen und weiblichen Perspektiven entwerfen WINTERSONS Romane ausgeprägt revisionistische Geschichtsbilder.

Auseinandersetzung mit Historiographie

Darüber hinaus thematisieren metahistoriographische Frauenromane ein zentrales Problem der historischen Frauenforschung, die Bedeutung von Geschlecht als geschichtlicher Kategorie. Feministische Ausprägungen von *historiographic metafiction* setzen sich explizit mit den Selektionsprinzipien, Methoden und Darstellungsverfahren der traditionellen Historiographie auseinander. Beispiele für das feministische Aufbegehren gegen den Ausschluss der Frau vom Diskurs der Historiographie sind etwa DUFFYS Roman *Illuminations. A Fable* (1991) und PENELOPE LIVELYS *Moon Tiger* (1987). Während geschichtstheoretische Fragen in einigen von DUFFYS Romanen eher am Rande thematisiert werden, rücken sie in LIVELYS Romanen seit Mitte der 80er Jahre so sehr ins Zentrum, dass ihre neueren Werke zum expliziten Typus von historiographischer Metafiktion zu rechnen sind.

Frauenromane der 90er Jahre

Zu einer ähnlichen Aufwertung weiblicher Geschichtserfahrung und Marginalisierung des großen historischen Geschehens kommt es in zahlreichen Frauenromanen der 90er Jahre, von denen zumindest einige genannt seien: EVA FIGES' Roman *The Tree of Knowledge* (1990), der das Leben von John Miltons Tochter aus deren Sicht schildert; JUDITH CHERNAIKS fiktionale Mehrfachbiographie *Mab's Daughters* (1991), die in Form von fiktiven Auszügen aus den Tagebüchern von MARY SHELLEY, FANNY GODWIN, CLARE CLAIRMONT und HARRIET WESTBROOK die Biographien dieser Frauenfiguren und die Geschichte des SHELLEY-Kreises rekonstruiert; MARGARET FORSTERS fiktionale Biographie *Lady's Maid* (1990), die am Beispiel des Lebens der Dienerin ELIZABETH BARRETT-BROWNINGS Erfahrungen viktorianischer Hausangestellten und die Macht des *angel in the house* beleuchtet; MICHÈLE ROBERTS' *Daughters of the House* (1992), der weibliche Erfahrungen im Zweiten Weltkrieg analytisch aus der Sicht von zwei Frauen schildert.

Romane mit Gegenwartsbezug

Obgleich in vielen Romanen von Autorinnen seit den 80er Jahren der Vergangenheitsbezug dominiert, gibt es auch weiterhin zahlreiche Werke, die Kritik an der Ungleichbehandlung der Frau in der zeitgenössischen Gesellschaft üben. Eine für viele Romane von Autorinnen vorherrschende Tendenz besteht darin, Probleme des weiblichen Selbstverständnisses und die Schwierigkeit intelligenter junger Frauen, angesichts von Zweifeln an vorgegebenen

Weiblichkeitsnormen tragfähige Wege der Identitätsbildung zu finden, in den Mittelpunkt zu rücken. Besonders deutlich wird dies etwa im Falle der als Antiheldinnen konzipierten Hauptfiguren in den Romanen ANITA BROOKNERS. Diese Figuren sind darum bemüht, im Spannungsfeld traditioneller und zeitgenössischer Moralvorstellungen richtig zu handeln und ihre individuellen Wünsche mit den Normen der Gesellschaft in Einklang zu bringen. Hingegen wird die feministische Kritik an patriarchalen Zwängen in den Romanen von Autorinnen wie ANGELA CARTER, DORIS LESSING, SARA MAITLAND, MICHÈLE ROBERTS, FAY WELDON und JEANETTE WINTERSON sehr viel expliziter und variationsreicher artikuliert.

4 Dokumentarischer, realistischer, revisionistischer und metahistorischer Roman sowie historiographische Metafiktion

Typen des historischen Romans

Im englischen Roman der Gegenwart sind eine solch prononcierte Hinwendung zur Geschichte und Reflexion über Grundprobleme historischer Sinnbildung zu verzeichnen, dass man mit Fug und Recht von einer Renaissance des historischen Romans sprechen kann. Allerdings unterscheiden sich zeitgenössische historische Romane so stark von jenem traditionellen Gattungsmodell, das von den Werken SIR WALTER SCOTTS geprägt wurde, dass es inzwischen zu einem Paradigmenwechsel in diesem Genre gekommen ist, das Anschluss an die ästhetische Praxis der Postmoderne gefunden hat. Überblickt man die Bandbreite der Gattungsausprägungen, so können fünf Typen des historischen Romans unterschieden werden: ‚dokumentarische historische Romane‘, ‚realistische historische Romane‘, ‚revisionistische historische Romane‘, ‚metahistorische Romane‘ und ‚historiographische Metafiktion‘.[8]

Dokumentarischer historischer Roman

Der Typus des dokumentarischen historischen Romans zeichnet sich dadurch aus, dass quellenmäßig belegbare geschichtliche Ereignisse und Personen im Zentrum stehen. In solchen dominant vergangenheitsorientierten Romanen wird mit literarischen Mitteln ein historisch weitgehend authentisches, handlungsreiches und kohärentes Geschehen geschildert. Hauptkennzeichen ist eine sehr hohe Zahl und Streubreite von Realitätsreferenzen, die den Akzent auf die Darstellung einer außertextuellen Wirklichkeit legen. Damit geht eine Tendenz zur Verschleierung der Fiktionalität einher. Die erzählerische Vermittlung ist so angelegt, dass sie wie ein durchsichtiges Medium erscheint, das einen unverfälschten Blick auf einen Ausschnitt der geschichtlichen Wirklichkeit freigibt. Der dokumentarische historische Roman ver-

bindet den Anschein von Objektivität und Authentizität der geschichtlichen Darstellung mit dem Rückgriff auf spezifisch fiktionale Erzähltechniken, mit deren Hilfe auch die subjektive und psychische Dimension des Geschehens beleuchtet werden kann. Beispiele für diesen Typus sind etwa J. G. BALLARDS Romane *Empire of the Sun* (1984) und *The Kindness of Women* (1991), THOMAS KENEALLYS *Schindler's Ark* (1982) und MARY RENAULTS *The Alexander Trilogy* (1970–1981).

Realistischer historischer Roman

Im Vergleich zum dokumentarischen Typus verlagern sich die Dominanzverhältnisse zwischen den geschichtlich belegbaren und den fiktionalen Elementen in anderen Ausprägungen des historischen Romans zugunsten des fiktiven Pols. Realistische historische Romane schildern ein weitgehend fiktives Geschehen in einem raum-zeitlich präzise ausgestalteten geschichtlichen Milieu. Die für diesen Typus kennzeichnende Art der Geschichtsdarstellung, die auf den traditionellen historischen Roman SCOTTS zurückgeht, entspricht den Konventionen des literarischen Realismus.[9] Charakteristisch für diesen Typus ist das Bemühen, sich imaginativ in die Vergangenheit hineinzuversetzen, diese plastisch zu verlebendigen und heraufzubeschwören. Beispielhaft für diesen Typus sind etwa die dem *roman-fleuve* nahestehenden Romane A. N. WILSONS, etwa *Gentlemen in England* (1985), *Incline Our Hearts* (1988) und *A Bottle in the Smoke* (1990).

Revisionistischer historischer Roman

Im Gegensatz dazu setzen sich revisionistische historische Romane kritisch mit der Vergangenheit, dem kulturellen Erbe und literarischen Konventionen auseinander. Sie zeichnen sich dadurch aus, dass sie der Gattung neue Themenbereiche erschließen, fiktive Gegengeschichten erzählen, experimentelle Erzählverfahren zur Geschichtsdarstellung verwenden, den Akzent vom vergangenen Geschehen auf dessen Auswirkungen auf und Bedeutung für die Gegenwart verlagern und historiographische Neuerungen reflektieren. Der postmoderne historische Roman ist in zweifacher Hinsicht revisionistisch: *„First, it revises the* content *of the historical record, reinterpreting the historical record, often demystifying or debunking the orthodox version of the past. Secondly, it revises, indeed transforms, the conventions and norms of historical fiction itself."*[10] Revisionistische historische Romane unterscheiden

---

8 Zur Typologie und Poetik des historischen Romans, die hier nicht im einzelnen referiert werden kann, vgl. Nünning, *Von historischer...*, Bd. 1, S. 206–343; dort findet sich auch eine Merkmalsmatrix für jeden der fünf Typen. Vgl. auch Reinfandt, S. 237–251, der diese Unterscheidung zur Grundlage für eine allgemeine Typologie der möglichen Schreibweisen des postmodernen Romans macht.

9 Vgl. dazu die Tabelle in Kap. 1.3 (S. 12) sowie Kap. 2 und 5 des vorliegenden Bandes.

10 McHale, *Postmodernist...*, S. 90.

sich von traditionellen Ausprägungen der Gattung im wesentlichen in drei Bereichen. Erstens behandelt sie vornehmlich Stoffe, die von einer kritischen Haltung gegenüber der Vergangenheit bzw. den überkommenen Deutungsmustern und einem veränderten Geschichtsverständnis zeugen. Mit der Erzählung kritischer Gegengeschichten durchbricht dieser Typus zweitens jene Beschränkungen, denen die Geschichtsdarstellung im realistischen Roman und in der Geschichtsschreibung unterliegt. Drittens verwendet der revisionistische historische Roman innovative Formen der Geschichtsdarstellung, die veränderten Auffassungen von Geschichte, Erinnerung, Gedächtnis, Zeit und historischer Erkenntnis entsprechen. Stellvertretend für eine Vielzahl anderer revisionistischer historischer Romane seien etwa KINGSLEY AMIS' *The Alteration* (1976), JOHN ARDENS *Silence Among the Weapons* (1982), JOHN BERGERS *Into Their Labours: A Trilogy* (1979–1990), WILLIAM BOYDS *An Ice-Cream War* (1982), HILARY MANTELS *A Place of Greater Safety* (1992) und ROSE TREMAINS *Restoration* (1989) genannt.

Metahistorischer Roman

Eine neue Form des selbstreflexiven historischen Romans, die seit der Moderne in England zu finden ist (VIRGINIA WOOLF, *Orlando*, 1928; *Between the Acts*, 1941), zeichnet sich dadurch aus, dass sich in ihr das Verhältnis zwischen hetero- und autoreferentiellen Bezügen noch stärker zugunsten fiktionaler Rückbezüglichkeit verschiebt. An die Stelle der Darstellung eines historischen Geschehens rückt in solchen Romanen die retrospektive Beschäftigung mit Geschichte.[11] Dieser Typus von selbstreflexiver Geschichtsfiktion wird als ‚metahistorischer Roman' bezeichnet, weil sich die Aufmerksamkeit darin von geschichtlichen Personen und Ereignissen auf die Metaebene der nachträglichen historiographischen Beschäftigung mit Geschichte, der Rekonstruktion der Vergangenheit vom Standpunkt des Hier und Jetzt sowie der retrospektiven Sinnstiftung verlagert. In metahistorischen Romanen trägt die Semantisierung von mono- und multiperspektivischen Erzählstrukturen dazu bei, die Konstruktivität von Erinnerung, Identität und Historiographie zu verdeutlichen.[12] In multiperspektivischen Romanen wie JOHN FOWLES' *A Maggot* (1985) und GRAHAM SWIFTS *The Sweet-Shop Owner* (1980), *Shuttlecock* (1981) und *Out of this World* (1988) werden die Relativität der historischen Erkenntnis und die Konstruktivität der Historiographie durch die Auflösung des erzählten Geschehens in eine Vielfalt heterogener Geschichten aufgedeckt. Weitere Beispiele für den Typus des metahistorischen Romans sind etwa PETER ACKROYDS fiktive Biographien *Hawksmoor* (1985) und *Chatterton* (1987), ISABEL COLEGATES *Deceits of Time* (1988) und *The Summer of the Royal Visit* (1991), KAZUO ISHIGUROS und GRAHAM SWIFTS analytisch strukturierte

Romane (vgl. Kap. 7.7.) sowie BARRY UNSWORTHS zwischen mehreren Zeitebenen alternierende Romane *Stone Virgin* (1985) und *Sugar and Rum* (1988).

Historiographische Metafiktion

In noch stärkerem Maße als in metahistorischen Romanen verlagert sich in historiographischer Metafiktion der Akzent von der Geschichtsdarstellung auf die Reflexion über die Rekonstruktion von geschichtlichen Zusammenhängen und die Thematisierung geschichtstheoretischer Probleme. Als Bezeichnung für diesen selbstreflexiven Typus des postmodernen historischen Romans, der ein hohes Maß an fiktionaler Rückbezüglichkeit mit einer expliziten Erörterung historiographischer Fragen verbindet, hat sich der von LINDA HUTCHEON geprägte Begriff *historiographic metafiction* etabliert. Er bezeichnet *„those well-known and popular novels which are both intensely self-reflexive and yet paradoxically also lay claim to historical events and personages".*[13] In historiographischer Metafiktion stehen die Bezugnahme auf geschichtliche Themen und die metafiktionalen Verfahren im Dienst der Reflexion über die Methoden und Probleme der Geschichtsschreibung.

Historische Fiktion vs. historiographische Metafiktion

Worin die wesentlichen Neuerungen bzw. die typischen Merkmale von *historiographic metafiction* zu sehen sind, lässt sich am besten durch einen Vergleich der Begriffe ‚historische Fiktion‘ und ‚historiographische Metafiktion‘ zeigen. Erstens verdeutlicht die Substitution des Adjektivs ‚historisch‘ durch ‚historiographisch‘, dass historiographische Metafiktion den Akzent vom historischen Geschehen auf den Prozess der imaginativen Rekonstruktion von Geschichte und auf die Reflexion über Probleme der Historiographie verlagert. Das Substantiv ‚Metafiktion‘ verweist auf das zweite Merkmal, durch das sich *historiographic metafiction* vom historischen Roman unterscheidet: Historiographische Metafiktion zeichnet sich durch ein hohes Maß an ästhetischer Selbstreflexivität, d. h. ausgiebige Reflexionen über Fiktion, aus. Paradigmatisch für historiographische Metafiktion sind JULIAN BARNES' fiktionale Metabiographie *Flaubert's Parrot* (1984) und sein hybrider Roman *A History of the World in 10 and 1/2 Chapters* (1989), JOHN FOWLES' *A Maggot* (1985), PENELOPE LIVELYS *Moon Tiger*

11 Vgl. Wesseling, S. 90, die metahistorische Romane und historiographische Metafiktion unter dem Begriff *self-reflexive historical novel* subsumiert.

12 Vgl. zum folgenden Nünning, *Von historischer...*, Bd. 2, S. 253–287.

13 Hutcheon, S. 5; vgl. zum Genre der historiographischen Metafiktion auch Lee, Gasiorek, S. 147–178, Nünning, *Von historischer...* und Wesseling. Obgleich *historiographic metafiction* in der Literatur der Postmoderne gehäuft auftritt, ist sie weder mit der Epochenbezeichnung ‚Postmoderne‘ noch mit dem ‚Postmodernismus‘ als literarischer Stilrichtung gleichzusetzen. Historiographische Metafiktion ist vielmehr eine (primär inhaltlich definierte) Form von Metafiktion.

(1987) und *City of the Mind* (1991), SALMAN RUSHDIES *Midnight's Children* (1981), GRAHAM SWIFTS *Waterland* (1983) sowie NIGEL WILLIAMS' *Star Turn* (1985) und *Witchcraft* (1987).

5 Intertextualität und Metafiktion: Peter Ackroyd

Romane als Echo-kammern

Viele Romane der Gegenwart zeichnen sich dadurch aus, dass sie mit Hilfe eines dichten Netzes von intertextuellen Anspielungen das kulturelle Erbe Englands evozieren und die poetologische Selbstreflexion in ihre eigene Struktur integrieren. In den Werken vieler zeitgenössischer Autoren – etwa PETER ACKROYD, ANTONIA S. BYATT, MALCOLM BRADBURY und DAVID LODGE – sind metafiktionale Kommentare über Kunst und Literatur eng mit dem erzählten Geschehen und der den Romanen zugrundeliegenden Ästhetik verknüpft. Durch die ausgiebige Verwendung von Intertextualität und Metafiktion werden Romane der Gegenwart zu Echokammern der englischen Kulturgeschichte.[14]

Peter Ackroyd

Paradigmatisch für diese Tendenzen sind die Romane PETER ACKROYDS, der auch als Lyriker, Essayist, Rezensent, Herausgeber, Kulturkritiker und Biograph von T. S. ELIOT und CHARLES DICKENS hervorgetreten ist. Mit seinen Romanen hat ACKROYD vor allem der Gattung der fiktionalen Biographie bzw. Metabiographie wichtige Impulse verliehen. *The Last Testament of Oscar Wilde* (1983) ist als fiktive, pastichehafte Autobiographie angelegt und wird aus der Perspektive des Titelhelden erzählt, der wenige Monate vor seinem Tod im Exil in Paris auf sein Leben zurückblickt. In ACKROYDS drittem Roman, *Hawksmoor* (1985), wird die Biographie des Architekten Nicholas Dyer, eines fiktiven Doppelgängers des berühmten NICHOLAS HAWKSMOOR (1661–1736), alternierend mit den vergeblichen Versuchen des Kommissars Hawksmoor erzählt, eine mysteriöse Serie von Mordfällen im London der 1980er Jahre aufzuklären. Durch die montagehafte und anachronische Struktur des Romans, die Durchdringung der Geschichten auf den beiden Zeitebenen und die Häufung fiktiver Doppelungen kommt es zu einer Auflösung der Grenze zwischen Vergangenheit und Gegenwart.

Chatterton

In noch stärkerem Maße befasst sich ACKROYD in *Chatterton* (1987) mit der retrospektiven Aneignung, Entdeckung und Rekonstruktion vergangenen Geschehens. Dieser montagehaft strukturierte Roman verbindet Merkmale der fiktionalen Biographie, des Detektivromans, des metahistorischen Romans und des Schauerromans. In *Chatterton* verknüpft ACKROYD drei Handlungsstränge auf unterschiedlichen Zeitebenen, die im 18., 19. bzw. 20. Jh. angesiedelt sind. Verbunden werden sie durch das tragische Leben und umstrittene Werk von THOMAS CHATTERTON (1752–1770), der seine Gedichte als Originale des fiktiven mittelalterlichen Mönchs Thomas Rowley ausgab und um den sich in der Romantik ein regelrechter Kult entwickelte. Im Zentrum der Haupthandlung, die im London der Gegenwart situiert ist, steht das Rätsel um CHATTERTONS Tod. Ein zweiter Handlungsstrang schildert die Entstehung des Gemäldes *The Death of Chatterton* (1856) von HENRY WALLIS. Der dritte Handlungsstrang besteht aus einer fiktiven Autobiographie THOMAS CHATTERTONS sowie aus einer revisionistischen, fiktionalisierten Darstellung seines Todestages. Der ständige Wechsel zwischen den drei Geschichten führt zu einer fortschreitenden Durchdringung der drei Zeitebenen. Zur Verknüpfung der drei Handlungsstränge trägt das breite Spektrum von intertextuellen Anspielungen und Zitaten (z. B. aus den Werken von CHATTERTON und MEREDITH) bei, die dem Roman einen hohen Grad an Selbstbezüglichkeit verleihen und zu der für den postmodernen Roman kennzeichnenden Lockerung des Wirklichkeitsbezugs führen.

Intertextualität

Die in den metafiktionalen Passagen von *Chatterton* formulierte Ästhetik, die in der Struktur und selbstreferentiellen Verwendung von Intertextualität ihre erzählerische Umsetzung findet, evoziert den für die Postmoderne charakteristischen Eindruck der gleichzeitigen Präsenz aller Texte der Weltliteratur, die als ‚Material' für den postmodernen Roman verfügbar sind. Sie entspricht T. S. ELIOTS in dem Essay „Tradition and the Individual Talent" (1920) dargelegter Überzeugung, die gesamte Weltliteratur habe eine simultane Existenz in der Gegenwart. In der Tate Gallery und in der Echokammer der Bibliothek durchdringen sich nicht nur die drei in *Chatterton* dargestellten Zeitebenen, sondern alle Epochen verschmelzen in einer zeitlosen Gegenwart der Bücher. Die Vielzahl intertextueller Referenzen macht *Chatterton* zu einer ‚Echokammer', in der viele Stimmen der englischen Kulturgeschichte widerhallen.[15]

Literatur als Palimpsest

Die Verwendung von zahllosen markierten und unmarkierten Zitaten und die Reflexion über die Allgegenwart der literarischen Echos trägt in *Chatterton* außerdem dazu bei, romantische Vorstellungen von Originalität zu korrigieren. Sie werden durch die

---

14 Zur Semantisierung von Intertextualität und Metafiktion vgl. Nünning, *Von historischer...*, Bd. 2, S. 225–252.

15 Auch in Ackroyds Romanen *The Great Fire of London* (1982) und *English Music* (1992) werden intertextuelle Verfahren wie Pastiche und Parodie insofern als Mittel der ästhetischen Selbstreflexion funktionalisiert, als sie die Textualität der geschichtlichen Überlieferung und die Präsenz der Vergangenheit in der Gegenwart versinnbildlichen.

in vielen postmodernen Romanen reflektierte Einsicht ersetzt, dass sich Künstler dem kollektiven kulturellen Erbe gar nicht entziehen können. An die Stelle von Konzepten wie ‚Einfluss' und ‚Originalität' rückt die Einsicht in den Palimpsestcharakter von Literatur.

„Literature of Replenishment"

Mit der dezidierten Absage an romantische Originalitäts- und Geniekonzeptionen setzt ACKROYD eine Ästhetik erzählerisch um, wie sie von prominenten Vertretern der amerikanischen Postmoderne (z. B. JOHN BARTH, RAYMOND FEDERMAN) vertreten wird. Das dichte Netz intertextueller Anspielungen reflektiert die in *Chatterton* in metafiktionalen Einschüben thematisierte Einsicht, dass es keine ‚neuen' Themen und Formen in der Literatur mehr gibt und dass alle Kunst Imitation von Imitationen ist. Gleichwohl widerlegen ACKROYDS Romane die Diagnose von BARTH, dass die traditionellen literarischen Konventionen und Formen ‚erschöpft' seien.[16] Mit ihren intertextuellen Bezugsfeldern und ihrer metafiktionalen Selbstreflexivität stellen sie vielmehr das innovative Potential einer „Literature of Replenishment"[17] unter Beweis.

Adaption literarischer Vorlagen

Besondere Bedeutung kommt der kreativen Adaption literarischer Vorlagen auch in zeitgenössischen Romanen englischer Autorinnen zu (z. B. CHRISTINE BROOKE-ROSE, A.S. BYATT, ANGELA CARTER, MAUREEN DUFFY, MICHÈLE ROBERTS und JEANETTE WINTERSON). Einige von EMMA TENNANTS und MARINA WARNERS Romanen beruhen auf der Transformation von Klassikern der Weltliteratur aus feministischer Sicht.[18] TENNANTS Romane beziehen ihr kritisches Wirkungspotential aus einer parodistischen Verarbeitung von kanonisierten englischen Romanen. So signalisieren etwa im Falle von TENNANTS *Two Women of London: The Strange Case of Ms Jekyll and Mrs Hyde* (1989) und *Tess* (1993) bereits der Untertitel bzw. Titel, welche literarischen Vorlagen als Bezugspunkte dienen. Hingegen liefert WARNERS *Indigo or, Mapping the Waters* (1992) durch eine dominant ernsthafte Bearbeitung von Shakespeares *The Tempest* ein typisches Beispiel für eine besonders in der postkolonialen Literatur verbreitete Tendenz, sich durch intertextuelle Adaptionen kritisch mit der literarischen Tradition und dem kolonialen Erbe auseinanderzusetzen.

6 Historiographische Metafiktion: Nigel Williams, Penelope Lively und Salman Rushdie

Multiversalgeschichte

In vielen Romanen seit Anfang der 80er Jahre kommt es zu einer so starken Expansion metahistoriographischer Reflexionen im Erzählerdiskurs, dass diese Werke paradigmatisch für den Typus der historiographischen Metafiktion sind.[19] In solchen Romanen werden postmoderne Erzählverfahren eingesetzt, um Fragen der

Historiographie im Medium der Fiktion zu erörtern und die Grenze zwischen Geschichtsschreibung und Fiktion zu unterminieren. Zeitgenössische Romane bringen gewandelte Geschichtsauffassungen zum Ausdruck, die die Vorstellung einer fragmentierten ,Multiversalgeschichte' als zeitgemäße Alternative zu totalisierender Universalgeschichte erscheinen lassen.

Nigel Williams

In den selbstreflexiven Romanen von WILLIAMS kommt es zu einer Assimilierung von Historiographie und Fiktion. Die für seine Werke typische groteske Geschichtsdarstellung beruht auf dem Zusammenspiel von komischer Erzählweise und grauenerregender Thematik sowie von analytischer Struktur und der Verwendung von unglaubwürdigen Erzählern. Wie die Protagonisten in WILLIAMS' früheren Romanen, etwa *My Life Closed Twice* (1977), erinnern die Ich-Erzähler seiner späteren Romane mit ihrer unkonventionellen Grundhaltung, humorvollen Erzählweise und ausgeprägten Fabulierlust an die Antihelden aus den Romanen der *Angry Young Men*. Der Konstruktcharakter literarischer und historiographischer Erzählungen wird in WILLIAMS' parodistischen Geschichtsromanen nicht nur implizit durch die Erzählstruktur aufgedeckt, sondern auch im Diskurs des Erzählers thematisiert.

Star Turn

In *Star Turn* (1985) verzichtet WILLIAMS auf historische Detailtreue, um stattdessen anhand der Strategien des Journalismus und der Propagandamaschinerie während des Zweiten Weltkriegs die Frage zu beleuchten, wie Fakten, Fiktionen und politische Propaganda in den Massenmedien und im Bewusstsein von Individuen zur Geschichtsklitterung verschmelzen können. Das Geschehen wird aus der Sicht von Amos Barking, einem Protagonisten aus der Arbeiterschicht, geschildert, der über die Kluft zwischen individueller Geschichtserfahrung und offizieller Historiographie reflektiert. Auf der Ebene der Erzählergegenwart ist das zeitlich genau datierte Geschehen auf zwei Tage begrenzt, den 13. und 14. Februar des Jahres 1945, aber das erzählte Geschehen erstreckt sich vom Anfang des Jh.s bis zum Jahre 1945.

---

16 Vgl. den einflussreichen Artikel von John Barth, „The Literature of Exhaustion", der die Einsicht vertritt, dass alle literarischen Themen und Formen ,erschöpft' seien.

17 Vgl. Barth, „The Literature of Replenishment".

18 Vgl. zu Tennant und Warner die Beiträge von Maack und Kilian in dem von Maassen/Stuby herausgegebebenen Sammelband, der auch aufschlussreiche Artikel zu A. S. Byatt, Maureen Duffy, Eva Figes, Michèle Roberts und Jeanette Winterson enthält.

19 Zu verschiedenen Ausprägungen von historiographischer Metafiktion vgl. Nünning, *Von historischer...*, Bd. 2, S. 288–340.

Witchcraft	Mit seinen experimentellen Erzählverfahren, der Gegenüberstellung unterschiedlicher Geschichtsvorstellungen und der Betonung des fiktionalisierenden Charakters jeder Form von Geschichtsdarstellung ist *Witchcraft* (1987), WILLIAMS' bislang experimentierfreudigster Roman, ein Prototyp historiographischer Metafiktion. Dieser Roman beschäftigt sich mit der Identitätskrise eines frustrierten Schriftstellers, der während seiner Recherchen für eine Fernsehserie immer mehr in den Bann eines fiktiven Puritaners namens Ezekiel Oliphant aus dem 17. Jh. gerät. Nach einem Nervenzusammenbruch im Sanatorium liegend, versucht der 39-jährige Jamie Matheson, der sich als exzentrischer Einzelgänger charakterisiert, aus der Rückschau Klarheit darüber zu gewinnen, wie es zu seiner schizophrenen Persönlichkeitsentwicklung und der Entfremdung von seiner Ehefrau gekommen ist. Formal wird die enge Verbindung zwischen den nur scheinbar völlig heterogenen Handlungssträngen durch das montagehafte und anachronische Konstruktionsprinzip des Romans unterstützt, in dem Oliphants Lebensgeschichte und Mathesons Rekonstruktion alternierend und unvermittelt nebeneinander gestellt werden. Aufgrund der fortschreitenden Durchdringung der Zeitebenen kommt es zu einem ständigen Wechsel verschiedener Fiktionsebenen, der ebenso zu den typischen Kennzeichen postmodernen Erzählens zählt wie die metafiktionalen Reflexionen, das offene Ende und die Auflösung des festen Charakters. Durchsetzt mit satirischen Seitenhieben auf akademische Geschichtsschreibung, wirft *Witchcraft* Fragen nach dem Prozess der historischen Erkenntnis auf.
Penelope Lively	Aufgrund seiner kritischen Reflexionen einer Historikerin über die Fiktionalisierung der Geschichtsvermittlung in den Medien und den Konstruktcharakter der Historiographie kann LIVELYS Roman *Moon Tiger* (1987) als eine feministische Ausprägung von *historiographic metafiction* gelten. Durch die Auseinandersetzung mit der Aneignung, Rekonstruktion und Darstellung von Geschichte knüpft *Moon Tiger* an LIVELYS frühere Romane an, die sich bei einer Beständigkeit der Themen durch zunehmende formale Experimentierfreudigkeit auszeichnen. Im Zentrum von LIVELYS Romanen stehen die Präsenz der Vergangenheit in der Gegenwart und die sinnstiftende Funktion von Erinnerungen. Obgleich historiographische Probleme bereits in LIVELYS metahistorischen Romanen *The Road to Lichfield* (1977), *Treasures of Time* (1979) und *According to Mark* (1984) eine bedeutende Rolle spielen, verlagern sich erst in *Moon Tiger* die Dominanzverhältnisse von der Darstellung geschichtlicher Ereigniszusammenhänge auf metahistoriographische Reflexionen.
Moon Tiger	Wie viele von LIVELYS Romanen kreist *Moon Tiger* um das Verhältnis zwischen kollektiver Geschichte und persönlicher Lebens-

geschichte. Auf dem Sterbebett in einem Londoner Krankenhaus liegend, reflektiert die 77-jährige Hauptfigur Claudia Hampton, eine populäre und erfolgreiche Historikerin, die sich als intelligente, unabhängige und egozentrische Frau charakterisiert, über eine *„history of the world as selected by Claudia: fact and fiction, myth and evidence, images and documents"*.[20] LIVELY setzt die Forderung nach neuen Formen der Geschichtsschreibung in *Moon Tiger* in die erzählerische Praxis um, indem sie eine kaleidoskopische Sequenz von impressionistischen Momentaufnahmen aus Claudias Leben an die Stelle einer linearen Handlung setzt. Verbunden werden die Szenen und Handlungsfragmente auf den verschiedenen Zeitebenen durch die Erinnerungen der passagenweise als Ich-Erzählerin fungierenden Protagonistin, deren Lebensgeschichte durch Bezüge auf Ereignisse aus dem Zweiten Weltkrieg, die Suezkrise und den Vietnamkrieg im Kontext der Geschichte des 20. Jh.s situiert wird. Aus feministischer Perspektive kritisiert die Protagonistin die Grundannahmen und Darstellungsformen einer auf das Politische beschränkten Geschichtsschreibung. Den expliziten Reflexionen über Geschichte und Historiographie, die durch Claudias Beruf motiviert sind, entspricht eine Erzählstruktur, die teleologische Geschichtskonzeptionen sowie den Wahrheitsanspruch und das Objektivitätsideal positivistischer Historiographie in Frage stellt. Während die analytische, episodische und montagehafte Struktur des Romans den Unterschied zwischen der linearen Abfolge historischer Ereignisse und der subjektiv erlebten und erinnerten Geschichte akzentuiert, zeigt die multiperspektivische Erzählweise, dass sich die subjektiven Geschichten wechselseitig relativieren. Das für alle Romane LIVELYS zentrale Thema der Durchdringung von Vergangenheit und Gegenwart sowie die Einsicht, dass Geschichtsdarstellung vom gegenwärtigen Bewusstseinsstand des Einzelnen abhängig ist, werden durch die anachronische Zeitstruktur und die mehrstimmige Darstellungstechnik erzählerisch umgesetzt.

Salman Rushdie, *Midnight's Children*

Auch in RUSHDIES Romanen *Midnight's Children* (1981) und *Shame* (1983) nehmen Reflexionen über Fragen der Historiographie und Geschichtstheorie einen sehr breiten Raum ein. Der Titel von *Midnight's Children* verweist auf ein zentrales Ereignis der indischen Geschichte, denn der Tag der Geburt des Erzählers und Protagonisten Saleem Sinai, der 15. August 1947, ist zugleich der Tag, an dem Indien seine Unabhängigkeit von der britischen Regierung erhielt. Gleich zu Anfang des Romans betont der Erzähler daher die schicksalhafte Verbindung, die durch die Metaphorik als ein Akt der Überwältigung des Einzelnen durch anonyme Kräfte der

---

20 Lively, *Moon Tiger*. Harmondsworth: Penguin 1988, S. 1.

Geschichte dargestellt wird: *„I had been mysteriously handcuffed to history, my destinies indissolubly chained to those of my country."*[21] Diese enge Verknüpfung zwischen persönlicher und politischer Geschichte bildet das Strukturierungsprinzip des Romans, das aus dem – laut Aussage des Erzählers – typisch indischen Bemühen resultiert, Entsprechungen zwischen dem Privaten und dem Öffentlichen zu erkennen. Diese Suche nach Korrespondenzen sowie die Privilegierung assoziativer Verknüpfungen vor den Prinzipien der Chronologie, linearen Abfolge und Kausalität bilden die konstitutiven Darstellungsverfahren in *Midnight's Children*. Saleems Charakterisierung der eigenen Nation wird zum Programm für eine Erzählweise, bei der Progression und Kausalität zugunsten von Analogien und permanenter Digression in den Hintergrund treten.

Selbstreflexivität

In einer für historiographische Metafiktion typischen Weise verbindet sich in *Midnight's Children* die Reflexion über die Rekonstruktion eines historischen Geschehens mit einer erkenntnistheoretischen Thematik und einem hohen Maß an Selbstreflexivität. So reflektiert der Erzähler wiederholt über die Durchdringung von Fakten, Mythen und Fiktionen sowie über die Subjektivität und Perspektivität von Wirklichkeitserfahrung, die ihn in seiner Skepsis gegenüber jeglichem Anspruch auf objektive Geschichtsdarstellung bestärken. Angesichts propagandistisch gefärbter und widersprüchlicher Meldungen über Pakistan in den Medien gewinnt der Erzähler den Eindruck, dass sich eine tiefe Kluft zwischen der Erfahrungswirklichkeit der Menschen und offiziellen Berichten über den Zustand des Landes auftut. Saleems metaphorische Charakterisierung seiner Geschichtsdarstellung als *„the pickles' version of history"* verdeutlicht, dass historiographische Werke die Vergangenheit nicht objektiv abbilden, sondern dass sie durch die Auswahl, Mischung und Verarbeitung der Ingredienzen etwas Neues erzeugen, das vergangene Tatsachen nicht einfach aufbewahrt, sondern durch die *„inevitable distortions of the pickling process"* verändert.[22]

7 Die Synthese aus Tradition und Innovation: Die Rückkehr zum Erzählen bei Barry Unsworth, Graham Swift und Kazuo Ishiguro

Wiederentdeckung des Erzählens

Die für den zeitgenössischen englischen Roman kennzeichnende neue Synthese aus Tradition und Innovation zeigt sich vor allem in der Wiederentdeckung des Erzählens. Dabei handelt es sich keineswegs um eine einfache Rückkehr zu herkömmlichen Formen der Erzählung, sondern um eine typisch postmoderne Exploration der gesamten Bandbreite narrativer Verfahren. Die Tendenz zur Aneignung und Verarbeitung prämoderner, modernistischer und

experimenteller Ausdrucksformen bildet eines der wichtigsten Epochenmerkmale der jüngsten Phase der Gattungsentwicklung, deren Beginn etwa auf den Anfang der 80er Jahre zu datieren ist.

Barry Unsworth

Beispielhaft zeigen sich diese Tendenzen in den Romanen von UNSWORTH, die innovative Erscheinungsformen des historischen Romans repräsentieren.[23] Obgleich bereits einige seiner früheren Romane – etwa *Pascali's Island* (1980) und *The Rage of the Vulture* (1982), die den Niedergang des Osmanischen Reiches zu Anfang dieses Jh.s behandeln, – von der Literaturkritik hochgelobt wurden, gelang UNSWORTH erst mit *Stone Virgin* (1985) sowie vor allem mit *Sacred Hunger*, das 1992 mit dem *Booker Prize* ausgezeichnet wurde, der internationale Durchbruch. In dem metahistorischen Roman *Stone Virgin*, der aus drei szenisch ausgestalteten und 1432, 1793 bzw. zu Anfang der siebziger Jahre angesiedelten Handlungssträngen besteht, verknüpft UNSWORTH realistische und experimentelle Verfahren. Noch deutlicher ist die Rückkehr zum Erzählen in *Sacred Hunger*. Dieser Roman entwirft anhand der Praxis des Sklavenhandels im 18. Jh., mit dem sich UNSWORTH auch in *Sugar and Rum* (1988) auseinandersetzt, mit recht traditionellen Mitteln ein revisionistisches Bild einer mentalitätsgeschichtlichen Schwellensituation.

Graham Swift, Kazuo Ishiguro

Typische Beispiele für die Rückkehr zum Erzählen sind die Romane GRAHAM SWIFTS und KAZUO ISHIGUROS, die signifikante neue Trends im zeitgenössischen englischen Roman repräsentieren. Unbeeindruckt von der in der postmodernen amerikanischen Literatur vorherrschenden Tendenz, Sprache und das Individuum in ein freies Spiel der Signifikanten aufzulösen, akzentuieren SWIFTS und ISHIGUROS Romane die sinnstiftende Funktion des Subjekts. Charakteristisch für ihre Erzählkunst ist eine Verbindung von humanistischen Fragen mit einem ausgeprägten Skeptizismus und einer Semantisierung von Erzählformen. Ihre Romane zeichnen sich dadurch aus, dass in ihnen moralphilosophische und erkenntnistheoretische Reflexionen durch die Figurendarstellung, die Semantisierung des Raumes und vor allem die Perspektivierung erzählerisch umgesetzt sind.

Vergangenheitsbewältigung und Selbstrechtfertigung

Im Zentrum von SWIFTS und ISHIGUROS relativ handlungsarmen Romanen stehen das Zusammenspiel zwischen Vergangenheitsbewältigung und Selbstrechtfertigung sowie die oft ins Leere laufende Suche nach Ursachen und Erklärungen. In ihren Werken, die eine durchweg melancholische, von desillusionierten Indivi-

---

21 Rushdie, *Midnight's Children*. London: Picador 1982, S. 9.
22 Ebd., S. 460, 461.
23 Vgl. zu Unsworths Romanen Nünning, *Von historischer ...*, Bd. 2, S. 64–84, 210–212.

duen bevölkerte Welt zeigen, liegt der Akzent auf den meist analytisch dargestellten Beziehungen zwischen den Figuren und auf deren retrospektiver Beschäftigung mit ihren Lebensgeschichten. Die Romane der beiden Autoren kreisen um Themen wie Einsamkeit, Angst, Isolation, gestörte Familienbeziehungen, Kommunikationsprobleme, Schicksalsschläge, Entfremdung von Familienmitgliedern und Subjektivität als Quelle gegenseitigen Missverstehens. Daneben zählen vor allem der Einfluss der Vergangenheit auf die Gegenwart und die sinnstiftende Funktion des Geschichtenerzählens zu den häufig wiederkehrenden Themen.

Form

In formaler Hinsicht enthalten SWIFTS und ISHIGUROS Romane einige innovative Elemente, ohne experimentell zu sein. Im Gegensatz zur anti-mimetischen Konzeption postmoderner Literatur behandeln sie moralische und epistemologische Themen zwar überwiegend mit realistischen Darstellungsmitteln, aber das linear-chronologische Schema wird in ihren Romanen durch eine anachronische und analytische Struktur abgelöst. Außerdem gehören die Kontrastierung verschiedener Versionen eines Ereignisses und Montagetechnik zu ihren bevorzugten Darstellungsmitteln. Ihre Erzählweise zeichnet sich außerdem durch ökonomischen Stil, Konzentration auf signifikante Details und suggestive Bildlichkeit aus.

Analytische Erzählweise

Innovativ ist vor allem die von beiden Autoren bevorzugte Art der analytischen Erzählweise, die die zentralen Themen sowie den Prozess des Entdeckens und der retrospektiven Sinnstiftung formal akzentuiert. In SWIFTS und ISHIGUROS Romanen stehen sowohl Form und Inhalt als auch Individualität und Skeptizismus in einem unauflöslichen Zusammenhang: Indem sie die Subjektivität ihrer Erzähler formal akzentuieren, bringen sie Zweifel an der Möglichkeit zum Ausdruck, ‚objektiv wahre' Erkenntnisse über sich, über andere oder über die Vergangenheit zu erlangen und jemals vollkommene Verständigung oder echtes Verstehen zu erzielen.

Ich-Erzähler

Vor allem die Vermittlung des Geschehens aus der begrenzten Sicht eines Ich-Erzählers trägt in SWIFTS und ISHIGUROS Werken dazu bei, die Subjektivität von Wirklichkeitserfahrung und retrospektiver Sinnstiftung erzählerisch umzusetzen. Den für viele zeitgenössische englische Romane charakteristischen Typus des Erzählers,[24] dessen Wahrnehmung in hohem Maße von der eigenen Situation beeinflusst ist, charakterisiert HIGDON treffend als „the reluctant narrator, *who is reliable in strict terms, indeed often quite learned and perceptive, but who has seen, experienced or caused something so traumatic that he must approach the telling of it through indirections, masks and substitutions*".[25] Da alle Informationen aus der subjektiven Perspektive einer am erzählten Geschehen beteiligten Instanz vergeben werden, treten die subjektive Wirklichkeitserfahrung der Erzähler und ihre allmähliche, unfreiwillige Selbstenthüllung in den Vordergrund. Obwohl die Ich-Erzähler in SWIFTS und ISHIGUROS Romanen keineswegs von herkömmlichen Vorstellungen von Normalität abweichen, wird ihre Glaubwürdigkeit durch ihren begrenzten Wissensstand und ihre emotionale Involviertheit in das Geschehen beeinträchtigt. Stets werden zwei Geschichten gleichzeitig erzählt: Während die Erzähler das miterlebte Geschehen aus ihrer Sicht ‚richtig' schildern, verraten sie unbewußt mehr über ihre eigenen verdrängten Ängste, Bedürfnisse und Selbsttäuschungen als über die vermeintlichen Fakten der Geschichte. Ihre impliziten Selbstcharakterisierungen geben dem Leser Einblick in die psychische Verfassung der Sprecher und ermöglichen es ihm, die Versionen der Erzähler als subjektive Ansichten, verzerrte Deutungen und Fehlinterpretationen von Individuen zu durchschauen.

Swift, Waterland

Beispielhaft für die genannten Themen und Erzählverfahren sind die beiden wohl bekanntesten und erfolgreichsten Romane dieser Autoren, SWIFTS *Waterland* (1983) und ISHIGUROS *The Remains of the Day* (1989). Ebenso wie SWIFTS erste beide Romane, *The Sweet-Shop Owner* (1980) und *Shuttlecock* (1981), setzt sich auch *Waterland* mit Funktionen des Geschichtenerzählens, der Subjektivität retrospektiver Sinnstiftungen sowie mit Fragen nach dem Prozess der historischen Erkenntnis und dem Zusammenhang zwischen Erzählungen und Erklärungen auseinander. Die stoffliche Breite dieses episodisch, montagehaft und analytisch strukturierten Romans sowie die für *Waterland* typische Durchdringung von privaten Familiengeschichten, Lokalgeschichte, Naturgeschichte und politischer Geschichte zeugen von einem veränderten Geschichtsverständnis. Das breite Spektrum von alternierend behandelten Themen reicht von den bis ins 17. Jh. zurückreichenden Familiengeschichten der erfolgreichen Atkinsons und der obskuren Cricks über naturgeschichtliche Exkurse über Aale und den Schauplatz, die Fens in Cambridgeshire, bis hin zur Lokalgeschichte der Region und zur politischen Geschichte Europas seit der Französischen Revolution.

Erzählerische Vermittlung

Auch die erzählerische Vermittlung des Geschehens, die analytische Erzählweise und das Alternieren zwischen verschiedenen Zeitebenen tragen in *Waterland* dazu bei, den Unterschied zwischen Geschichte und Geschichten in Frage zu stellen. Der Roman besteht aus einer Folge von unkonventionellen Unterrichtsstunden

---

24 Weitere typische Beispiele für die Subjektivität retrospektiver Sinnstiftungen sind etwa die Ich-Erzähler in Julian Barnes' *Flaubert's Parrot* (1984), William Boyds *The New Confessions* (1987) und Nigel Williams' *Star Turn* (1985).
25 Higdon, „‚Unconfessed Confessions'", S. 174–191, hier: S. 174.

eines vor der Entlassung stehenden Geschichtslehrers, Tom Crick, der zugleich als Ich-Erzähler fungiert. Der Erzähler verkörpert insofern die in *Waterland* inszenierte und thematisierte Durchdringung von *history* und *stories*, als er das Unterrichtsfach Geschichte dadurch lehrt, dass er seinen Schülern Geschichten erzählt. Außerdem wird der Gegensatz zwischen *history* und *stories* durch die Verwischung der Grenze zwischen Tatsachen und Legenden, die Vielzahl der intertextuellen Anspielungen auf Konventionen des Märchens und des Detektivromans sowie die metanarrativen Reflexionen des Erzählers permanent in Zweifel gezogen.

Out of this World

Hingegen illustriert SWIFTS fragmentarisch und montagehaft strukturierter Roman *Out of this World* (1988), wie es durch eine multiperspektivische Erzählstruktur zu einer Auflösung zurückliegender Ereignisse in eine Vielfalt heterogener Geschichten kommen kann. In diesem Text, der eine Familiengeschichte und zentrale Ereignisse des 20. Jh.s aus der Sicht von vier Ich-Erzählern schildert, deren Namen als Kapitelüberschriften fungieren, schlagen sich zentrale Themen wie die Subjektivität jeder Perspektive, die individuelle Variabilität von Bedeutungszuweisungen sowie die daraus resultierende Pluralität unterschiedlicher Geschichtsbilder in der Struktur nieder. Die perspektivische Auffächerung der erzählten Welt reflektiert die Einsicht, dass es von jedem Ereignis eine Vielzahl heterogener Geschichten gibt.

Ishiguro

Mit ihrer streng analytischen und monologischen Vermittlung von Vergangenheitsbewältigung verdeutlichen KAZUO ISHIGUROS Romane, wie metahistorische Romane den Akzent auf die Subjektivität retrospektiver Sinnstiftungen verlagern. Die ersten beiden Romane des in Nagasaki geborenen ISHIGURO, *A Pale View of Hills* (1982) und *An Artist of the Floating World* (1986), beschäftigen sich mit der Vergangenheit seiner japanischen Heimat. Trotz des anderen Schauplatzes setzt sich auch *The Remains of the Day*, sein erster ganz in England angesiedelter Roman, der Elemente des Landhaus-Romans und des historischen Romans zum Zwecke revisionistischer Geschichtsdarstellung abwandelt, mit dem Zusammenspiel von Erinnerungen und Vergangenheitsbewältigung auseinander.

The Remains of the Day

Im Zentrum der analytisch strukturierten Geschichte von *The Remains of the Day* steht das Bemühen eines alternden Butlers, sich Klarheit über sein Leben zu verschaffen. Das äußere Geschehen, das aus einer sechstägigen Autofahrt von Salisbury über Tavistock und Taunton nach Little Compton in Cornwall im Juli 1956 besteht, tritt in diesem handlungsarmen Roman über lange Passagen fast völlig hinter die Reflexionen und Erinnerungen des Butlers Stevens zurück. Die Bewegung durch den Raum wird in *The*

Remains of the Day als eine Reise des Butlers in seine eigene Vergangenheit dargestellt, die durch seinen früheren Arbeitgeber zugleich eng verknüpft ist mit der europäischen Geschichte zwischen den beiden Weltkriegen. Den Anlass der Fahrt bildet seine Absicht, die ehemalige Wirtschafterin von Darlington Hall, Miss Kenton, die ihre Stellung 1936 aus Enttäuschung über ihre von Stevens zurückgewiesene Liebe gekündigt hatte, nach zwanzig Jahren zu einer Rückkehr zu bewegen. Während der Reise kreisen Stevens' Gedanken nostalgisch um die glanzvolle Vergangenheit von Darlington Hall sowie um die Frage, welche Eigenschaften einen ‚großen' Butler auszeichnen. In seinen Digressionen wird aber zunehmend deutlich, dass es Stevens bei seinen scheinbar abstrakten Reflexionen eigentlich um Selbstrechtfertigung und Wahrung seiner Selbstachtung geht. In den Rückblicken auf seine Zeit unter Lord Darlington enthüllt sich schemenhaft, wie dieser nachgiebige Aristokrat durch die List von Hitlers Botschafter in London unwillentlich zu einem Werkzeug des nationalsozialistischen Regimes wurde. Das Treffen mit Miss Kenton, deren Frage, wie ein gemeinsames Leben wohl verlaufen wäre, er brüsk zurückweist, führt Stevens die Unumkehrbarkeit historischer Entwicklungen vor Augen. Am Ende stellen sich ihm die im Titel des Romans angedeuteten Fragen, was ihm nach seiner desillusionierenden Bilanz von seinem Glauben, ein moralisch sinnvolles Leben gelebt zu haben, übriggeblieben ist und was er an seinem Lebensabend mit dem Rest der Tage, die ihm vom Leben geblieben sind, noch anfangen soll.

Monoperspektivische Vermittlung

Wie Ishiguros vorausgegangene Werke bezieht dieser Roman seine Wirkung vor allem aus der monoperspektivischen Vermittlung des Geschehens. Die von Rückwendungen und Aussparungen geprägte Zeitstruktur und die Durchbrechung des linear strukturierten Plot akzentuieren die allmähliche Entlarvung der Selbsttäuschungen und Harmonisierungsversuche des Ich-Erzählers. Erfüllt von einem übersteigerten Pflichtbewusstsein und autoritätsfixierter Selbstdisziplin, hat sich Stevens das von ihm idealisierte Berufsethos so vollständig zu eigen gemacht, dass er unfähig ist, die emotionalen Wünsche anderer zu erkennen und persönliche Beziehungen zu entwickeln. Die überaus formelle, gekünstelte, stets gleichbleibende und unpersönliche Ausdrucksweise zeigt mit ihrer (unvollkommenen) Nachahmung aristokratischer Sprache, wie sehr der Butler die Normen des idealisierten Lord verinnerlicht hat.

Konstruktivistische Transformation der Moderne

Indem Swifts und Ishiguros Romane die Individualität, Autonomie und Selbstverantwortlichkeit des Menschen thematisieren und die sinngebende Kraft des Einzelnen anerkennen, zeigen sie Möglichkeiten einer konstruktivistischen Erweiterung und Transformation der Moderne auf. Mit der Rückkehr zum Erzählen und ihrer durchgängigen Betonung der Subjektabhängigkeit von Erkenntnis haben SWIFTS und ISHIGUROS Romane Phänomene wie Individualität und Sinn wiederentdeckt. Ihre Werke zeigen, dass Geschichte keinen Sinn ‚hat', sondern dass der Mensch als „*the story-telling animal*"[26] seine chaotische Erfahrungswelt durch das Erzählen von Geschichten subjektiv stimmig ordnet. Indem SWIFT und ISHIGURO die bedeutungskonstituierende Funktion des Einzelnen anerkennen, versetzen sie das in der Postmoderne oft totgesagte Individuum wieder in jene zentrale Position, die es im humanistischen Denken innehatte, ohne den daraus resultierenden epistemologischen Skeptizismus zu leugnen.

Geschichte als Geschichten

SWIFTS und ISHIGUROS Werke münden in die für viele zeitgenössische englische Romane kennzeichnende Einsicht des Geschichtslehrers in *Waterland*, dass die Vergangenheit für den Menschen letztlich nur in Form seiner konstruierten Geschichten zugänglich ist: „*'Perhaps history is just story-telling.'*" Obgleich Geschichten weder die Kluft, die Menschen voneinander und von der Wirklichkeit trennt, überbrücken noch ‚die' Wirklichkeit zuverlässig abbilden können, erfüllen sie eminent wichtige Funktionen für jedes Individuum, weil sie das wichtigste Medium der Sinnstiftung sind und weil Geschichte für den Menschen nur in Form seiner konstruierten Geschichten zugänglich ist. Letztlich sind Geschichten das, ‚was vom Tage übrigblieb' (so der Titel der deutschen Übersetzung von *The Remains of the Day*): „*All there'll be left to us will be stories. Stories will be our only reality.*"[27]

Fazit

Insgesamt bestätigt die für den zeitgenössischen englischen Roman kennzeichnende Synthese von Tradition und Innovation spät, aber eindrucksvoll T. S. ELIOTS ästhetische Überzeugung, dass Individualität und Teilhabe am kulturellen Erbe bzw. Original und Nachahmung keine Gegensätze sind. Mit ihrer Rückkehr zum Erzählen und der Verwendung von Intertextualität erschließen viele Romane nicht nur Englands kulturelles Erbe, sondern entwerfen zugleich Modelle für ein produktives Verhältnis zur Vergangenheit. Dass viele der in diesem Kapitel genannten Autoren in ihren Romanen Konventionen unterschiedlicher Gattungen zu neuen Synthesen verbinden, weist außerdem auf jene Tendenz zur Überschreitung von Gattungsgrenzen voraus, die zur Entstehung hybrider Genres führt. Da solche Grenzüberschreitungen in der postmodernen Literatur Hochkonjunktur haben, ist ihnen das nächste Kapitel gewidmet.

---

26 Swift, *Waterland*. London: Picador 1984, S. 53.
27 Ebd., 133, 257.

Überschreitung von Gattungs- und Mediengrenzen in Romanen der Gegenwart

8

KAPITEL

The borders between literary genres have become fluid: who can tell anymore what the limits are between the novel and the short story collection [...], the novel and the long poem [...], the novel and autobiography [...], the novel and history [...], the novel and biography [...]?

LINDA HUTCHEON, Poetics of Postmodernism[1]

1 Hybride Genres: Tendenzen im zeitgenössischen englischen Roman

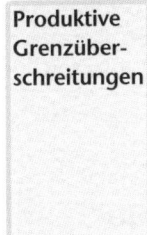

Produktive Grenzüberschreitungen

Wenn sich die Vielfalt der thematischen und formalen Innovationen, die für die Erscheinungsformen des englischen Romans der Gegenwart charakteristisch sind, unter einigen Oberbegriffen zusammenfassen lässt, dann am ehesten unter den Stichworten ‚Hybridisierung‘, ‚Intermedialisierung‘ und ‚Internationalisierung‘. Zeitgenössische Romane zeichnen sich durch eine Reihe produktiver Grenzüberschreitungen aus, die als typisch für postmoderne Kunst gelten: Sie überschreiten die Grenzen zwischen unterschiedlichen Textsorten, Gattungen, Medien und Nationalliteraturen.

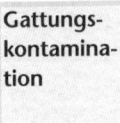

Gattungskontamination

Eines der hervorstechendsten Merkmale des zeitgenössischen Romans in England ist jene Vermischung von Konventionen verschiedener Genres, die als ‚Hybridisierung‘ oder ‚Gattungskontamination‘ bezeichnet wird (vgl. Kap. 8.2.). Sowohl populäre Genres wie der Detektiv- und Agentenroman, neue Ausprägungen des Schauerromans, die fiktionale Biographie und der Reiseroman als auch neu entstehende Mischgattungen wie der historische Kriminalroman verdeutlichen, wie verbreitet das Phänomen der Genreüberschreitung im zeitgenössischen englischen Roman ist.[2] In der Verbindung der Konventionen verschiedener Genres kommt einerseits eine Tendenz zur Selbstauflösung von Gattungen zum Ausdruck. Anderseits erweisen sich Gattungsmischungen vielfach

---

1 Hutcheon, S. 9.
2 Vgl. zu diesen Romangenres die entsprechenden Beiträge in Maack/Imhof.

als produktiv, weil sie zur Entstehung neuer Erscheinungsformen des Romans führen, die man ‚hybride Genres' nennt (8.3.).

Inter-medialität

Verstärkt werden die Selbstauflösung von Gattungen und die Entstehung neuer Mischformen durch eine zweite Tendenz, die in Analogie zur Intertextualität als ‚Intermedialität' oder – um den prozesshaften Charakter dieser weiteren Grenzüberschreitung hervorzuheben – als ‚Intermedialisierung' bezeichnet werden kann (vgl. Kap. 8.4.). Zum einen setzen sich viele Romane der Gegenwart thematisch mit anderen Medien auseinander; zum anderen schlägt sich das Phänomen der Intermedialität in der Erzählstruktur nieder, in dem Versuch, die Darstellungskonventionen anderer Medien erzählerisch umzusetzen.

Gattungen als Beschreibungskategorien

Genreüberschreitungen führen aber keineswegs dazu, dass das Konzept ‚Gattungen' oder die Beschreibung der Merkmale spezifischer Genres obsolet geworden sind. Die Auflösung etablierter Grenzen steigert vielmehr die Bedeutung solcher Konzepte, weil sie damit einhergeht, Gattungskonventionen bewusst zu machen. Aus diesen Tendenzen ergibt sich somit keineswegs die Konsequenz, auf gattungstheoretische Kategorien zu verzichten. Vielmehr stellt sich die Aufgabe, die jeweils verknüpften Gattungselemente zu identifizieren und die Formen und Funktionen solcher Genreüberschreitungen zu beschreiben.

2 Überschreitung von Gattungsgrenzen: Angela Carter, Julian Barnes und Antonia S. Byatt

Neue Synthesen

Viele Romane der Gegenwart entziehen sich einer eindeutigen gattungstypologischen Klassifikation, weil sie Merkmale und Darstellungsverfahren verschiedener Genres zu neuen Synthesen verbinden.[3] RÜDIGER IMHOF zufolge repräsentieren Werke, die Gattungsgrenzen überschreiten, *„signifikant einen innovativen Trend im englischen Roman der letzten dreißig Jahre".*[4] Auf diese Tendenz weist auch Bradbury hin, wenn er *„generic crossovers, crossings of borders, easy passage between the high and the popular forms, or the literary and the media arts"* sowie den daraus resultierenden *„breakdown of the conventional borders of genre and narrative type"*[5] als Markenzeichen des zeitgenössischen englischen Romans nennt. Charakteristisch für viele Romane ist ein Spannungsverhältnis, das innerhalb eines Werkes zwischen den Konventionen verschiedener Gattungen erzeugt wird. Die Auflösung von Gattungsgrenzen geht somit über eine bloße Kombination der Merkmale unterschiedlicher Genres hinaus: *„the conventions of the two genres are played off against each other; there is no simple, unproblematic merging".*[6]

Angela Carter	Paradigmatisch für diese Entwicklungen sind die Werke von CAR-TER, die bereits in ihren Romanen der 60er und 70er Jahre auf die Konventionen populärer Genres zurückgriff.[7] So wandelt sie in den surrealistischen Romanen *The Infernal Desire Machines of Dr Hoffmann* (1972) und *The Passion of New Eve* (1977) Motive und Strukturelemente der *gothic novel*, des pikaresken Romans, der Dystopie, der *romance*, der Fantasy-Literatur und der Pornographie aus feministischer Perspektive ab. Auch ihre weiteren Romane, etwa *The Magic Toyshop* (1967), *Nights at the Circus* (1984) und *Wise Children* (1991), sind mit einer Vielzahl intertextueller und intermedialer Einzeltext- und Gattungsreferenzen sowie mit mythologischen, märchenhaften, psychoanalytischen und philosophischen Anspielungen leitmotivisch durchzogen.
Julian Barnes	Die Tendenz zur Überschreitung der Grenze zwischen fiktionalen und vermeintlich nicht-fiktionalen Genres verdichtet sich in BARNES' *Flaubert's Parrot* (1984) und *A History of the World in 10 and 1/2 Chapters* (1989) in solch auffälliger Weise, dass sich an diesen Werken charakteristische Neuerungen im zeitgenössischen Roman verdeutlichen lassen. In beiden Fällen handelt es sich um montagehafte, episodisch strukturierte und fragmentarisch erscheinende Romane, die mit ihren diskursiv-didaktischen Passagen im Grenzbereich von Fiktion und Nicht-Fiktion angesiedelt sind.
Flaubert's Parrot	Auf den ersten Blick erscheint *Flaubert's Parrot* weniger als Roman, sondern als eine unkonventionelle (fiktionale) Biographie GUSTAVE FLAUBERTS, die passagenweise Ähnlichkeiten mit einer literaturwissenschaftlichen Darstellung hat. Im Mittelpunkt der Handlung von *Flaubert's Parrot* steht jedoch nicht das Leben Flauberts, sondern die Versuche eines passionierten Hobby-Biographen namens Geoffrey Braithwaite, FLAUBERTS Lebensgeschichte zu recherchieren. In seiner Doppelfunktion als Erzähler und Hauptfigur versucht Braithwaite, das Leben FLAUBERTS zu rekonstruieren und den authentischen Papagei ausfindig zu machen, der auf FLAUBERTS Schreibtisch stand, als dieser seine Novelle *Un cœur simple* schrieb. In *Flaubert's Parrot* werden verschiedene Facetten von FLAUBERTS Leben und Werken in einer Vielzahl unterschiedlicher Spiegel, Texte und Perspektiven reflektiert. Dies hat zur Folge, dass dem Rezipienten nicht *ein* autoritatives Bild von FLAUBERT präsentiert wird, sondern verschiedene Versionen.

---

3 Vgl. dazu im einzelnen Nünning, „Mapping..." sowie das Kapitel „Hybride Genres" in Nünning, *Von historischer...*, Bd. 2, S. 341–370.
4 Imhof, „Neo-gotische...", S. 91.
5 Bradbury, *The Modern...*, S. 344 bzw. 407.
6 Hutcheon, S. 9.
7 Als Einführung vgl. Maacks Aufsatz zu Carter in Imhof/Maack.

Flaubert's Parrot verbindet Merkmale der fiktionalen Biographie, des historischen Romans, der Detektivgeschichte, des Essays und der literaturwissenschaftlichen Abhandlung. Zudem parodiert BARNES durch eine intertextuelle Collage die Konventionen nicht-fiktionaler Textsorten, etwa die des tabellarischen Lebenslaufs, des Lexikoneintrags, des literaturkritischen Essays und die von Prüfungsfragen. Der Roman gliedert sich in fünfzehn formal und inhaltlich äußerst unterschiedlich gestaltete Kapitel, die nur lose verknüpft zu sein scheinen. Im Stile eines Reiseberichts schildert der Erzähler zunächst seine Eindrücke bei einem Besuch in Rouen und Croisset. Das ungewöhnliche zweite Kapitel besteht aus der unvermittelten Gegenüberstellung von drei völlig entgegengesetzten Lebensläufen FLAUBERTs; der erste erzählt eine Erfolgsgeschichte seiner großen Triumphe, der zweite schildert seine Misserfolge und Schicksalsschläge, und der dritte besteht aus Selbstaussagen des Autors, die sich zu einer wiederum völlig anderen Lebensgeschichte zusammenfügen. Auch in den folgenden Kapiteln, die Titel wie „The Flaubert Bestiary", „The Train-spotter's Guide to Flaubert", „The Flaubert Apocrypha" oder „Braithwaite's Dictionary of Accepted Ideas" haben, wechseln beständig die thematischen Schwerpunkte, Erzählperspektiven und Darstellungsverfahren. Das mit „Examination Paper" betitelte vorletzte Kapitel parodiert einige typische (oder absurde) Aufgabenstellungen für literaturwissenschaftliche Essays und die Auswüchse der biographisch orientierten Literaturkritik.

*A History of
the World in
10 and
1/2 Chapters*

In BARNES' unkonventionellem Roman *A History of the World in 10 and 1/2 Chapters* stellt bereits der ironische Titel insofern eine Form von Genreüberschreitung dar, als er Assoziationen an eine spezifische nicht-fiktionale Textsorte – Weltgeschichten – abruft, aber sogleich die Fiktionalität des eigenen Textes signalisiert und jeglichen Anspruch auf Objektivität, Kontinuität und Totalität unterminiert. Anstatt den Auswahl- und Gliederungsprinzipien herkömmlicher Weltgeschichten zu folgen, erzählt Barnes eine höchst idiosynkratische *History of the World*. Weder orientiert sich die Auswahl des Erzählten an dem, was als historisch bedeutsam gilt, noch folgt der Aufbau des Romans der geschichtlichen Chronologie. Sowohl die scheinbar willkürliche Abfolge der Episoden als auch ihre offensichtliche Heterogenität lassen zunächst keinerlei Organisationsprinzip erkennen.

Der hybride Charakter von *A History of the World in 10 and 1/2 Chapters* beruht vor allem auf der Tatsache, dass die zehn Kapitel und das als „Parenthesis" betitelte ‚halbe' Kapitel Konventionen unterschiedlicher Genres, Textsorten und Erzählmodi verwenden und vermischen. So verbindet etwa das erste Kapitel, in dem die Geschichte der Arche Noah aus der Perspektive des

Holzwurms erzählt wird, Elemente der Tierfabel und des Reiseberichts. Das zweite Kapitel, das eine politisch motivierte Entführung eines Kreuzfahrtschiffes schildert, zählt zum Genre des psychologischen Thrillers. Die Wiedergabe von mittelalterlichen Tierprozessen in Form von übersetzten Originaldokumenten im dritten Kapitel verknüpft die rhetorische Textsorte des Gerichtsplädoyers mit Elementen der Tierfabel. Das aus zwei Teilen bestehende fünfte Kapitel enthält einen dokumentarischen Reisebericht, der eine Expedition in den Senegal im Jahre 1816 schildert, sowie metafiktionale Reflexionen über Kunst. Das Organisationsprinzip einer losen Abfolge von zehn scheinbar willkürlich gewählten und unzusammenhängenden Geschichten eröffnet BARNES die Möglichkeit, die Erschließung neuer Themen aus der Alltags- und Mentalitätsgeschichte mit experimentellen Darstellungstechniken und Reflexionen über Historiographie zu verbinden.

Auflösung ,der' Weltgeschichte

Mit seiner Auflösung ,der' Weltgeschichte in eine Vielzahl heterogener Einzelgeschichten bringt *A History of the World in 10 and 1/2 Chapters* veränderte Geschichtsauffassungen zum Ausdruck, die von der Fragmentierung und Diskontinuität moderner Wirklichkeitserfahrung, von Skeptizismus und von der Einsicht in das Ende der ,Großen Erzählungen' geprägt sind. Durch die nichtlineare, diskontinuierliche, anachronische und repetitive Erzählstruktur des Romans werden herkömmliche Vorstellungen von Chronologie, Kausalität und Fortschritt durch zyklische Geschichtsauffassungen überlagert. BARNES' Roman setzt jenes Geschichtsverständnis erzählerisch um, das in der mehrfachen Paraphrase von „Fabulation" impliziert ist: *„We make up a story to cover the facts we don't know or can't accept; we keep a few true facts and spin a new story round them. Our panic and our pain are only eased by soothing fabulation; we call it history."*[8]

Antonia S. Byatt, Possession

BYATTS Erfolgsroman *Possession: A Romance* (1990) zählt zu jenen Werken, die sich aufgrund ihrer Verbindung eines breiten Spektrums unterschiedlichster Gattungskonventionen jedem Versuch einer Zuordnung zu einem bestimmten Genre entziehen. In *Possession* finden sich nicht nur Merkmale des Universitäts-, Detektiv- und Schauerromans sowie des historischen und biographischen Romans, sondern auch Konventionen des Bildungsromans, des Märchens und des Briefromans. Darüber hinaus zeichnet sich dieser Roman formal durch sein montagehaftes und intertextuelles Konstruktionsprinzip aus, das verschiedene Textsorten kaleidoskopisch aneinanderreiht: *Possession* besteht zu mehr als einem Drittel aus langen Auszügen aus (fiktiven) Tagebüchern, Biogra-

---

8 Barnes, *A History of the World in 10 and 1/2 Chapters*. London: Picador 1990, S. 242.

phien, feministischen Studien sowie einer Vielzahl von Briefen, dramatischen Monologen und anderen Gedichten, wobei BYATT die stilistischen Eigentümlichkeiten viktorianischer Dichtung pasticheartig nachahmt. Bereits durch den Untertitel wird dieser Roman, in dem Reflexionen über Literatur einen noch breiteren Raum einnehmen als in BYATTs vorausgegangenen Werken, in die Tradition der *romance* eingeordnet.

Zwei Zeitebenen

Wie in zahlreichen metahistorischen Romanen der Gegenwart werden unterschiedliche Handlungsstränge auf zwei Zeitebenen einander gegenübergestellt, die vor allem durch den Versuch verbunden werden, ein in der Vergangenheit liegendes Geheimis zu lüften. BYATT kontrastiert in *Possession* die moralischen und literarischen Konventionen des Viktorianismus mit den liberaleren Sitten der heutigen Zeit. Im Zentrum des Romans steht die Rekonstruktion einer romantischen Liebesbeziehung zwischen dem fiktiven viktorianischen Schriftsteller Randolph Henry Ash und der ebenfalls fiktiven Dichterin Christabel LaMotte durch zwei moderne Figuren, den 29-jährigen mittellosen Forschungsassistenten Roland Michell und die feministische Dozentin Maud Bailey, zwischen denen sich ebenfalls eine Romanze entwickelt. Da die Gegenwartshandlung und die analytisch dargestellte viktorianische Liebesbeziehung alternierend vermittelt werden, treten sowohl die moralischen Veränderungen und die Mentalitätsunterschiede zwischen den Figuren der viktorianischen Zeit und den modernen Protagonisten als auch zeitübergreifende Phänomene hervor, die die beiden Zeitebenen verbinden. Verknüpft werden die Handlungsstränge auf den beiden Zeitebenen nicht nur durch die Duplizität von Ereignissen, Schauplätzen und Themen, sondern auch durch das zentrale Motiv ‚*possession*', das in unterschiedlichen Ausprägungen (Besitzdenken in Liebesbeziehungen, Besessenheit von einer Idee, materielles Besitzstreben, Selbstbeherrschung) den Roman durchzieht.

Gattungsreferenzen

Unter Rückgriff auf die Strukturprinzipien der Romanze und des Detektivromans weitet BYATT in *Possession* die Genres des historischen Romans, der fiktionalen Biographie und des Universitätsromans zu einem moralischen Gesellschaftsroman aus, der die Rekonstruktion einer historischen Epoche sowohl mit der Schilderung der Gegenwart als auch mit der Problematik des Biographieschreibens verbindet. Warum keine eindeutige Zuordnung zu einer bestimmten Gattung möglich ist, verdeutlichen die folgenden Hinweise auf die wichtigsten Gattungsreferenzen:

Gattungsreferenzen in A. S. Byatts *Possession*

- Den Konventionen des Detektivromans entsprechen die analytische Struktur, das Motiv der Aufdeckung eines Rätsels, die Rekonstruktion eines in der Vergangenheit liegenden Geschehens anhand von Indizien sowie die an AGATHA CHRISTIES Kriminalromane erinnernde Schlussszene.[9] Allerdings treten die biographischen Nachforschungen fiktiver Literaturwissenschaftler an die Stelle der klassischen Suche des Detektivs nach dem Mörder.
- An die Konventionen des Agenten- und Spionageromans, der mit dem Detektivroman eng verwandt ist, erinnern die Plotstruktur, die internationale Dimension der Handlung und der Typ des *villain*.[10]
- An den Schauerroman bzw. neo-gotischen Roman knüpft *Possession* durch einige Schauplätze sowie die Friedhofsszene an, in der der Bösewicht, der amerikanische Ash-Spezialist Mortimer Cropper, bei einer melodramatischen Nacht- und Nebelaktion versucht, das Grab des Dichters zu öffnen.[11]
- Den Konventionen des historischen Romans verpflichtet sind das Spannungsverhältnis zwischen verschiedenen Zeitebenen sowie die daraus resultierende Rhetorik des Damals-und-Heute.[12]
- Mit der fiktionalen Biographie teilt BYATTS Roman den thematischen Fokus, denn die Figuren auf der Gegenwartsebene versuchen, (fiktive) historische Persönlichkeiten in ihrer Andersartigkeit zu verstehen.
- Darüber hinaus weist BYATTS Roman insofern Züge der fiktionalen Metabiographie auf, als sich die als Biographen und Literaturhistoriker tätigen Figuren mit den Problemen des Biographieschreibens auseinandersetzen.

---

9 Zum Kriminalroman vgl. Suerbaum sowie den Aufsatz von Lenz in Maack/Imhof, Zu den bedeutendsten englischen Vertreterinnen der klassischen Variante dieses Genres zählen Agatha Christie und Dorothy L. Sayers.

10 Zum britischen Spionageroman vgl. Hindersmann sowie den Aufsatz von Lenz in Maack/Imhof.

11 Vgl. zu diesem Genre Imhof, „Neo-gotische ...". Elemente des neo-gotischen Romans finden sich in den Werken von ansonsten so unterschiedlichen Autoren wie Martin Amis, John Fowles, Patrick McGrath, Iris Murdoch, Muriel Spark, David Storey und Emma Tennant.

12 Zum historischen Roman vgl. die Monographien von N. McEwan und Scanlan sowie vor allem Neumanns Pionierstudie und Nünning, *Von historischer* ...

- Zu den thematischen Parallelen zwischen *Possession* und dem Genre des Frauenromans zählen die kritische Auseinandersetzung mit herkömmlichen Frauenrollen, das Streben weiblicher Figuren nach Selbständigkeit sowie die Tatsache, dass deren Eigenschaftsspektrum Geschlechtsstereotypen durchkreuzt.
- Die Nähe zum Universitätsroman resultiert aus dem akademischen Milieu, in dem das Geschehen angesiedelt ist, den Berufen der Figuren sowie den gattungstypischen Motiven und Handlungsmustern. Sie zeigt sich auch daran, dass in den Bewusstseinsprozessen poststrukturalistische Kassandrarufe von der De-Zentrierung des Subjekts und dem Tod des Individuums anklingen und dass Konventionen literaturwissenschaftlicher Forschung karikiert werden.[13]

Romance

Zusammengeführt werden die Elemente der verschiedenen Gattungen durch die als integrierender Rahmen fungierenden Konventionen der *romance*. Der enge Bezug zur *romance* wird durch die Liebeshandlung, den episodenhaften Handlungsverlauf und das Motiv der Quest hervorgehoben. Je mehr sich Maud und Roland bei der Suche nach Dokumenten, die gleichsam als Gralsersatz fungieren, auf die Spuren von LaMotte und Ash begeben und je näher sie sich dabei persönlich kommen, desto mehr ähnelt die Handlung dem Muster einer *romance*. Den literarisch und literaturtheoretisch gleichermaßen beschlagenen Figuren entgehen die Parallelen zwischen ihrer persönlichen Entwicklung und den Handlungsmustern dieses Genres keineswegs, und sie gewinnen den Eindruck, selbst Teil einer vorstrukturierten Romanze zu sein. Dabei handelt es sich um ein Genre, das in jüngster Zeit eine Renaissance erlebt und sich als postmoderne Romanform etabliert hat.[14]

3 Die Entstehung neuer Romangenres: fiktionale Biographie und Metabiographie, *travelogue* und historischer Kriminalroman

Hybride Genres

Die Vielfalt innovativer Erscheinungsformen des zeitgenössischen Romans ist ein deutlicher Beweis dafür, dass es sich beim Phänomen der Genreüberschreitungen um einen produktiven Prozess handelt. Obgleich die Mischung von Gattungskonventionen zur Auflösung der Konturen einzelner Genres führt, hat sie sich insofern literarisch produktiv ausgewirkt, als sie maßgeblich zur Erneuerung des Romans beigetragen hat. Aus der Verbindung der

Konventionen verschiedener Gattungen sind in den letzten Jahren neue Mischgattungen hervorgegangen, die als ‚hybride Genres' bezeichnet werden.[15]

Fiktionale Biographie

Dass die Grenze zwischen Romanen und vermeintlich nichtfiktionalen Textsorten durchlässig geworden ist, zeigt sich beispielhaft anhand der fiktionalen Biographie. In ihrer aufschlussreichen Monographie definiert INA SCHABERT dieses Genre folgendermaßen: „*FICTIONAL BIOGRAPHY is engaged in the comprehension of real historical individuals by means of the sophisticated instruments of knowing and articulating knowledge that contemporary fiction offers.*"[16] Der hybride Charakter dieser dem historischen Roman nahestehenden Gattung beruht darauf, dass der künstlerische Entwurf eines historischen Persönlichkeitsbildes eindeutig als Fiktion gekennzeichnet ist, aber zugleich auf das Geschichtswissen des Lesers bezogen bleibt. Aufgrund der fiktionalen Privilegien des Romans bei der Darstellung von Geschichte kann das gesicherte Datenmaterial frei ergänzt und literarisch umgeformt werden.

Beispiele

Popularisiert wurden fiktionale Autobiographien und Biographien vor allem durch die unterhaltsamen Werke von ROBERT GRAVES. Sein bekanntestes Werk ist die fiktive Autobiographie des römischen Kaisers CLAUDIUS, *I, Claudius: From the Autobiography of Tiberius Claudius* (1934), und ihre Fortsetzung, *Claudius the God, and his Wife Messalina* (1934). Inzwischen ist das Spektrum der Gattungsausprägungen sehr breit. Es reicht von realistischen fiktionalen Autobiographien wie PETER ACKROYDS *The Last Testament of Oscar Wilde* (1983) über revisionistische fiktive Biographien wie JOHN ARDENS *Books of Bale: A Fiction of History* (1988), PAT BARKERS *Regeneration* (1991) und *The Eye in the Door* (1993), DAVID CAUTES *Comrade Jacob* (1961), EVA FIGES' *The Tree of Knowledge* (1990) und

---

13 Zum Universitätsroman vgl. die Studien von Antor und Weiß sowie den entsprechenden Aufsatz von Imhof in Maack/Imhof. Die bekanntesten Repräsentanten dieses Genres sind die ehemaligen Professoren Malcolm Bradbury (*The History Man*, 1975) und David Lodge (*Changing Places*, 1975; *Small World*, 1984).

14 Vgl. Maack, „Die romance . . ."; in der Tradition der romance stehen etwa Romane wie David Lodges *Small World* (1984), Lindsay Clarkes *The Chymical Wedding: A Romance* (1989) und Graham Swifts *Ever After* (1992).

15 Obgleich das als ‚Genreüberschreitungen' bezeichnete Phänomen als ein Markenzeichen der postmodernen Literatur gilt, ist es keineswegs auf die Gegenwart beschränkt. Vielmehr hat sich die Gattung des Romans seit ihren Anfängen immer wieder andere Gattungen einverleibt und auf diese Weise erneuert. Vgl. dazu die in Kap. 3 dargestellten Überlegungen Virginia Woolfs über die Weiterentwicklung der Romanform.

16 Schabert, S. 4. Zum Genre der fiktionalen Biographie vgl. auch den entsprechenden Aufsatz von Maack in Maack/Imhof.

ROBERT NYES *The Memoirs of Lord Byron: A Novel* (1989) bis zu experimentellen und illusionszerstörenden Varianten.

Fiktionale Meta-biographie

Ebenfalls aus produktiven Genreüberschreitungen hervorgegangen ist die fiktionale Metabiographie. Sie ist das Ergebnis einer Verbindung der Konventionen der Biographie, des Romans und der literaturwissenschaftlichen Abhandlung über die Probleme, mit denen Biographen konfrontiert sind. Anstatt die Lebensgeschichte einer historischen Persönlichkeit zu erzählen, lenken fiktionale Metabiographien wie PETER ACKROYDS *Chatterton* (1987) und JULIAN BARNES' *Flaubert's Parrot* (1984) die Aufmerksamkeit auf die Tätigkeit des Biographen und beleuchten die Probleme und Grenzen des Versuchs, das Leben anderer Personen im Medium einer Biographie wiederzugeben.

Reiseroman

Ein weiteres Genre, das sich in thematischer und formaler Hinsicht durch Grenzüberschreitungen auszeichnet, ist der Reiseroman bzw. *travelogue*. Zeitgenössische *travelogues* stellen ein hybrides Genre dar, weil sie *„Elemente der drei Gattungen 'deskriptiver Reisebericht', 'Autobiographie' und 'realistischer Roman' miteinander"*[17] kombinieren. Wie durchlässig Gattungsgrenzen im Roman inzwischen sind, beweisen Reiseromane wie BRUCE CHATWINS *Utz* (1988) sowie JONATHAN RABANS *Foreign Land* (1985), die Elemente des historischen Romans, des Reiseberichts und der fiktionalen Biographie verbinden. Eine zentrale Rolle spielt die Beschäftigung mit Geschichte auch in Reiseberichten wie CHATWINS *In Patagonia* (1977) und RABANS *Coasting* (1986).

Historische Kriminalromane

Ein Indiz für besonders produktive Gattungsmischungen sind auch historische Kriminalromane. WESSELING führt diese innovative Ausprägung des postmodernen Romans auf *„a cross-fertilization of two generic models, the historical novel and the detective novel"*[18] zurück. JOSEPHINE TEYS *The Daughter of Time* (1951) ist eines der frühesten Beispiele für diese Tendenz. Seit den 80er Jahren zählen Romane wie JOHN FOWLES' *A Maggot* (1985), PETER ACKROYDS *Hawksmoor* (1985) und *Dan Leno and the Limehouse Golem* (1994), die außerdem Elemente des Schauerromans enthalten, sowie BARRY UNSWORTHS *Morality Play* (1994) zum Genre des historischen Kriminalromans.

Industrie- und Universitätsroman

Ein typisches Beispiel dafür, wie die Konventionen von zwei Genres zu einer neuen Mischgattung kombiniert werden, ist DAVID LODGES *Nice Work* (1988). Im Gegensatz zu seinen früheren Romanen, die unterhaltsame Spielarten des als *campus novel* bezeichneten Universitätsromans verkörpern, überschreitet LODGE in *Nice Work* die Grenzen, die zwischen der Universität und der Gesellschaft sowie dem Genre des Universitätsromans und anderen Gattungen liegen. Die Thematik, Figurenkonstellation und Handlungsführung beruhen in *Nice Work* auf einer Verbindung der Gattungskonventionen des Industrieromans und des Universitätsromans. Die Überschreitung von Gattungsgrenzen ist aufs engste mit den Hauptthemen dieses Romans verknüpft, in dessen Zentrum die verschiedenen Lebenswelten der Literaturwissenschaftlerin Dr. Robyn Penrose und des Industriellen Vic Wilcox sowie die wechselvolle Beziehung zwischen ihnen stehen. Zudem schlägt sie sich formal in der Raumdarstellung, Handlungsstruktur und multiperspektivischen erzählerischen Vermittlung nieder.

Weitere hybride Genres

Das Spektrum produktiver Genreüberschreitungen, die zu neuen Mischformen führen, ist mit diesen Hinweisen bei weitem nicht erschöpft. Zwei weitere Beispiele dafür sind der *„Universitätskrimi"*,[19] eine Variante des Kriminalromans, bei der die Handlung im Universitätsmilieu angesiedelt ist, und der Invasionsroman, der Elemente des Spionageromans, des politischen Romans und des parahistorischen Romans verbindet. In WILLIAM GOLDINGS aus den Romanen *Rites of Passage* (1980), *Close Quarters* (1987) und *Fire Down Below* (1989) bestehender Trilogie werden die Konventionen des Reiseromans, des fiktiven Seejournals und der Gesellschaftssatire zu einem stilistischen Epochenpastiche verknüpft. Darüber hinaus greifen viele Autorinnen und Autoren auf die Konventionen populärer Genres wie Utopie, Anti-Utopie und Dystopie sowie auf verschiedene Spielarten der Fantasy- und Science Fiction-Literatur zurück.[20]

4 Literarische Intermedialität: Überschreitung von Mediengrenzen

Grenzüberschreitung zwischen den Künsten

Die im Roman der Gegenwart verbreitete Tendenz zur Hybridisierung beschränkt sich nicht auf die Verknüpfung der Konventionen unterschiedlicher Gattungen. Kennzeichnend für zeitgenössische Romane ist vielmehr die Überschreitung der Grenzen zwischen verschiedenen Künsten und Medien. In vielen Romanen finden sich intermediale Referenzen auf Malerei, Musik, Photographie, Radio, Film, Fernsehen und andere Medien. Durch solche Bezüge setzen sich Romane mit den Darstellungskonventionen anderer Medien auseinander.

---

17 Kohl, S. 150.
18 Wesseling, S. 94.
19 Antor, S. 474, 551; vgl. zu diesem Genre ebd., S. 584–600.
20 Zur Science Fiction vgl. Suerbaum/Broich/Borgmeier; zu dem breiten Spektrum der *space fiction, fut-fic* und *science fiction* vgl. den entsprechenden Aufsatz von Maack in Maack/Imhof.

Inter-medialität	Dadurch entstehen neue Spielarten der Wechselbeziehungen zwischen den Künsten und Medien, die mit dem Begriff ‚Intermedialität' bezeichnet werden und die zu einer Medienkonvergenz geführt haben. Das Spektrum der Beispiele für diesen innovativen Trend reicht von Versuchen, künstlerische oder musikalische Strukturprinzipien auf Romane zu übertragen, über Referenzen auf Photographie bis zu Reflexionen über die wirklichkeitserzeugende Macht, die von den modernen Massenmedien ausgeht. Diese innovativen Tendenzen können als Versuche gedeutet werden, auf die veränderte Situation des Romans in einer von neuen Medien beherrschten Informationsgesellschaft zu reagieren.
Ältere Beispiele	Bei solchen Grenzüberschreitungen des Romans zu anderen Künsten und Medien handelt es sich um ein Phänomen, das keineswegs auf die postmoderne Literatur begrenzt ist. Vielmehr gibt es im gesamten 20. Jh. Romane, die sich thematisch mit anderen Medien beschäftigen. So hat die Auseinandersetzung mit Kunst und Malerei im englischen Roman eine lange Tradition, wie etwa OSCAR WILDES *The Picture of Dorian Gray* (1895), WYNDHAM LEWIS' kubistischer Roman *Tarr* (1918) und VIRGINIA WOOLFS *To the Lighthouse* (1927) illustrieren.
Thematische und strukturelle Verweise	Auch viele Romane der Nachkriegszeit zeichnen sich dadurch aus, dass Gemälde und andere Kunstwerke in thematischer oder struktureller Hinsicht eine zentrale Rolle spielen. Dazu zählen etwa POUSSINS „Die vier Jahreszeiten" in ANTHONY POWELLS Roman *A Question of Upbringing* (1951), MANETS „Olympia" in JOHN BRAINES *Room at the Top* (1957) sowie Gemälde von GAINSBOROUGH, TINTORETTO bzw. BRONZINO in IRIS MURDOCHS Romanen *The Bell* (1958), *An Unofficial Rose* (1962) bzw. *The Nice and the Good* (1968). Eine Vielzahl intermedialer Bezüge auf Kunstwerke finden sich in den Romanen der Kunsthistorikerin ANITA BROOKNER, etwa in *Family and Friends* (1985) und *Fraud* (1992). In PETER ACKROYDS *Chatterton* (1987) ist der Entstehung von HENRY WALLIS' Gemälde „The Death of Chatterton" (1856) ein eigener Handlungsstrang gewidmet. JULIAN BARNES setzt sich in *A History of the World in 10 and 1/2 Chapters* in einem Kapitel, das zur Hälfte aus einer metafiktionalen Analyse von THÉODORE GÉRICAULTS Gemälde „Das Floß der Medusa" besteht, in expliziter Form mit der diesem Roman zugrundeliegenden Frage auseinander, wie sich Katastrophen künstlerisch darstellen lassen.
Auswirkungen auf die Erzählstruktur	Darüber hinaus schlägt sich das Phänomen der Intermedialität in der Erzählstruktur einiger Romane nieder, in dem Versuch, die Darstellungskonventionen anderer Künste und Medien erzählerisch umzusetzen. Besonders deutlich wird diese Tendenz in jenen Romanen, die sich strukturell an musikalische Kompositionsformen anlehnen. Ein frühes Beispiel dafür ist etwa ALDOUS HUXLEYS

Roman *Point Counter Point* (1928), dessen Geschehen kontrapunktisch strukturiert ist. Aus der zeitgenössischen Literatur sind ANTHONY BURGESS' fiktive Biographie *Napoleon Symphony* (1974), die die Kompositionsprinzipien von BEETHOVENS dritter Sinfonie adaptiert, sowie PETER ACKROYDS ausgeprägt intermedialer Roman *English Music* (1992) ambitionierte Versuche, den Roman durch musikalische Strukturanalogien weiterzuentwickeln.

Adam Thorpe, *Ulverton*

Im Gegensatz zu Romanen, deren generische Hybridisierung sich auf die Kombination verschiedener Gattungskonventionen und Bezüge zur Kunst oder Musik beschränkt, hat THORPE mit seinem Erstling *Ulverton* (1992) einen Roman vorgelegt, der das Spektrum an Referenzen von literarischen Genres auf weitere Textsorten und auf audio-visuelle Medien ausweitet. THORPE schildert darin die Geschichte eines Dorfes von der Mitte des 17. Jh.s bis zur Gegenwart. Das Thema, die chronologische Anordnung des Geschehens und die ausführliche Schilderung sozialhistorischer Veränderungen knüpfen an Erzählmuster des Regionalromans, des traditionellen historischen Romans und des realistischen Gesellschaftsromans an. Gleichwohl erschließt *Ulverton* mit seiner montagehaften Form, multiperspektivischen Erzählweise und seinen intermedialen Bezügen dem Roman neue Ausdrucksmöglichkeiten.

Inszenierung der Veränderung der Kommunikationsformen

Ulverton inszeniert mit intermedialen Referenzen historische Veränderungen von Kommunikationsformen, um die Historizität der Medien und die mediale Bedingtheit der Historiographie zu beleuchten. Die Komplexität historischer Prozesse wird dadurch wiedergegeben, dass die kaleidoskopische Vielfalt der Themen mit einem entsprechend breiten Spektrum von Darstellungsformen vermittelt wird. Jedes der zwölf Kapitel, die inhaltlich Momentaufnahmen aus der jeweiligen Zeit liefern, repräsentiert in formaler Hinsicht epochenspezifische Modi der Wirklichkeitserfahrung. Dazu zählen ein Augenzeugenbericht, eine Predigt, ein Auszug aus einer fiktiven Publikation über Verbesserungen landwirtschaftlicher Methoden, Briefe, Alltagserzählungen im Stile mündlicher Kommunikation sowie Protokolle und Transkriptionen der Zeugenaussagen von Tätern, Augenzeugen und Betroffenen eines Aufstands der Ludditen. Durch weitere intermediale Referenzen illustriert *Ulverton*, welche Auswirkungen die Datenspeicherung und -verarbeitung in technischen Medien wie Photographie, Schreibmaschine, Rundfunk und Film auf die Möglichkeiten der Geschichtserfahrung und der Vermittlungsformen des kollektiven Gedächtnisses haben. Die letzten beiden Kapitel, die zum Teil aus einer Transkription einer Magnetaufnahme der BBC bzw. aus dem *post production script* eines Dokumentarfilms bestehen, beziehen durch intermediale Referenzen auf Radio, Film und Fernsehen die Entwicklung der Medientechnik ein.

Film

Während die historische Entwicklung der Kommunikationsformen im Zentrum von *Ulverton* steht, beschäftigen sich einige Romane der 80er Jahre intensiv mit dem Medium Film. Als Beispiel für diese Tendenz seien WILLIAM BOYDS *The New Confessions* (1987) und ANDREW SINCLAIRS experimenteller Roman *King Ludd* (1988) genannt. In der fiktionalen Autobiographie *The New Confessions*, die um das Leben eines fiktiven Filmproduzenten kreist, der sein Lebensziel – die Verfilmung von JEAN-JACQUES ROUSSEAUS *Les Confessions* (1782/1788) – nicht erreicht, spielen die Überschreitung von Mediengrenzen und die Auseinandersetzung mit der Entwicklung des Films als Medium dokumentarischer Wirklichkeitsdarstellung eine zentrale Rolle. In *King Ludd* reicht das Spektrum der Referenzen auf Kommunikationsmedien von Hieroglyphen über Runen und das moderne Alphabet bis zur Computer- und Filmtechnologie.

5 „Alive and kicking": Der englische Roman am Ende des 20. Jahrhunderts

Diversifizierung

Blickt man abschließend zurück auf die Entwicklung des englischen Romans im 20. Jh., so bleibt festzuhalten, daß DAVID LODGES Modell vom *novelist at the crossroads* zwar die wichtigsten Entwicklungslinien erfasst, der Vielfalt der Erscheinungsformen, Genres und Tendenzen in dieser proteischen Gattung aber nicht völlig gerecht zu werden vermag. Die Hauptgründe dafür sind die Mischung von realistischen, experimentellen und metafiktionalen Darstellungsverfahren in vielen Romanen, die fortschreitende Diversifizierung der Themen, die als ‚Genreüberschreitungen' beschriebene Tendenz zur Entstehung neuer hybrider Genres, die Auswirkungen der neuen Medien sowie der Einfluss der kulturellen Traditionen aus den ehemaligen Kolonien. Das Resultat dieser Entwicklungen ist das gleichzeitige Vorhandensein eines breiten Spektrums unterschiedlicher Gattungsausprägungen und Schreibweisen, die sich oft in ein und demselben Werk überlagern. Dieser Vielfalt wird selbst jenes Bild der *spaghetti junction* kaum mehr gerecht, dass STEVENSON als zeitgemäßen Ersatz für LODGES Metapher vorschlägt: „*Traffic in Britain has moved beyond the crossroads to the spaghetti junction: its complexity – and faintly foreign resonance – may make it a better metaphor for an era of writing in which long-serving main roads remain discernible, but are increasingly overwhelmed by new directions, recombining and diversifying the old.*"[21] Die Erschließung neuer Themen und die Erprobung innovativer Erzählverfahren haben dem englischen Roman inzwischen wieder zu einem Ansehen verholfen, wie er es seit der viktorianischen Zeit oder zumindest seit JOYCE und WOOLF nicht mehr genossen hat.

Werke der 90er Jahre

Die 90er Jahre haben schon jetzt eine Vielfalt innovativer Romane hervorgebracht, bei denen die Prognose gewagt werden kann, dass sie bald den Status von modernen Klassikern innehaben werden: PETER ACKROYDS *The House of Doctor Dee* (1993) und *Dan Leno and the Limehouse Golem* (1994), MARTIN AMIS' *Time's Arrow* (1991) und *The Information* (1995), ANTONIA S. BYATTS *Possession: A Romance* (1990), *Angels & Insects* (1992) und *Babel Tower* (1996), ANGELA CARTERS *Wise Children* (1991), MICHAEL ONDAATJES *The English Patient* (1992), SALMAN RUSHDIES *The Moor's Last Sigh* (1995), GRAHAM SWIFTS *Ever After* (1992) und *Last Orders* (1996) sowie BARRY UNSWORTHS *Sacred Hunger* (1992) und *Morality Play* (1995).

Debüts der 90er Jahre

Dass man sich über die Zukunft einer schon so oft totgesagten Gattung wie dem Roman trotz der neuen Medien keine Sorgen zu machen braucht, beweisen auch jene Autoren, die in den 90er Jahren vielbeachtete literarische Debüts gegeben haben und von denen stellvertretend für viele andere zumindest einige genannt seien: LOUIS DE BERNIÈRES (*The War of Don Emmanuel's Nether Parts*, 1990; *Captain Corelli's Mandolin*, 1994), TIBOR FISCHER (*Under the Frog*, 1992; *The Thought Gang*, 1994), PHILIP HENSHER (*Other Lulus*, 1994), MICK JACKSON (*The Underground Man*, 1997), LAWRENCE NORFOLK (*Lemprière's Dictionary*, 1991; *The Pope's Rhinoceros*, 1996), ADAM THORPE (*Ulverton*, 1992) sowie die beiden ‚Kultautoren' WILL SELF (*Cock & Bull*, 1992; *Great Apes*, 1997) und IRVINE WELSH (*Trainspotting*, 1993), die schon jetzt als literarische Popstars gelten. Hinzu kommen jährlich viele neue Autoren aus den ehemaligen Kolonien des Empire, denen der ‚englische' Roman seine multikulturelle und internationale Qualität verdankt.

Fazit

Insgesamt erweist sich der Weg des Gattungshistorikers durch die Geschichte des englischen Romans des 20. Jh.s als eine Entdeckungsreise durch ein eminent vielschichtiges, weiterhin expandierendes und in mehrfacher Hinsicht grenzüberschreitendes Gebiet, das auch in Zukunft genauere Kartierungen verdient. Die thematische Vielfalt und formale Variationsbreite zeitgenössischer Romane lassen kaum Zweifel daran, dass die dekonstruktivistischen Unkenrufe, die das ‚Ende des Erzählens' oder den ‚Tod des Romans' prophezeien, selbst schon bald Geschichte sein werden. Wer die Entwicklung des englischen Romans in den letzten drei Jahrzehnten auch nur einigermaßen aufmerksam verfolgt hat, wird sicher der Ansicht HUSEMANNS zustimmen „*that in Britain the novel is [...] alive and kicking, [and] a good read*".[22]

---

21 Stevenson, *A Reader's ...*, S. 141.
22 Husemann, S. 158.

Literatur

Primärliteratur

ACKROYD, Peter (1949): *The Great Fire of London* (1982), *The Last Testament of Oscar Wilde* (1983), *Hawksmoor* (1985), *Chatterton* (1987), *First Light* (1989), *English Music* (1992), *The House of Doctor Dee* (1993), *Dan Leno and the Limehouse Golem* (1994), *Milton in America* (1996).

AMIS, Kingsley (1922–1995): *Lucky Jim* (1954), *Take a Girl Like You* (1960), *One Fat Englishman* (1963), *The Alteration* (1976), *The Old Devils* (1986).

AMIS, Martin (1949): *The Rachel Papers* (1973), *Dead Babies* (1975), *Success* (1978), *Other People* (1981), *Money: A Suicide Note* (1984), *London Fields* (1989), *Time's Arrow* (1991), *The Information* (1995), *Night Train* (1997).

ARDEN, John (1930): *Silence Among the Weapons: Some Events at the Time of the Failure of a Republic* (1982), *Books of Bale: A Fiction of History* (1988).

BALLARD, J. G. (1930): *Crash* (1973), *Empire of the Sun* (1984), *The Kindness of Women* (1991), *Cocaine Nights* (1996).

BANKS, Iain (1954): *The Wasp Factory* (1984), *The Player of Games* (1988).

BARKER, Pat (1943): *Union Street* (1982), *The Century's Daughter* (1986), *Regeneration* (1991), *The Eye in the Door* (1993). *The Ghost Road* (1995).

BARNES, Julian (1946): *Metroland* (1980), *Flaubert's Parrot* (1984), *Staring at the Sun* (1986), *A History of the World in 10 and 1/2 Chapters* (1989), *Talking It Over* (1991), *The Porcupine* (1992), *Cross Channel* (1996).

BECKETT, Samuel (1906–1989): *Murphy* (1938), *Molloy* (frz. 1951, engl. 1955), *Malone Dies* (frz. 1951, engl. 1956), *The Unnamable* (frz. 1953, engl. 1958), *Watt* (1953).

BEERBOHM, Sir Max (eig. Henry Maximilian Beerbohm, 1872–1956): *Zuleika Dobson, Or An Oxford Love Story* (1911).

BENNETT, Arnold (1867–1931): *Anna of the Five Towns* (1902), *The Old Wives' Tale* (1908), *Clayhanger* (1910), *Hilda Lessways* (1911), *These Twain* (1916).

BERGER, John (1926): *A Painter of Our Time* (1958), *G.* (1972), *Into Their Labours. A Trilogy: Pig Earth* (1979), *Once in Europa* (1989), *Lilac and Flag: An Old Wives' Tale of a City* (1990).

BOWEN, Elizabeth (1899–1973): *The Hotel* (1927), *The Last September* (1929), *To the North* (1932), *The House in Paris* (1935), *The Death of the Heart* (1938), *The Heat of the Day* (1949), *The Little Girls* (1964).

BOYD, William (1952): *A Good Man in Africa* (1981), *An Ice-Cream War* (1982), *The New Confessions* (1987), *Brazzaville Beach* (1990).

BRADBURY, Malcolm (1932): *Stepping Westward* (1965), *The History Man* (1975), *Rates of Exchange* (1983), *Doctor Criminale* (1992).

BRAINE, John (1922–1986): *Room at the Top* (1957), *Life at the Top* (1962).

BROOKE-ROSE, Christine (1926): *Out* (1964), *Such* (1966), *Between* (1968), *Thru* (1975), *Amalgamemnon* (1984), *Textermination* (1991), *Remake* (1996).

BROOKNER, Anita (1928): *A Start in Life* (1983), *Hotel du Lac* (1984), *Family and Friends* (1985), *A Misalliance* (1986), *Latecomers* (1988), *Fraud* (1992).

BURGESS, Anthony (1917–1993): *A Clockwork Orange* (1962), *Nothing Like the Sun: A Story of Shakespeare's Love-Life* (1964), *MF* (1971), *Napoleon Symphony* (1974), *1985* (1978), *Earthly Powers* (1980), *The End of the World News: An Entertainment* (1982), *The Kingdom of the Wicked* (1985).

BYATT, Antonia S. (1936): *The Virgin in the Garden* (1978), *Still Life* (1985), *Possession: A Romance* (1990), *Angels & Insects* (1992), *Babel Tower* (1996).

CARR, J. L. (1912–1994): *A Month in the Country* (1980), *The Battle of Pollocks Crossing* (1985).

CARTER, Angela (1940–1992): *The Magic Toyshop* (1967), *The Infernal Desire Machines of Dr Hoffmann* (1972), *The Passion of New Eve* (1977), *Nights at the Circus* (1984), *Wise Children* (1991).

CARY, Joyce (1888–1957): *Mister Johnson* (1939), *Herself Surprised* (1941), *To be a Pilgrim* (1942), *The Horse's Mouth* (1944).

CHATWIN, Bruce (1940–1989): *In Patagonia* (1977), *On the Black Hill* (1982), *Utz* (1988).

CHRISTIE, Dame Agatha (eig. Dame Agatha Mary Clarissa Mallowan, geb. Miller, 1890–1976): *The Murder of Roger Ackroyd*

(1926), *Murder on the Orient Express* (1934), *Death on the Nile* (1937).

COLEGATE, Isabel (1931): *Statues in a Garden* (1964), *The Shooting Party* (1980), *Deceits of Time* (1988), *The Summer of the Royal Visit* (1991).

COMPTON-BURNETT, Ivy (1884–1969): *Pastors and Masters* (1925), *Men and Wives* (1931), *A House and Its Head* (1935), *A Family and a Fortune* (1939), *Manservant and Maidservant* (1947), *A Heritage and its History* (1959), *A God and His Gifts* (1963), *The Last and The First* (1971, post.).

CONRAD, Joseph (eig. Józef Teodor Konrad Nalecz Korzeniowski, 1857–1924): *Heart of Darkness* (1899), *Lord Jim* (1900), *Nostromo* (1904), *The Secret Agent* (1907), *Under Western Eyes* (1911), *Chance* (1913), *Victory* (1915).

DEIGHTON, Len (1929): *Funeral in Berlin* (1964), *Spy Story* (1974), *SS-GB: Nazi Occupied Britain 1941* (1978), *The Berlin Game* (1983).

DRABBLE, Margaret (1939): *The Millstone* (1965), *The Waterfall* (1969), *The Needle's Eye* (1972), *The Ice Age* (1977), *The Middle Ground* (1980), *The Radiant Way* (1987), *A Natural Curiosity* (1989), *The Gates of Ivory* (1991), *The Witch of Exmoor* (1996).

DUFFY, Maureen (1933): *That's How It Was* (1962), *Wounds* (1969), *Capital: A Fiction* (1975), *Londoners: An Elegy* (1983), *Change* (1987), *Illuminations: A Fable* (1991), *Occam's Razor* (1993).

DU MAURIER, Daphne (1907–1989): *Jamaica Inn* (1936), *Rebecca* (1938).

DURRELL, Lawrence (1912–1990): *The Alexandria Quartet: Justine* (1957), *Balthazar* (1958), *Mountolive* (1958), *Clea* (1960).

FAIRBAIRNS, Zoë (1948). *Stand we at last* (1983), *Here Today* (1984).

FARRELL, J.G. (1935–1979): *Troubles* (1970), *The Siege of Krishnapur* (1973), *The Singapore Grip* (1978).

FIGES, Eva (1932): *B.* (1972), *The Seven Ages* (1986), *The Tree of Knowledge* (1990).

FIRBANK, Ronald (1886–1926): *Caprice* (1917), *Valmouth* (1919), *Prancing Nigger* (1924), *Concerning the Eccentricities of Cardinal Pirelli* (1926).

FISCHER, Tibor (1959): *Under the Frog* (1992), *The Thought Gang* (1994).

FITZGERALD, Penelope (1916): *The Bookshop* (1978), *Offshore* (1979), *At Freddie's* (1982), *The Beginning of Spring* (1988), *The Gate of Angels* (1990).

FLEMING, Ian (1908–1964): *Casino Royale* (1953), *Live and Let Die* (1954), *Goldfinger* (1959), *Thunderball* (1961).

FORD, Ford Madox (eig. Ford Madox Hueffer, 1873–1939): *The Inheritors* (1901, mit Joseph CONRAD), *The Good Soldier* (1915), *Parade's End* (Tetralogie, 1924–1928): *Some Do Not* (1924), *No More Parades* (1925), *A Man Could Stand Up* (1926), *The Last Post* (1928).

FORSTER, Edward Morgan (1879–1970): *Where Angels Fear to Tread* (1905), *A Room with a View* (1908), *Howards End* (1910), *A Passage to India* (1924), *Maurice* (1988, post.).

FOWLES, John (1926): *The Collector* (1963), *The Magus* (1966, *A Revised Version* 1977), *The French Lieutenant's Woman* (1969), *Daniel Martin* (1977), *Mantissa* (1982), *A Maggot* (1985).

GALSWORTHY, John (1867–1933): *The Forsyte Saga* (fünfbändige Romanfolge, 1906–1921): *The Man of Property* (1906), *Indian Summer of a Forsyte* (1918), *In Chancery* (1920), *Awakening* (1920), *To Let* (1921); *A Modern Comedy* (Trilogie, 1924–1928): *The White Monkey* (1924), *The Silver Spoon* (1926), *Swan Song* (1928).

GOLDING, William (1911–1993): *Lord of the Flies* (1954), *The Inheritors* (1955), *Pincher Martin* (1956), *Free Fall* (1959), *The Spire* (1964), *Darkness Visible* (1979), *Rites of Passage* (1980), *Close Quarters* (1987), *Fire Down Below* (1989).

GRAVES, Robert (eig. Robert von Ranke-Graves, 1895–1985): *I, Claudius: From the Autobiography of Tiberius Claudius* (1934), *Claudius the God* (1934), *Wife to Mr. Milton: The Story of Marie Powell* (1942).

GREEN, Henry (1905–1973): *Living* (1929), *Party-Going* (1939), *Caught* (1943), *Loving* (1945), *Concluding* (1948), *Nothing* (1950), *Doting* (1952).

GREENE, Graham (1904–1991): *It's a Battlefield* (1934), *England Made Me* (1935), *A Gun for Sale* (1936), *Brighton Rock* (1938), *The Power and the Glory* (1940), *The Heart of the Matter* (1948), *The Human Factor* (1978).

HALL, Radclyffe (1880–1943): *The Unlit Lamp* (1924), *The Well of Loneliness* (1928).

HARTLEY, Leslie Poles (1895–1972): *The Go-Between* (1953), *Facial Justice* (1960).

HUGHES, Richard (1900–1976): *A High Wind in*

Jamaica (1929), *The Fox in the Attic* (1961), *The Wooden Shepherdess* (1973).

HUXLEY, Aldous (1894–1963): *Crome Yellow* (1921), *Antic Hay* (1923), *Those Barren Leaves* (1925), *Point Counter Point* (1928), *Brave New World* (1932), *Eyeless in Gaza* (1936), *Ape and Essence* (1948).

ISHERWOOD, Christopher (1904–1986): *All the Conspirators* (1928), *The Memorial* (1932), *Mr Norris Changes Trains* (1935), *Goodbye to Berlin* (1939).

ISHIGURO, Kazuo (1954): *A Pale View of Hills* (1982), *An Artist of the Floating World* (1986), *The Remains of the Day* (1989), *The Unconsoled* (1995).

JAMES, Henry (1843–1916): *What Maisie Knew* (1897), *The Wings of the Dove* (1902), *The Ambassadors* (1903), *The Golden Bowl* (1904).

JHABVALA, Ruth Prawer (1927): *A Backward Place* (1965), *Heat and Dust* (1975).

JOHNSON, Bryan Stanley (1933–1973): *Travelling People* (1963), *Albert Angelo* (1964), *Trawl* (1966), *Christie Malry's Own Double Entry* (1973), *See the Old Lady Decently* (1975).

JOHNSON, Pamela Hansford (1912–1981): *An Impossible Marriage* (1954), *The Unspeakable Skipton* (1959).

JOSIPOVICI, Gabriel (1940): *The Inventory* (1969), *Words* (1971), *The Present* (1975), *The Echo Chamber* (1979), *Conversations in Another Room: A Novel* (1984), *In the Fertile Land* (1987).

JOYCE, James (1882–1941): *Dubliners* (1914), *A Portrait of the Artist as a Young Man* (1916), *Ulysses* (1922), *Finnegans Wake* (1939).

KING, Francis (1923): *The Widow* (1957), *The Action* (1978), *Punishments* (1989).

KUREISHI, Hanif (1954): *The Buddha of Suburbia* (1990), *The Black Album* (1995).

LAWRENCE, David Herbert (1885–1930): *Sons and Lovers* (1913), *The Rainbow* (1915), *Women in Love* (1920), *Kangaroo* (1923), *The Plumed Serpent* (1926), *Lady Chatterley's Lover* (1928), *Mr Noon* (1984, post.).

LE CARRÉ, John (eig. David J. Moore Cornwell, 1931): *The Spy Who Came in from the Cold* (1963), *A Small Town in Germany* (1968), *Tinker, Tailor, Soldier, Spy* (1974), *A Perfect Spy* (1986), *The Tailor of Panama* (1996).

LEHMANN, Rosamond (1901–1990): *Dusty Answer* (1927), *Invitation to the Waltz* (1932), *The Weather in the Streets* (1936), *The Ballad and the Source* (1944), *The Echoing Grove* (1953).

LESSING, Doris (1919): *The Grass is Singing* (1950), *Children of Violence* (fünfbändige Romanfolge, 1952–1969): *Martha Quest* (1952), *A Proper Marriage* (1954), *A Ripple from the Storm* (1958), *Landlocked* (1965), *The Four-Gated City* (1969); *The Golden Notebook* (1962), *The Summer before the Dark* (1973), *The Memoirs of a Survivor* (1974), *Canopus in Argos: Archives* (fünfbändige Romanfolge. 1979–1983), *The Fifth Child* (1987).

LEWIS, Percy Wyndham (1882–1957): *Tarr* (1918), *The Apes of God* (1930).

LIVELY, Penelope (1933): *The Road to Lichfield* (1977), *Treasures of Time* (1979), *Judgement Day* (1980), *Next to Nature, Art* (1982), *Perfect Happiness* (1983), *According to Mark* (1984), *Moon Tiger* (1987), *Passing On* (1989), *City of the Mind* (1991), *Cleopatra's Sister* (1993).

LODGE, David (1935): *The British Museum is Falling Down* (1965), *Changing Places: A Tale of Two Campuses* (1975), *How Far Can You Go?* (1980), *Small World* (1984), *Nice Work* (1988), *Paradise News* (1991).

LOWRY, Malcolm (1909–1957): *Ultramarine* (1933), *Under the Volcano* (1947).

MACKENZIE, Compton (1883–1972): *Sinister Street* (1913–1914).

MANSFIELD, Katherine (1888–1923): *In a German Pension* (1911), *Bliss* (1920).

MAUGHAM, William Somerset (1874–1965); *Of Human Bondage* (1915), *Cakes and Ale* (1930).

MCEWAN, Ian (1948): *The Cement Garden* (1978), *The Comfort of Strangers* (1981), *The Child in Time* (1987), *The Innocent: A Berlin Love Story* (1990), *Black Dogs* (1992).

MO, Timothy (1950): *Sour Sweet* (1982), *An Insular Possession* (1986), *The Redundancy of Courage* (1991).

MORGAN, Charles Langbridge (1894–1958): *Portrait in a Mirror* (1929), *The Fountain* (1932).

MURDOCH, Iris (1919): *Under the Net* (1954), *The Bell* (1958), *The Unicorn* (1963), *The Red and the Green* (1965), *The Nice and the Good* (1968), *The Black Prince* (1973), *The Sea, The Sea* (1978), *Nuns and Soldiers* (1980), *The Philosopher's Pupil* (1983), *The Message to the Planet* (1989).

NORFOLK, Lawrence (1963): *Lemprière's Dictionary* (1991), *The Pope's Rhinoceros* (1996).

NYE, Robert (1939): *Falstaff* (1976), *Merlin* (1978), *The Voyage of the Destiny* (1982), *The Memoirs of Lord Byron: A Novel* (1989).

O'BRIEN, Edna (1932): *The Country Girls* (1960), *Girl with Green Eyes* (1962), *Girls in Their Married Bliss* (1964), *The High Road* (1988).

OKRI, Ben (1959): *Stars of the New Curfew* (1988), *The Famished Road* (1991), *Dangerous Love* (1996).

ORWELL, George (eig. Eric Blair, 1903–1950): *Burmese Days* (1934), *A Clergyman's Daughter* (1935), *Keep the Aspidistra Flying* (1936), *Coming Up for Air* (1939), *Animal Farm* (1945), *Nineteen Eighty-Four* (1949).

POWELL, Anthony (1905): *A Dance to the Music of Time* (zwölfbändige Romanfolge, 1951–1975).

POWYS, John Cowper (1872–1963): *Wolf Solent* (1929), *A Glastonbury Romance* (1933).

PYM, Barbara (1913–1980): *Excellent Women* (1952), *Less Than Angels* (1955), *An Academic Question* (1986, post.).

RHYS, Jean (1890–1979): *Quartet* (1928), *After Leaving Mr Mackenzie* (1930), *Voyage in the Dark* (1934), *Wide Sargasso Sea* (1966).

RICHARDSON, Dorothy (1873–1957): *Pilgrimage* (zwölfbändiger Romanzyklus, 1915–1938).

ROBERTS, Michèle (1949): *A Piece of the Night* (1978), *The Wild Girl* (1984), *Daughters of the House* (1992).

RUSHDIE, Salman (1947): *Midnight's Children* (1981), *Shame* (1983), *The Satanic Verses* (1988), *The Moor's Last Sigh* (1995).

SACKVILLE-WEST, Vita (1892–1962): *The Edwardians* (1930), *All Passion Spent* (1931).

SCOTT, Paul (1920–1978): *Johnnie Sahib* (1952), *The Raj Quartet* (vierbändige Romanfolge, 1966–1975): *The Jewel in the Crown* (1966), *The Day of the Scorpion* (1968), *The Towers of Silence* (1971), *A Division of the Spoils* (1975); *Staying On* (1977).

SELF, Will (1961): *Cock & Bull* (1992), *Great Apes* (1997).

SILLITOE, Alan (1928): *Saturday Night and Sunday Morning* (1958), *The Loneliness of the Long-Distance Runner* (1959), *Key to the Door* (1961).

SINCLAIR, Andrew (1935): *My Friend Judas* (1959), *Gog* (1967), *Magog* (1972), *King Ludd* (1988), *The Far Corners of the Earth* (1991).

SINCLAIR, May (1863–1946): *The Divine Fire* (1904), *Mary Olivier: A Life* (1919), *The Life and Death of Harriett Frean* (1922).

SMITH, Stevie (eig. Florence Margaret Smith, 1902–1971): *Novel on Yellow Paper* (1936), *Over The Frontier* (1938), *The Holiday* (1949).

SNOW, Charles Percy (1905): *Strangers and Brothers* (elfbändige Romanfolge, 1940–1970).

SPARK, Muriel (1918): *The Comforters* (1957), *Robinson* (1958), *Memento Mori* (1959), *The Ballad of Peckham Rye* (1960), *The Prime of Miss Jean Brodie* (1961), *The Public Image* (1968), *The Driver's Seat* (1970), *Territorial Rights* (1979), *Loitering with Intent* (1981), *A Far Cry from Kensington* (1988), *Reality and Dreams* (1996).

STOREY, David (1933): *This Sporting Life* (1960), *Radcliffe* (1963), *Pasmore* (1972).

SWIFT, Graham (1949): *The Sweet-Shop Owner* (1980), *Shuttlecock* (1981), *Waterland* (1983), *Out of this World* (1988), *Ever After* (1992), *Last Orders* (1996).

TAYLOR, Elizabeth (1912–1975): *At Mrs Lippincote's* (1945), *Angel* (1957), *The Soul of Kindness* (1964), *The Wedding Group* (1968).

TENNANT, Emma (1937): *Hotel De Dream* (1976), *The Bad Sister* (1978), *Black Marina* (1985), *Two Women of London: The Strange Case of Ms Jekyll and Mrs Hyde* (1989), *Tess* (1993), *Pemberley* (1993).

TEY, Josephine (eig. Elizabeth Mackintosh, 1897–1952): *The Daughter of Time* (1951).

THOMAS, D. M. (1935): *Birthstone* (1980), *The White Hotel* (1981), *Ararat* (1983), *Swallow* (1984), *Lying Together* (1990).

THORPE, Adam (1956): *Ulverton* (1992).

TOLKIEN, John Ronald Reuel (1892–1973): *The Hobbit* (1937), *The Lord of the Rings* (dreibändiger Romanzyklus, 1954–1955).

TREMAIN, Rose (1943): *Sadler's Birthday* (1976), *Restoration* (1989), *Sacred Country* (1992).

UNSWORTH, Barry (1930): *Mooncranker's Gift* (1973), *Pascali's Island* (1980), *The Rage of the Vulture* (1982), *Stone Virgin* (1985), *Sugar and Rum* (1988), *Sacred Hunger* (1992), *Morality Play* (1995), *After Hannibal* (1996).

WAIN, John (1925–1994): *Hurry on Down* (1953), *Strike the Father Dead* (1962), *The Pardoner's Tale* (1978).

WARNER, Marina (1946): *The Lost Father* (1988), *Indigo or, Mapping the Waters* (1992).

WARNER, Rex (1905–1986): *The Professor* (1938), *The Aerodrome* (1941).

WATERHOUSE, Keith (1929): *There Is a Happy Land* (1957), *Billy Liar* (1959), *Jubb* (1963),

Billy Liar on the Moon (1975), *Office Life* (1978).

WAUGH, Evelyn (1903–1966): *Decline and Fall* (1928), *Vile Bodies* (1930), *Black Mischief* (1932), *A Handful of Dust* (1934), *Scoop* (1938), *Put Out More Flags* (1942), *Brideshead Revisited* (1945), *The Loved One* (1948), *Helena* (1950), *The Sword Of Honour Trilogy* (1952–1961): *Men at Arms* (1952), *Officers and Gentlemen* (1955), *Unconditional Surrender* (1961).

WELDON, Fay (1931): *Down Among the Women* (1971), *Female Friends* (1975), *Praxis* (1978), *Puffball* (1980), *Worst Fears* (1996).

WELLS, Herbert George (1866–1946): *Kipps* (1905), *Tono-Bungay* (1909), *Ann Veronica: A Modern Love Story* (1909), *The History of Mr. Polly* (1910).

WEST, Rebecca (eig. Cecily Fairfield, 1892–1983): *The Return of the Soldier* (1918), *Harriet Hume: A London Fantasy* (1929), *The Fountain Overflows* (1956), *The Birds Fall Down* (1966), *Cousin Rosamund* (1985, post.).

WILLIAMS, Nigel (1948): *My Life Closed Twice* (1977), *Star Turn* (1985), *Witchcraft* (1987), *The Wimbledon Poisoner* (1990).

WILLIAMSON, Henry (1895–1977): *A Chronicle of Ancient Sunlight* (fünfzehnbändige Romanfolge, 1951–1969).

WILSON, A. N. (1950): *The Sweets of Pimlico* (1977), *Who Was Oswald Fish?* (1981), *Wise Virgin* (1982), *Gentlemen in England* (1985), *Incline Our Hearts* (1988), *A Bottle in the Smoke* (1990), *A Watch in the Night* (1996).

WILSON, Angus (1913–1992): *Hemlock and After* (1952), *Anglo-Saxon Attitudes* (1956), *The Middle Age of Mrs Eliot* (1958), *Late Call* (1964), *No Laughing Matter* (1967), *As If By Magic* (1973).

WINTERSON, Jeanette (1959): *Oranges are not the Only Fruit* (1985), *The Passion* (1987), *Sexing the Cherry* (1989), *Written on the Body* (1992).

WOOLF, Virginia (1882–1941): *The Voyage Out* (1915), *Night and Day* (1919), *Jacob's Room* (1922), *Mrs Dalloway* (1925), *To the Lighthouse* (1927), *Orlando: A Biography* (1928), *The Waves* (1931), *The Years* (1937), *Between the Acts* (1941, post.).

Sekundärliteratur

ACHESON, James (Hg.): *The British and Irish Novel Since 1960*. Ldn., Basingstoke: Macmillan 1991.

ALEXANDER, Flora: *Contemporary Women Novelists*. Ldn., NY: Edward Arnold 1989.

ALEXANDER, Marguerite: *Flights from Realism. Themes and Strategies in Postmodernist British and American Fiction*. Ldn., NY: Edward Arnold 1990.

ANDERSON, Linda (Hg.): *Plotting Change. Contemporary Women's Fiction*. Ldn.: Edward Arnold 1990 (= Stratford-upon-Avon Studies, Second Series).

ANTOR, Heinz: *Der englische Universitätsroman. Bildungskonzepte und Erziehungsziele*. Heidelberg: Winter 1996 (= Anglistische Forschungen, Bd. 238).

BARTH, John: „The Literature of Exhaustion." In: *The Atlantic Monthly* 220,8 (1967), S. 29–34.

BARTH, John: „The Literature of Replenishment. Postmodernist Fiction." In: *The Atlantic Monthly* 245 (1980), S. 65–71.

BATCHELOR, John: *The Edwardian Novelists*. Ldn.: Duckworth 1982.

BEAUMAN, Nicola: *A Very Great Profession. The Woman's Novel 1914–1939*. Ldn.: Virago 1983.

BERGONZI, Bernard: *The Situation of the Novel*. Ldn., Basingstoke: Macmillan 1970.

BERTENS, Hans: *The Idea of the Postmodern. A History*. Ldn.: Routledge 1994.

BEYER, Manfred: „Anthony Burgess." In: *Der englische Roman der Gegenwart*. Hgg.: R. Imhof & A. Maack. Tübingen: Francke 1987. S. 68–91.

BOCK, Hedwig & Albert WERTHEIM (Hgg.): *Essays on the Contemporary British Novel*. Mchn.: Max Hueber Verlag 1986.

BRADBURY, Malcolm: *The Modern British Novel*. Harmondsworth: Penguin 1994.

BRADBURY, Malcolm & James MCFARLANE (Hgg.): *Modernism 1890–1930*. Harmondsworth: Penguin 1976.

BRADBURY, Malcolm & David PALMER (Hgg.): *The Contemporary English Novel*. Ldn.: Edward Arnold 1979 (= Stratford-upon-Avon Studies, Bd. 18).

BREEN, Jennifer: *In Her Own Write. Twentieth-Century Women's Fiction*. Ldn.: Macmillan 1990.

BROICH, Ulrich: *Gattungen des modernen engli-*

schen Romans. Wiesbaden: Athenaion 1975 (= Schwerpunkte Anglistik, Bd. 9).

CONNOR, Steven: The English Novel in History 1950–1995. Ldn.: Routledge 1996.

CROSLAND, Margaret: Beyond the Lighthouse. English Women Novelists in the Twentieth Century. Ldn.: Constable 1981.

CUNNINGHAM, Valentine: British Writers of the Thirties. Oxford: Oxford University Press 1988.

D'HAEN, Theo & Hans BERTENS (Hgg.): British Postmodern Fiction. Amsterdam: Rodopi 1993.

DRESCHER, Horst W. (Hg.): Englische Literatur der Gegenwart in Einzeldarstellungen. Stg.: Kröner 1970.

DUPLESSIS, Rachel Blau: Writing Beyond the Ending. Narrative Strategies of Twentieth-Century Women Writers. Bloomington: Indiana University Press 1985.

ENGLER, Bernd & Kurt MÜLLER (Hgg.): Historiographic Metafiction in Modern American and Canadian Literature. Paderborn: Schöningh 1994.

ERZGRÄBER, Willi: Utopie und Anti-Utopie in der englischen Literatur. Mchn.: Fink 1980 (= UTB 1071).

ERZGRÄBER, Willi: „Roman und andere Erzählprosa. 20. Jahrhundert." In: Die englische Literatur. Band 1: Epochen – Formen. Hg.: B. Fabian. Mchn.: Deutscher Taschenbuchverlag 1991. S. 479–511.

ERZGRÄBER, Willi: Von Thomas Hardy bis Ted Hughes. Studien zur modernen englischen und anglo-irischen Literatur. Freiburg: Rombach 1995.

ERZGRÄBER, Willi: Der englische Roman von Joseph Conrad bis Graham Greene. Untersuchungen zur Wirklichkeitsauffassung und Wirklichkeitsdarstellung in der englischen Epik der ersten Hälfte des 20. Jahrhunderts. Tübingen: Francke 1998 (= UTB 1989).

FAULKNER, Peter: Modernism. Ldn.: Methuen 1977.

FLUDERNIK, Monika: The Fictions of Language and the Languages of Fiction. Ldn.: Routledge 1993.

FLUDERNIK, Monika: Towards a ‚Natural' Narratology. Ldn.: Routledge 1996.

FORD, Boris (Hg.): The New Pelican Guide to English Literature. Vol 8. The Present. Harmondsworth: Penguin 1983.

FRIEDMAN, Ellen G. & Miriam FUCHS (Hgg.): Breaking the Sequence. Women's Experimental Fiction. Princeton: Princeton University Press 1989.

FÜGER, Wilhelm: James Joyce. Epoche – Werk – Wirkung. Mchn.: C. H. Beck 1994.

GASIOREK, Andrzej: Post-War British Fiction. Realism and After. Ldn., NY: Edward Arnold 1995.

GINDIN, James: Postwar British Fiction. New Accents and Attitudes. Ldn., Berkeley: University of California Press 1962.

GINDIN, James: British Fiction in the 1930s. Ldn.: Macmillan 1992.

GOETSCH, Paul: Die Romankonzeption in England, 1880–1910. Heidelberg: Winter 1967.

HANSCOMBE, Gillian E. & Virginia L. SMYERS: Writing for their Lives. The Modernist Women, 1910–1940. Ldn.: Women's Press 1987.

HAWTHORN, Jeremy (Hg.): The British Working-Class Novel in the Twentieth Century. Ldn.: Edward Arnold 1984.

HIGDON, David Leon: Shadows of the Past in Contemporary British Fiction. Ldn.: Macmillan 1984.

HIGDON, David Leon: „‚Unconfessed Confessions'. the Narrators of Graham Swift and Julian Barnes." In: The British and Irish Novel Since 1960. Hg.: James Acheson. Ldn., Basingstoke: Macmillan 1991. S. 174–191.

HINDERSMANN, Jost: Der britische Spionageroman. Vom Imperialismus bis zum Ende des Kalten Krieges. Darmstadt: Wissenschaftliche Buchgesellschaft 1995.

HORSLEY, Lee: Fictions of Power in English Literature. 1900–1950. Ldn., NY: Longman 1995.

HOSMER, Robert E. (Hg.): Contemporary British Women Writers. Texts and Strategies. Ldn., Basingstoke: Macmillan 1993.

HUNTER, Jefferson: Edwardian Fiction. Cambridge/Mass.: Harvard University Press 1982.

HUSEMANN, Harald: „Booker Prize, Books, Bookies und Megabucks." In: Anglistik & Englischunterricht 48 (1992), S. 143–162.

HUTCHEON, Linda: A Poetics of Postmodernism. History, Theory, Fiction. NY, Ldn.: Routledge 1988.

HYNES, Samuel: The Edwardian Turn of Mind. Princeton: Princeton University Press 1968.

HYNES, Samuel: The Auden Generation. Literature and Politics in England in the 1930s. Princeton: Princeton University Press 1972.

IMHOF, Rüdiger & Annegret MAACK (Hgg.): Der englische Roman der Gegenwart. Tübingen: Francke 1987.

IMHOF, Rüdiger: *Contemporary Metafiction. A Poetological Study of Metafiction in English Since 1939.* Heidelberg: Winter 1986 (= Britannica et Americana, Folge 3, Bd. 9).

IMHOF, Rüdiger: „B.S. Johnson." In: *Der englische Roman der Gegenwart.* Hgg.: R. Imhof & A. Maack. Tübingen: Francke 1987. S. 187–208.

IMHOF, Rüdiger: „Neo-gotische Tendenzen im zeitgenössischen Roman." In: *Radikalität und Mäßigung. Der englische Roman seit 1960.* Hgg.: A. Maack & R. Imhof. Darmstadt: Wissenschaftliche Buchgesellschaft 1993. S. 74–93.

JAHN, Manfred: „Der englische Roman in der ersten Hälfte des 20. Jahrhunderts. Eine narratologische Gattungsgeschichte mit Schwerpunkt Modernismus." In: *Eine andere Geschichte der englischen Literatur. Epochen, Gattungen und Teilgebiete im Überblick.* Hg.: A. Nünning. Trier: Wissenschaftlicher Verlag Trier 1996. S. 171–193.

JOHNSTONE, Richard: *The Will to Believe. Novelists of the Nineteen-thirties.* Oxford: Oxford University Press 1982.

KENYON, Olga: *Women Novelists Today. A Survey of English Writing in the Seventies and Eighties.* Brighton: Harvester 1988.

KLEIN, Holger (Hg.): *The First World War in Fiction.* Ldn.: Macmillan 1976.

KOHL, Stephan: „Reiseromane/Travelogues. Möglichkeiten einer ‚hybriden' Gattung." In: *Radikalität und Mässigung. Der englische Roman seit 1960.* Hgg.: A. Maack & R. Imhof. Darmstadt: Wissenschaftliche Buchgesellschaft 1993. S. 149–168.

KREUTZER, Eberhard: „Commonwealth-Literatur." In: *Englische Literaturgeschichte.* Hg.: Hans Ulrich Seeber. Stg.: J. B. Metzler Verlag 1991. S. 394–438.

KREUZER, Ingrid: *Entfremdung und Anpassung. Die Literatur der Angry Young Men im England der fünfziger Jahre.* Mchn.: Winkler 1972.

LEE, Alison: *Realism and Power. Postmodern British Fiction.* Ldn., NY: Routledge 1990.

LENGELER, Rainer (Hg.): *Englische Literatur der Gegenwart 1971–1975.* Düsseldorf: Bagel 1977.

LENZ, Bernd: *Factifiction. Agentenspiele wie in der Realität. Wirklichkeitsanspruch und Wirklichkeitsgehalt des Agentenromans.* Heidelberg: Winter 1987.

LEVENSON, Michael: *A Genealogy of Modernism. A Study of English Literary Doctrine 1908–1922.* Cambridge: Cambridge University Press 1984.

LEVENSON, Michael: *Modernism and The Fate of Individuality. Character and Novelistic Form from Conrad to Woolf.* Cambridge: Cambridge University Press 1991.

LODGE, David: *The Novelist at the Crossroads and other Essays on Fiction and Criticism.* Ldn.: Routledge & Kegan Paul 1971.

MAACK, Annegret: *Der experimentelle englische Roman der Gegenwart.* Darmstadt: Wissenschaftliche Buchgesellschaft 1984.

MAACK, Annegret: „Der Roman nach 1945." In: *Englische Literaturgeschichte.* Hg.: Hans Ulrich Seeber. Stg.: J. B. Metzler Verlag 1991. S. 381–393.

MAACK, Annegret: „Die romance als postmoderne Romanform." In: *Literatur in Wissenschaft und Unterricht* 26,4 (1993), S. 273–284.

MAACK, Annegret: „Deconstruction and Reconstruction. Versions of English Postmodernist Fiction." In: *Critical Dialogues. Current Issues in English Studies in Germany and Britain.* Hgg.: Isobel Armstrong & Hans-Werner Ludwig. Tübingen: Narr 1995. S. 142–157.

MAACK, Annegret & Rüdiger IMHOF (Hgg.): *Radikalität und Mäßigung. Der englische Roman seit 1960.* Darmstadt: Wissenschaftliche Buchgesellschaft 1993.

MAASSEN, Irmgard & Anna Maria STUBY (Hgg.): *(Sub)Versions of Realism. Recent Women's Fiction in Britain.* Heidelberg: Winter 1997 (= Anglistik und Englischunterricht, Bd. 60).

MASSIE, Alan: *The Novel Today. A Critical Guide to the British Novel 1970–1989.* Ldn., NY: Longman 1990.

MCEWAN, Neil: *Perspective in British Historical Fiction Today.* Basingstoke, Ldn.: Macmillan 1987.

MCHALE, Brian: *Postmodernist Fiction.* Ldn.: Methuen 1987.

MCHALE, Brian: *Constructing Postmodernism.* Ldn., NY: Routledge 1992.

MILLER, Jane Eldridge: *Rebel Women. Feminism, Modernism and the Edwardian Novel.* Ldn.: Virago 1994.

MUNTON, Alan: *English Fiction of the Second World War.* Ldn.: Faber & Faber 1989.

NEUMANN, Fritz-Wilhelm: *Der englische histori-*

sche Roman im 20. Jahrhundert. Gattungsge-schichte als Diskurskritik. Heidelberg: Winter 1993 (= Forum Anglistik, N.F., Bd. 13).

NÜNNING, Ansgar: „Narrative Form und fiktionale Wirklichkeitskonstruktion aus der Sicht des New Historicism und der Narrativik. Grundzüge und Perspektiven einer kulturwissenschaftlichen Erforschung des englischen Romans im 18. Jahrhundert." In: Zeitschrift für Anglistik und Amerikanistik 40,3 (1992), S. 197–213.

NÜNNING, Ansgar: „Mapping the Field of Hybrid New Genres in the Contemporary Novel. A Critique of Lars Ole Sauerberg, Fact into Fiction and a Survey of other Recent Approaches to the Relationship between ‚Fact' and ‚Fiction'." In: Orbis Litterarum 48 (1993), S. 281–305.

NÜNNING, Ansgar: Von historischer Fiktion zu historiographischer Metafiktion. Bd. 1.: Theorie, Typologie und Poetik des historischen Romans. Trier: Wissenschaftlicher Verlag Trier 1995 (= Literatur – Imagination – Realität, Bd. 11).

NÜNNING, Ansgar: Von historischer Fiktion zu historiographischer Metafiktion. Bd. 2.: Erscheinungsformen und Entwicklungstendenzen des historischen Romans in England seit 1950. Trier: Wissenschaftlicher Verlag Trier 1995 (= Literatur – Imagination – Realität, Bd. 12).

NÜNNING, Ansgar: Uni-Training Englische Literaturwissenschaft. Grundstrukturen des Fachs und Methoden der Textanalyse. Stg.: Klett Verlag für Wissen und Bildung 1996 (= Uni-Training).

NÜNNING, Ansgar: „Kanonisierung, Periodisierung und der Konstruktcharakter von Literaturgeschichten. Grundbegriffe und Prämissen theoriegeleiteter Literaturgeschichtsschreibung." In: Eine andere Geschichte der englischen Literatur. Epochen, Gattungen und Teilgebiete im Überblick. Hg.: A. Nünning. Trier: Wissenschaftlicher Verlag Trier 1996. S. 1–24.

NÜNNING, Ansgar: „ ‚But why will you say that I am mad?' On the Theory, History, and Signals of Unreliable Narration in British Fiction." In: Arbeiten aus Anglistik und Amerikanistik 22,1 (1997), S. 83–106.

NÜNNING, Ansgar: „Crossing Borders and Blurring Genres: Towards a Typology and Poetics of Postmodernist Historical Fiction in England since the 1960s." In: European Journal of English Studies 1,2 (1997), S. 217–238.

OPPEL, Horst (Hg.): Der moderne englische Roman. Interpretationen. Berlin: Erich Schmidt Verlag 1965.

OTTEN, Kurt: Der englische Roman vom Naturalismus bis zur Bewußtseinskunst. Bln.: Erich Schmidt Verlag 1986 (= Grundlagen der Anglistik und Amerikanistik, Bd. 15).

OTTEN, Kurt: Der englische Roman. Entwürfe der Gegenwart. Ideenroman und Utopie. Bln.: Erich Schmidt Verlag 1990 (= Grundlagen der Anglistik und Amerikanistik, Bd. 16).

PALMER, Paulina: Contemporary Women's Fiction. Narrative Practice and Feminist Theory. NY, Ldn.: Harvester Wheatsheaf 1989.

PYKETT, Lyn: Engendering Fictions. The English Novel in the Early Twentieth Century. Ldn.: Edward Arnold 1995.

QUINONES, Ricardo J.: Mapping Literary Modernism. Time and Development. Princeton: Princeton University Press 1985.

RABINOVITZ, Rubin: The Reaction Against Experiment in the English Novel 1950–1960. NY, Ldn.: Columbia University Press 1967.

RECKWITZ, Erhard: „ ‚Britain's Other Islanders'. Multikulturalismus im englischen Roman." In: Radikalität und Mäßigung. Der englische Roman seit 1960. Hgg.: A. Maack & R. Imhof. Darmstadt: Wissenschaftliche Buchgesellschaft 1993. S. 208–229.

REINFANDT, Christoph: Der Sinn der fiktionalen Wirklichkeiten. Ein systemtheoretischer Entwurf zur Ausdifferenzierung des englischen Romans vom 18. Jahrhundert bis zur Gegenwart. Heidelberg: Winter 1997.

RIEDEL, Wolfgang & Thomas Michael STEIN (Hgg.): A Decade of Discontent. British Fiction of the Eighties. Heidelberg: Winter 1992 (= Anglistik & Englischunterricht, Bd. 48).

SAGE, Lorna: Women in the House of Fiction. Post-War Women Novelists. Ldn., Basingstoke: Macmillan 1992.

SAUERBERG, Lars Ole: Fact into Fiction. Documentary Realism in the Contemporary Novel. Ldn., Basingstoke: Macmillan 1991.

SCANLAN, Margaret: Traces of Another Time. History and Politics in Postwar British Fiction. Princeton: Princeton University Press 1990.

SCHABERT, Ina: In Quest of the Other Person. Fiction as Biography. Tübingen: Francke 1990.

SCHLEUSSNER, Bruno: Der neopikareske Roman. Pikareske Elemente in der Struktur moderner *englischer Romane 1950–1960*. Bonn: Bouvier 1969.

SCHOLES, Robert: *Structural Fabulation. An Essay on Fiction of the Future*. Notre Dame, Ldn.: University of Notre Dame Press 1975.

SCHOLES, Robert: *Fabulation and Metafiction*. Urbana, Ldn.: University of Illinois Press 1979.

SMYTH, Edmund J. (Hg.): *Postmodernism and Contemporary Fiction*. Ldn.: Batsford 1991.

STANZEL, Franz K.: *Theorie des Erzählens*. 2., verbesserte Aufl., Göttingen: Vandenhoeck & Ruprecht 1982 [1979].

STEVENSON, Randall: *The British Novel in the Twentieth Century. An Introductory Bibliography*. Ldn.: British Council 1988.

STEVENSON, Randall: „Postmodernism and Contemporary Fiction in Britain." In: *Postmodernism and Contemporary Fiction*. Hg.: Edmund J. Smyth. Ldn.: Batsford 1991. S. 19–35.

STEVENSON, Randall: *Modernist Fiction. An Introduction*. NY, Ldn.: Harvester Wheatsheaf 1992.

STEVENSON, Randall: *A Reader's Guide to the Twentieth-Century Novel in Britain*. Lexington: University Press of Kentucky 1993.

SUERBAUM, Ulrich, Ulrich BROICH & Raimund BORGMEIER: *Science Fiction. Theorie und Geschichte, Themen und Typen, Form und Weltbild*. Stg.: Reclam 1981.

SUERBAUM, Ulrich: *Krimi. Eine Analyse der Gattung*. Stg.: Reclam 1984.

SWINDEN, Patrick: *The English Novel of History and Society, 1940–1980*. Ldn., Basingstoke: Macmillan 1986.

TAYLOR, D.J.: *After the War. The Novel and England since 1945*. Ldn.: Flamingo 1994.

TRODD, Anthea: *A Reader's Guide to Edwardian Literature*. NY, Ldn.: Harvester Wheatsheaf 1991.

TROTTER, David: *The English Novel in History 1895–1920*. Ldn.: Routledge 1993.

WEIß, Wolfgang: *Der anglo-amerikanische Universitätsroman*. Darmstadt: Wissenschaftliche Buchgesellschaft 1988.

WESSELING, Elisabeth: *Writing History as a Prophet. Postmodernist Innovations of the Historical Novel*. Amsterdam, Philadelphia: John Benjamins 1991 (= Utrecht Publications in General and Comparative Literature, Bd. 26).

WOLF, Werner: *Ästhetische Illusion und Illusionsdurchbrechung in der Erzählkunst. Theorie und Geschichte mit Schwerpunkt auf englischem illusionsstörenden Erzählen*. Tübingen: Niemeyer 1993 (= Buchreihe der *Anglia*, Zeitschrift für englische Philologie, Bd. 32).

WOLF, Werner: „Radikalität und Mäßigung. Tendenzen experimentellen Erzählens." In: *Radikalität und Mäßigung. Der englische Roman seit 1960*. Hgg.: A. Maack & R. Imhof. Darmstadt: Wissenschaftliche Buchgesellschaft 1993. S. 34–53.

WÜRZBACH, Natascha: „Der englische Frauenroman vom Modernismus bis zur Gegenwart (1890–1990). Kanonrevision, Gattungsmodifikationen, Blickfelderweiterung." In: *Eine andere Geschichte der englischen Literatur. Epochen, Gattungen und Teilgebiete im Überblick*. Hg.: A. Nünning. Trier: Wissenschaftlicher Verlag Trier 1996. S. 195–211.

Bibliographien, Forschungsberichte, Zeitschriften und Lexika

Auswahlbibliographien zur Primär- und Sekundärliteratur finden sich unter anderem in BOCK/WERTHEIM (1986), IMHOF/MAACK (1987), STEVENSON (1988), MAACK/IMHOF (1993), BRADBURY (1994) und NÜNNING (1995b).

Weiterführende Literatur zu einzelnen Romangenres finden sich in den Auswahlbibliographien der Beiträge in MAACK/IMHOF (1993) sowie in ANTOR (1996), HINDERSMANN (1995), LENZ (1987), NÜNNING (1995b), SCHABERT (1990) und WEISS (1988).

Zur gezielten Information über einzelne Autorinnen und Autoren bzw. Romane empfehlen sich die Auswahlbibliographien der Beiträge in BOCK/WERTHEIM (1986), IMHOF/MAACK (1987), LENGELER (1977) und OPPEL (1965) sowie folgende Autoren- und Werklexika:

HALIO, Jay L. (Hg.): *British Novelists Since 1960. Dictionary of Literary Biography*. Bd. 14. 2 Bde. Detroit: Gale Research Company 1982.

HENDERSON, Lesley (Hg.): *Contemporary Novelists*. 5. Auflage, Chicago, Ldn.: St. James Press 1991.

OLDSEY, Bernard (Hg.): *British Novelists: 1930–1959. Dictionary of Literary Biography*.

Bd. 15. 2 Bde. Detroit: Gale Research Company 1983.

Hauptwerke der englischen Literatur. Einzeldarstellungen und Interpretationen. Band 2: Das 20. Jahrhundert und die neuen Literaturen außerhalb Englands. Mchn.: Kindler 1995. *Kindlers Neues Literatur Lexikon*, 20 Bde. Mchn.: Kindler 1988–1992.

Kindlers Neues Literatur Lexikon, Supplement, Bd. 21 und 22. Mchn.: Kindler 1998.

Von besonderem Interesse für dieses Thema sind außerdem

- der *Newsletter* des British Council *Literature matters*, in dem regelmäßig ein kurzer Jahresüberblick über die Romanproduktion erscheint,
- die Reihe *Contemporary Writers* (Ldn., NY: Methuen), in der unter anderem kurze Monographien über MARGARET DRABBLE, JAMES GORDON FARRELL, JOHN FOWLES, DORIS LESSING, IRIS MURDOCH und MURIEL SPARK erschienen sind,
- die über den British Council herausgegebene Reihe *Writers and Their Work* (Plymbridge: Northcote House Publishers), in der unter anderem kurze neue Monographien über KINGSLEY AMIS, A.S. BYATT, ANGELA CARTER, DORIS LESSING, DAVID LODGE, IAN MCEWAN, ANGUS WILSON und VIRGINIA WOOLF erschienen sind,
- die 8–seitigen bio-bibliographischen Faltblätter *Contemporary Writers* (über den British Council erhältlich), in der unter anderem Kurzbeschreibungen über MARTIN AMIS, JULIAN BARNES, MAUREEN DUFFY, KAZUO ISHIGURO, PENELOPE LIVELY, SALMAN RUSHDIE, GRAHAM SWIFT, ROSE TREMAIN, BARRY UNSWORTH und FAY WELDON erschienen sind,

- die Rezensionen von Neuerscheinungen in Wochenzeitschriften wie *Times Literary Supplement* und *New York Review of Books*,
- sowie folgende Fachzeitschriften: *Caliban, Contemporary Literature, Critique, Modern Fiction Studies, Narrative, Twentieth-Century Literature.*

Internet-Adressen zum Thema

Zahlreiche interessante Links zu verschiedenen Bereichen der anglistischen Literaturwissenschaft finden sich im WWW unter http://www.yahoo.com/Arts/Humanities/ Literature/Indices http://www.yahoo.com/Arts/Humanities/ Literature/Genres/Literary_Fiction/Authors http://www.yahoo.com/Arts/Humanities/ Literature/Genres/Science_Fiction_Fantasy _and_Horror/ Beispiele für besonders informative Seiten zu einzelnen Autorinnen und Autoren sind: http://tile.net/lessing (Doris Lessing) http://tile.net/drabble (Margaret Drabble) Weitere relevante Informationen enthalten u.a. folgende Seiten: http://reports.guardian.co.uk/Booker (Infos rund um den *Booker Prize*) http://www.library.yale.edu/wss/ (Infos zu verschiedenen Themenbereichen der *Women Studies*) Eine Vielzahl weiterführender Beiträge sowie zahlreiche nützliche Adressen bietet: FELDMANN, Doris, Fritz-Wilhelm NEUMANN und Thomas ROMMEL (Hgg.): *Anglistik im Internet: Proceedings of the 1996 Erfurt Conference on Computing in the Humanities.* Heidelberg: Winter 1996.